兰海观点

✤ 成就动机过重的孩子，常常回避尝试，也难以面对失败。根源往往在于父母过度关注孩子学习分数或比赛结果。

✤ 养育孩子是父母第二次成长的机会，虽然有时候是被迫的。

✤ 一个孩子的成长，不仅需要他自己的努力，也需要父母的坚持与合作，甚至需要整个社会的配合。

✤ 冰冷的家庭里不可能带给孩子需要的温暖。

✤ 沟通是家庭和睦最重要的环节，沟通带来的情感释放能使家庭充满活力。

✤ 父母从事的是世界上最重要最有挑战性的工作，但我们成为父母却不需要上岗证。

✤ 孩子没有权利选择谁做他的父母，父母却有责任成为被自己孩子热爱的父母。

✤ 学习，只有起点，没有终点，孩子如此，成年人亦如此。

✤ 有一种错过需要一生来弥补，那就是对孩子成长的陪伴。

✤ 父母前进一小步，孩子成长一大步。

- 少有父母不爱自己的孩子,但这远远不够;爱,更需要方法和技巧。

- 以威胁、恐吓、欺骗的方式让孩子听话,是父母最无能的表现,这会对孩子内心造成极大的伤害。

- 全职妈妈常常需要通过孩子来证明自己的价值,以致进入一个误区,那就是要求孩子的表现比别人好,会的东西比别人早。

- 安全是生命的基石,是父母担当的第一要务。

- 放下自己,才能谦卑地对待另一个生命。

- 自由诚可贵,规则更重要。

- 儿童最大的任务是"玩",在玩中他探索世界,懂得规则,学会沟通。

- 孩子需要"无聊"的时间,他要沉浸在自己的世界里,让内心得到成长。

- 设立孩子的独立时间,是避免父母干扰的重要方法。

- 接纳孩子的感受,是亲子沟通中最重要的一步。

- 孩子们不是在抢一件玩具,抢一本书,而是在"抢"爱。

教育专家·成长顾问 **兰海**
献给正和孩子一起经历成长之痛的父母和老师

让我们一起读懂孩子

——《嘿，我知道你》修订版——

兰海 著

中央编译出版社
Central Compilation & Translation Press

目录

再版自序：让我们一起读懂孩子　1
原版序言：她让快乐与成长相伴　5

第一部分　爱你没商量

1. 为孩子来咨询的家长 ………3
2. 一个全职妈妈的故事 ………7
3. 和静静的第一次见面 ………11
4. 这不是真正的爱 ………16
5. 早恋：爱情影响力 ………20
6. 治疗受伤的海希 ………26
7. 大雨中孩子暴露出的问题 ………32
8. 九点综合征 ………36
9. 一份特殊的生日礼物 ………41

10. 学会认输，正视失败 ………45
11. 学会给孩子爱与自由 ………53

第二部分　爱孩子也需要懂得和明白

1. 丢失的林业 ………59
2. 留守儿童行为的背后 ………69
3. 一分钟后，我们结束了演出 ………71
4. 不写保证的子庄 ………73
5. 面对老师父母该如何说 ………77
6. 面对胆小沉默的浩浩 ………80
7. 对浩浩之事的总结 ………84
8. 开修的作文比赛 ………87
9. 李达的三大憾事 ………93
10. 性格迥然的两个小女孩 ………96
11. 爱出风头的帅哥毅然 ………101
12. 理想 ………107

第三部分　视野有多宽，世界就有多大

1. 如何赏识你的孩子 ………117
2. 历史原来可以这样学 ………119
3. 胆怯的希希露出了笑容 ………126
4. 活书阅读——十分钟年华老去 ………132
5. 翅膀的命运是迎风 ………138

6. 在游戏中学会积极思考 ………145
7. 你的愿望是什么 ………149
8. 让孩子们做面试官 ………154
9. 晓寒与老师发生严重冲突 ………160
10. 变化 ………167
11. 当孩子集结到夏令营 ………170
12. 认真的孩子最动人 ………177
13. 孩子们打起来了 ………180
14. 雁儿，大家不再迁就你 ………185
15. 决定胜负的最后一天 ………191

第四部分　孩子进入世界的秘密通道

1. 静静出国前的困惑 ………199
2. 人生中的第一剑 ………203
3. 建筑把世界打开 ………208
4. 孩子们的潜力让人吃惊 ………212
5. 让孩子体会自己的强大 ………221
6. 必须承担的后果 ………229
7. 章鱼交给我的超级任务 ………232
8. 孩子也会有深刻的思想 ………234
9. 语惊四座的巴以问题讨论 ………238
10. 玩，就是一种教育 ………241
11. 关于海啸的一堂讨论课 ………244
12. 成立剧组 ………247

13. 开拍——上濒的表情 ……… 251
14. 我们坚持下来了 ……… 254

第五部分　未来——我们要去创造的地方

1. 准备好了吗 ……… 259
2. 梦想成真 ……… 261
3. 未来——我们要去创造的地方 ……… 264

原版后记
上濒——迎风的翅膀 ……… 268

附　录
家长和孩子的心里话 ……… 271

再版自序：让我们一起读懂孩子

再版这本五年前出版的小书的冲动产生在今年夏天。此刻，窗外万籁俱寂，冬夜已深。当我打开电脑，准备写下这份再版序言时，我的思绪也不禁回到故事的开头。

那是今年的五月份，我和孩子们开始酝酿一个社会实践活动。我们都希望能够用自己的力量来改变世界，对，让自己开始改变世界。这个活动就是我们改变世界的一个小小尝试。

这些孩子，最大的已经读到大一，最小的才读初二。此时学期尚未结束，分散在全国各地甚至世界各地的孩子们，首先遇到的是开会问题。还好，高科技帮了我们的忙，网络会议成了我们这个小组织经常使用的工具。为了照顾我，孩子们把会议时间定在北京时间每周五晚上6点，而这时是我最为方便的时候。每当那个时候，不同时区的孩子们聚集在一起，我仿佛觉得全世界都在聆听我们的讨论。实在赶不上的孩子会通过收听会议录音以不错过每一次的内容，严谨细致的会议记录也保证每个人都能跟上进度。

通过几次讨论，孩子们把这个项目命名为"步 steps"——希望一步步往前走，项目的主要内容是为贵州省毕节市大方县元宝小学提供帮助。随后，孩子们开始组建团队，招贤纳士，寻找经费，联络学校，安排行程路线，进行课程准备，等等，每一个环节都在稳步推进。

孩子们用自己的行动让大人们感知到他们的努力。"大人们总说改变世界太难。"这是"步 steps"项目书的第一句话。拿着这份项目书，他们获得了当当网免费提供的300本图书，还得到了中国青少年基金会的资金援助。他们设计了严谨的面试题目，考察应试者是否有能力完成任务；通过对大方县元宝小学进行问卷调查，他们努力设计最适合那里孩子的课程。他们备课，买物资，定出发时间，最后还召开家长会，让每个家庭知道他们的孩子要去做什么、怎么做。

孩子们取笑我这次是真正的"顾问"，因为我通常只会提问，提出各种可能遭遇到的困难。当然这些熟悉我的"后妈"状态的孩子们也早就习惯了我的袖手旁观，因为他们自己能行。项目最后阶段的教案确定、行程制定和物资准备，以及最应该参加的家长会我都没有参与，彼时我正在遥远的德国，我深信孩子们能够做好一切。

当我再次和孩子们相遇的时候，已经是在大山深处的元宝小学。

学校位于山顶，只有一辆由指定司机开的小面包车能开上去，从山脚徒步而上则需要一个半小时。我到达的时候，孩子们正在上课。他们把元宝小学的孩子分成高低两个年龄段，设计的课程是北京文化、创意美术、天文和阅读——当年在上濒成长教育机构的这些课程让他们收获颇丰，今天他们渴望把自己的收获分享出去，让山里的孩子也了解外面的世界。我看见孩子们把桌椅摆放成易于交流的位置，以便活动能充分展开。在上濒曾经玩过的游戏，他们复制到这里与孩子们一起玩。

白天，孩子们上课做活动，晚上则一起备课，或者修缮校舍。夜晚我们在老师宿舍打地铺就寝，房子旁边就是厕所，每次去厕所，所有人都需要屏住呼吸，用最快的速度完成。有一个孩子就直接住在厨房里，大家自嘲说每天都在饭香中睡去，又在厕所味道中醒来。

但是每一个孩子都很快乐，也很坚强。他们平时的生活条件比这里不知要优裕多少倍，但他们没有抱怨，也没有吃惊。他们说，正因为小时候和上濒一起去过不同的地方，才练就了能适应环境的本领。是的，他们从小到大和我一起到过农村，去过城市，在德国、意大利闯荡过，也在北极村流浪过……丰富的经历让他们有很强的适应性和包容性，既能向别人学习，又能坚持自己。

而他们，就是五年前我在《嘿，我知道你》中描写过的孩子们。五年前，我写这本书，是为了表达我的教育理念，也是为了给孩子们留下一个成长的备忘录，因为我坚信这些孩子会有美好的未来，而他们今天的表现甚至超出了我当初的预想。在那个暴雨如注的上午，送菜车不能上山，我们也不能下山，孩子们仍然乐观如常的时刻，我想到再版这本书，我要让更多的孩子和家庭能在我的书中经历上濒孩子所走过的路。

五年来，我开始慢慢从台前转向幕后，因为上濒有更多的年轻老师能够给予孩子足够多的价值和力量。我进入到一个新的研究和探索体系，就是家庭教育。同样的孩子，为什么在上濒和在家里的表现如此不同，是因为环境的改变。我们对待孩子的态度不同，方法不同，孩子在上濒能够感受到尊重、规则和自由，他们对世界的探索欲望能够被激发出来。这些改变的方法除了能让更多的教育者掌握以外，是否适用于家庭？是否能够让更多的父母参与进来，通过自己的改变为另一个生命负责？这也是我把再版书名改为"让我们一起读懂孩子"的初衷。

一直以来，总有人问我到底什么是成功的教育。在我眼中，教育是不能用成功与否来定义的，教育应该是帮助每个孩子不断感受生命的美好，帮助他们逐渐释放生命的力量，并且获得幸福的能力。教育不应该是一个点、一个结果，而应该是一个过程，一个随着生命不断变化和成长的过程。

五年前，我固执地用小说的方式来记录我在上濒的经历。今天我仍然坚信，教育存在于生活的点滴之中，它绝对不仅仅是父母或教育者的事，而是每个人都在经历的事。我们每个人都在接受教育的过程中，又都在用自己的行为体现出某个阶段教育的成果。

2013年，"上濒十年"的那个夜晚，我对自己说，兰海，你真的是一个幸运的人。因为我找到了自己最喜欢做的事，而且还有能力把它做好。这些天，我在杭州，《超级育儿师》第一季已经进入最后的家庭拍摄阶段。于我，《超级育儿师》并不是"拍摄"，而是得到机会如此近距离地走进八个不同的家庭。这是一份上天赐我的厚礼，它充满挑战和压力，也让我有机会更深入地认识生命。

五年前，面对孩子，我说："嘿，我知道你。"五年后，我会问自己："嘿，我真的知道孩子吗？"重读这些自己以前写下的文字，我仍然激动不已，故事里的孩子、父母和老师们都在自己的道路上创造着属于自己的人生。我愿意把这一切重新与更多的父母和孩子们分享，因此修订再版该书时，我最想说的是："亲爱的爸爸妈妈，让我们一起读懂孩子。"

感谢我的爸爸妈妈，因为你们，我才有机会来到这个世界开始一次未知的旅行；感谢你们的爱，让我有远行的自由和力量，以及可以随时获得温暖的家。

作者
2013 年 11 月 25 日凌晨

原版序言：她让快乐与成长相伴

六年前，兰海获得了德国慕尼黑大学心理学、教育学和社会学的三个硕士学位，她的导师、世界著名教育心理学家内波教授称"她（兰海）让我改变了对中国学生的看法"。教授在给兰海的信中写道："你不知道在这个领域你有多么优秀。我非常赞赏你敏锐的观察能力、多角度的思维方式和高度的创造力。你是如此的成功和有建设性，你一定要为自己感到自豪。"然而，兰海并没有像她的导师以及她的亲人所期待的那样在德国继续读博深造，她迫不及待地回到北京，开始实现她的教育梦想，她要让中国孩子接受世界上最先进的教育。

兰海在北京创办了上濒成长教育机构，开始了她具有创造性的教育实践活动。六年来，先后有2000多个孩子来到这里，孩子们在这里收获的不是某一项简单的技能或者与学校考试有关的知识，他们收获的是成长——一点一滴的成长，自信心、独立性、感受力、学习力、思考力、沟通的能力、解决问题的能力……在这里，孩子们初步磨砺和提高了为他们一生打下良好基础的各种能力。孩子们对这里总是恋恋不舍，每年都会有好多孩子回到这里，重温他们的美好时光。

成长伴随着疼痛，而在上濒的孩子是快乐的，但这种快乐不是一种肤浅的快乐，不是玩电子游戏能得到的快乐，不是因廉价赞美而得到的快乐，而是思考的快乐、克服困难的快乐、迎接各种挑战的快乐、自信心不断增强的快乐、眼界不断打开的快乐……营地活动的训练是艰苦和严格的，但孩子们在兰海的带领下却能够学会去战胜困难、战胜自己。兰海善于发现孩子身上的潜质和不足，并循着孩子的本性，给予科学的引导和培养。兰海还善于把人类文明最优秀的成果以孩子们可以理解和接受的方式，向他们展示，从历史地理、文化艺术、建筑设计、商业经济一直到军事科学等广泛的领域。孩子们在这种触摸和学习中，眼界大开，对世界有了更多的好奇，对美好的事物有了更强烈的渴望，对事物也有了更深刻的认识。他们的思考能力和认识水平常常有惊人的表现，比如，在老师的启发下，十岁左右的孩子能以"十分钟年华老去"为题，在20分钟内创作出富有哲理的故事；在老师的引导下，孩子们可以对如何解决巴以冲突问题，进行像模像样的讨论，并给出一系列解决方案。孩子们的这些表现，常常让他们的父母感到惊讶和意外。

兰海希望让每一个孩子都能在保持本性的前提下得到最完美的成长，最终成为一个真正优秀的人。那些为考试、谋职之类而进行的训练不是不要，但它们并不是成长的航标灯，一味只给孩子灌输与考试有关的知识，一味只追求在每一次考试中取得胜利，孩子的未来未必就能有多大的后劲。而孩子只要得到完整的成长，提高了真实的能力，那些东西就能很容易解决。

当然，成为一个优秀的人，并非一味任其自由生长就能实现，兰海一直强调教育的科学性和专业性，这也是她除激情之外信心十足的根源。她把教育的科学性和专业性从理念一直具体到每一堂课程的设计、每一次营地活动的每一项内容。与孩子在一起的每一个瞬间，她对孩子们言行的每一个回应，总是令人称道。她的话能引起孩子的共鸣，是因为她自己总是与孩子的心弦对准了音调。在她面前，内向孤独的孩子可以滔滔不绝，叛逆期的孩子愿意顺从，撒谎的孩子变得诚实，早恋的孩子能健康成长，爱打架的孩子成为了弱者的保护神，不爱学习的孩子渴望知识，胆小自卑的孩子开始胆大自信，调皮捣蛋的孩子变得创造力惊人……正是有对孩子的心理、言行、个性的深入了解和把握，所以兰海总是对孩子们说："嘿，我知道你。"

如何让孩子健康快乐地成长，并且一点一滴培养孩子真实的能力，这其实是每个家长和教育者在教育孩子中希望达到的重要目标。每个孩子的情况都是不一样的，任何一本关于孩子教育的书籍都不可能一一对应地列举出解决每一个孩子问题的所有方法。但是，当父母具备了先进的教育理念，懂得了儿童的成长规律，然后再慢慢思考和运用这些规律，各种方法就会自然而然地来到父母身边，从而给孩子创造相对美好的成长环境，对孩子成长过程中的问题能作出及时、正确、有效的反

原版序言：她让快乐与成长相伴

应，给孩子提供真正良好的帮助和引导。兰海的这本《嘿，我知道你》是将她六年多来的教育理念付诸实践过程的总结，她对孩子教育过程中的许多问题、许多细节和许多微妙之处都有非常真实生动的描绘，并且还给出了非常专业的点评，告诉父母为什么应该那样说那样做，父母对比自己教育孩子的过程，无疑会得到很多启发和帮助。

不是每一个孩子都有机会去上濒，但是，我们希望通过这本书，让更多的父母对教育有新的认识和理解，在教育环境存在诸多问题的今天，能真正为孩子支起一片绿荫，给予孩子们更多更好的成长机会，培养孩子真正的能力，让孩子在未来的道路上身心健康、后劲十足。祝愿兰海在追求她的教育梦想的道路上越走越远，祝愿越来越多的孩子能享受到兰海带来的这样美好的教育过程。

青豆书坊总编辑：苏元
2009 年 9 月于北京

第一部分　爱你没商量

　　明智的父母爱自己的孩子，就是从内心视孩子为独立的个体。不能因为孩子身上有了你的遗传基因就可以对他随心所欲。其实，孩子只是在年幼时才需要和你在一起，你不过是在尽一份社会责任而已。只有内心不把孩子狭隘地当成附属品，你才会尊重和宽容他，你的爱才是大爱！

　　当心中拥有这样的一份爱时，你就会给孩子生长的自由，选择自己人生道路的自由！

1. 为孩子来咨询的家长

"你好，我是兰海。嗯，我明天上午有时间。"坐直了身体，应答完这两句话，我开始进入状态。

"我能先告诉你一下孩子的情况吗？"电话里边一位妈妈异常焦急地说道。

"不行，这样的信息不太完整，您最好亲自来一趟。"我对原则异常坚持，不仅来自所在心理学专业的严格训练，更来自过往案例中的经验——只通过声音来探测一个人的心理状况是绝对不全面的，而且也会让彼此都没有安全感。

"那，我和他爸爸明天就去？半小时够吗？"那个急切的声音流露出些许无奈，恨不得立刻来到我面前。

我看了明天的日程安排，上午10点后还有半个小时的空缺，就约定在这个时间。

"兰海，你明天下午不是要去央视节目组讨论案例吗？上午还能接这个咨询呢？"常松一边盯着电脑，一边揶揄我。

"怎么，你怀疑我的办事效率？"

他扭头朝我一笑，摊开双手耸耸肩。

常松，和我一样，都是教育梦想的追随者。这个偶尔爱调侃我的大男生，激情澎湃但却心细如丝，平日里总能抓住一些被我疏忽的问题。

在我最初创业期间，他不经意出现，而后却始终不离不弃，这让我倍感温暖和力量。

我对常松说："没问题，只是正式咨询前与父母的一个沟通，半小时足够了。我只想知道事实，不想多听他们判断，那样的判断往往很主观。"我把记事本合上，开始想象那个焦急的声音，猜测妈妈的年龄大概在四十五岁到五十岁之间，孩子应该是中学生了。

闹钟准时响起，我在床上翻了个身，伸了个懒腰坐起来，起身径直走到窗前，拉开窗帘——满眼的翠绿。北京的早春，只要不闹沙尘暴，还是个不错的季节。

临出门前，选择了一套职业正装——日程显示今天不仅要和家长见面，还要到电视台录节目。虽然对自己的专业信心百倍，但在家长们面前，还是要打点心理分，不然我这张脸，别人一看就会在心里嘀咕：忒年轻了，可靠吗？

换上正装后，看看镜子，自言自语：年轻真好。的确，正是有这年轻的激情和勇气，我才能在慕尼黑大学同时获取教育学、心理学、社会学三个硕士学位，而后又固执地只身一人来到北京，创办了上濒教育机构。

创办"上濒"，不仅是我的一个梦想，更是我对现实的一种开导。

三年前，我在德国上学。一次，我质疑了我亲爱的导师内波教授的一篇学术论文，他听完我的观点后欣喜地说："兰海，你思考带来的创造力太让我吃惊了，而我一直以为中国孩子不是这样的。"我在获得极大满足的同时，内心强烈地不服气。中国孩子怎么了，中国孩子怎么就不能具备这样的能力？

而随后在德国目睹和力行的教育方式，强烈地刺激了我。

大街上，孩子们在老师的带领下学习如何正确使用红绿灯，而过往的车辆都放缓速度，很有秩序地耐心配合，让稚嫩的孩子们练习独立过马路。这种全社会共同履行教育责任的方式让我敬佩！大学课堂里，教授和学生会就一个问题争论到面红耳赤，学生可以无所顾忌地表达自己的观点，哪怕观点与教授相左，也能获得机会和尊重，而不用考虑由此会产生的影响。学习的目的更不是找寻教授心中的答案，而是让自己的思考不受束缚，更好地去探索。

在课程实践期间我接触了更多案例，我梦中多次出现一群群欢快奔跑的孩子，可他们总是外国孩子。醒来后，我开始思考：为什么我们不能那样培养孩子？中国孩子为什么不能享受那样的教育？

思考的结论便是我狂妄地做了一个决定：让我来为孩子们创造这个环境，用最科学的方法培养他们，让他们健康成长为最优秀的自己。我要让自己梦中出现中国孩子欢快奔跑的身影，以及孩子们纯真的笑脸和放松的表情。

走进楼下长长的过道，高跟鞋跟击打路面的声响，颇有几分节奏感。今天我来得最早，轻轻推开玻璃门，门后挂着的风铃发出清脆悦耳的声音。这里完全是用白色建立的空间，白色的大门、白色的柜子、白色的墙——在我们眼中，白色是世界的原色，而正是多姿多彩的孩子才绚烂了这个世界。

10点整，我的房间门准时被推开。

"你好，我是兰海。您就是静静妈妈吗？"我起身迎向他们，问道。

"是我，您好，这位是我丈夫。"她朝我点点头，又指向身边那个气质儒雅的中年男人。

我以最不经意、最快速的眼神打量来者：暗色系衣服、头发蓬松但不凌乱的妈妈；着米色风衣、干净皮鞋的爸爸。从衣服到饰物，任何一个细节，背后都可以说明他们的性格喜好，这对我来说都是重要的隐性信息。

"请坐。咱们直接进入主题吧，请告诉我你们想咨询什么呢？"我关上门，坐在咨询者的对面，打开笔记本准备记录。

一般第一次来访者对我如此快速的开门见山都有几分不适应，静静妈妈也不例外。我对寒暄的省略让她与身旁的丈夫对视了几秒，很快她挪了挪身子说道："是这样，静静，我女儿，今年上初三了。她成绩一直很好，从小没让我们操什么心。但最近，我发现她有些不对劲。她现在已有逃课记录，并且情绪低落，经常失眠。有一天，我洗衣服时，在她衣服口袋里发现一张纸条，字迹虽然模糊，但大概意思我还是看清楚了。她喜欢上了一个男孩，不过别人可能不喜欢她，所以她很难过。后来，我忍不住偷看她的日记，发现她也知道我们多少知道了一些。您说，我们现在该怎么办啊？"

"你们认为她最近情绪低落是因为失恋了？"我直接发问。

妈妈对"失恋"这两个字似乎有些敏感，一旁保持沉默的爸爸则开口说："我们不能判断她是否失恋了，但从情绪上说，这是不好的。现在是她非常关键的一年，马上就要中考了。作为父母来说，我们并不是特别在意她能考上什么学校，我们只是不希望看见她这样郁郁寡欢，这才是我们很担心的。"

我微笑着点点头，并不给出任何点评。

当这一观点从这个中国爸爸嘴里说出来时，我还是有些吃惊。一个被无数中国父母看做会影响孩子一生的中考成绩，这位父亲竟然如此自然而直接地说那不是最重要的。

"她知道你们看了她的纸条吗？"我开始思考对策。

"应该知道，当我看到纸条后，就一直和他爸爸商量怎么和她谈。我们特想和她谈，但又担心把握不好分寸，会把事情弄得更糟。"妈妈一副焦虑的样子，眼眶也红了。

温和的丈夫拍了拍妻子的肩膀，抬头平静地说道："我觉得孩子嘛，到这个年龄出现一些状况是正常的。我们不打算责备她，只是非常希望能帮她顺利度过这个关口。"

"她平时都喜欢什么？"[这是一个测试父母对孩子情况了解的问题。父母和孩子之间的了解状况也是重要的分析依据。]我换了一个轻松的话题。

"听歌吧！自从有了MP3，几乎耳机就天天戴着，我们也不知道她听些什么。"妈妈语气中略带不满。

见他们俩茫然，我又换了问题："她小学时的状况怎么样？现在成绩如何？"

"小学成绩很好，初中刚开始不行，到初二就排到班级前列了。不过现在起伏较大。"[每个孩子都很在意自己的学习成绩。因为这反映了他们在班里的位置，位置不同所产生的心理状况也会不同。了解孩子的成长过程可以帮助我们系统地分析孩子。]谈到孩子的成绩，妈妈脸上终于露出了一丝自豪的笑容。

第一部分　爱你没商量

"你们工作都很忙吧？"

"嗯，我们都在建筑行业，项目一下来就没日没夜了。所以我们能和女儿在一起的时间比较少。"父亲摊开双手，表达着自己的遗憾。

随后的交谈中，我不断地了解到静静各方面的情况，［全面充分了解孩子各个方面的情况，有助于分析他们的心理状况和相关反应。］可日程显示，这两个周末已经全部安排满了。我只能告诉这对父母，最快下周二上午带孩子来，可那是上课时间。

"上课时间没有问题。如果状态不好，孩子去学校我们也不踏实，我们一定准时来。"爸爸果断有力的答复让我频频点头。这么开明的父亲，这么充满关爱的家庭中会有怎样的女儿呢？我深知现实生活中，在孩子出现所谓早恋倾向时，能有这样包容态度的父母是为数不多的，但他们毕竟出现了，还来到了我的身边——这让我为那位尚未谋面的小姑娘暗暗庆幸起来。

饥饿感告诉我，吃饭时间到了。

我匆匆把夏令营策划案的建议写在文件上，下午我的天才策划小白从图书馆回来后，就能看到我的想法了。

走到电梯口，我又折了回来，刚才的建议似乎我只检查了一遍，一想到以严苛出名的小白，我必须再检查一遍，我可不愿被他嘲笑。小白一头长发的艺术感和他对事情的严格态度，让我一直在他的压迫下领导他。然而独特的个性和宽广的知识面，却让他在孩子们面前充满了神秘感和挑战性，每个孩子都渴望在活动中战胜他。

三月的阳光如此灿烂，谁能拒绝在这日光下放松下来呢？看看手表，约定时间以及堵车现状让我不得不转战地铁了。

2. 一个全职妈妈的故事

走出地铁站，我加快脚步朝着电视台的方向走去。

"兰老师来了，真准时。"《成长在线》编导李阳从录播间走出来和我打招呼。她身材娇小，却笑声朗朗。

"当然，这是我的良好习惯，都这么久了，你怎么还是不直接叫我的名字呢？又不是不知道我不习惯名字之外的称呼。"我观望四周，找了个座位来安慰我那被高跟鞋压迫的双脚。

李阳把录制策划文案拿了出来："兰海，我们今天就讨论上周发给你的那个案例，听听你的想法。"李阳对我的称呼改得倒挺快。

"嗯，这个案例选得很有代表性，也很有意思，我已经与那孩子和他妈妈见过面了。不过事情并非像案例本身看上去那么简单，你做好心理准备吧。"我说道。

案例来自北京一个家庭，妈妈打来的求助电话记录如下：

妈妈觉得自己十岁的儿子性格太内向，每天回到家一句话也不说，对自己说的话也听不进去，我行我素。而这段时间，妈妈发现儿子常偷拿家里的钱，却只拿一毛、五毛的小钱，平日在家也常偷偷摸摸地找东西、藏东西。为此，爸爸打过他。而妈妈抱怨丈夫只会打儿子，根本不会教育孩子，所以孩子在家时才什么话也不说。对孩子的行为，妈妈很苦恼，而对与丈夫的沟通，妈妈又很无奈。

表面上看，这是一个妈妈的烦恼，而实际上孩子的反常行为更彰显出其非常态、复杂的内心，现象背后一定隐藏着更大的原因。果不其然，在我约见之后，事情一步步明朗起来。

在录播间里我告诉大家："上周当我约见这家人时，发现情况和案例记录完全不同。这个'沉默内向'的孩子在我面前却是个话痨！我出于礼貌，略表现出对他生活、朋友的关心之后，他就毫无节制地狂侃了20分钟，内容涉及了朋友、老师、爱好，还有自己发明的课间游戏，等等。谈话期间，排除我特别准备的'招数'，我从任何一个角度都看不出他的内向。"我喝了口水，从大家的表情里我看到了不解和吃惊，"一个人在两个环境下的表现不一样，那只能证明一件事情，那就是'家'的环境有问题，'妈妈'塑造的环境让他没法表达。"[通常会设计两个不同环境和孩子进行同样的活动，以便得知孩子在不同环境下的行为表现是否相同。如果有差异，就需进一步探求环境的哪些因素发生了变化。而这些变化就是导致孩子行为不同的原因。]

"环境到底有什么问题呢？"李阳已经按捺不住了。

当我结束和"话痨孩子"对话后,他妈妈带着一脸不解推开我房间的门,虽然她在外面听不到我和孩子的具体交谈,但房间里传出的笑声足以震撼她。[我们尽可能让父母看到孩子在其他场合的表现,这样才能让父母看到孩子的另一面,才能相信自己孩子的另外一面。]而随之,我要讨论的话题也不再是孩子内向、拿钱的问题,而是这个家庭到底给了孩子怎样的环境。

"这是一个全职妈妈的家庭。"我回答。

"全职妈妈?这很正常啊,难道是问题的关键吗?"李阳略有失望。

"对,这正是关键!全职妈妈放弃了工作,在家照顾家庭和孩子,父亲则承担了家庭主要经济来源。但在中国目前状况是,谁挣钱谁就牛,而全职顾家的人似乎就会低一等。"从大家的反应来看,他们对我的观点大都认同,"问题在于,赚钱养家的一方和全职顾家的另一方都认为相夫教子是件很简单的事,如果这都弄不好,那就彻底没有价值了。"

"所以,她会觉得有压力而非常紧张,是吗?"另一个年轻编导问道。

"对,因为全职妈妈的安全感来自家庭。[个体的社会角色和家庭角色影响了父母对待孩子的心态,也就随之造成了行为的变化。]孩子是否出色是她的成绩单,于是她们会把压力传递给孩子,将孩子的全部行动都锁定在眼中,生怕出任何差错。但对孩子来说,家本应该是放松的地方,而回家后却有一种被监视的感受,自己任何一种情绪的表露都会引起强烈的反应,所以他选择了不表态而沉默。"

"我似乎能理解他妈妈的感受了。可他爸爸呢?为什么他会老打孩子呢?"

"对于一个男人来说,他非常清楚自己在家庭中所需承担的责任,特别是已为人父的男人。而事实上,平日忙到无法顾家的爸爸内心是愧疚的。当他回到家后,希望听到孩子的好消息,结果妻子却总在诉苦和抱怨孩子——这些在他耳中就变成了妻子对他平时不顾家、不管孩子的一种埋怨。对他而言,最直接的'管教'就是'打',这是最简单的方法。而这其中的'打'很大部分是打给妻子看的。"

"天哪!这孩子简直成为了个道具,还肩负着爸妈双重压力。"李阳一边做着记录，一边愤愤不平。

"对，这就是孩子不说话的症结所在。"我还没有来得及说下去，李阳打断了我，"那拿钱和这事又有什么关系呢？"

"当然有关系了，他每次都只拿一毛、五毛，能买什么呢？而且频率都不高，他只是想通过这方法引起父母注意。一般来说，现在钱包里多几毛、少几毛谁会发现呢？可这妈妈多么细心啊，你可以想象她平时'监管感'多强了。"[孩子的行为不会是孤立存在的，所以要结合父母行为来研究孩子行为背后的原因。]

"你是说孩子想吸引父母的注意？他妈妈这样一心扑在他身上，他还觉得不被关心吗？"李阳一脸狐疑地望着我。[分析孩子行为的第一步是需要问自己：他为什么要这样做。我们关注的重点不应该是行为本身，应该是行为背后的原因。]

"关心，什么是真正的关心？"当被问到这个问题时，我这段时间对此思考而带来的难受、偶尔的愤怒都被再次触发，"独生子女的现状让父母对他们显示出强烈的爱和关心。但他们只关心孩子的成绩和在学校表现，有人关心过孩子什么时候开心、什么时候难过吗？会和孩子一起分享他们的快乐和分担他们的痛苦吗？没有！"我一时有些激动，声音大了起来，"父母举着一面大旗，'为你好、为你将来好'，就可以完全不顾孩子现在的感受吗？如果你的上司每天只关注你的业绩和工作成果，其他什么都不过问，你会认为他在关心你吗？"

"遇到这样的领导，我早不干了。"一位编导不满地回答。

"你们可以不干，可孩子们能'不干'吗？能'跳槽'吗？不能，他们只能承受，别无选择！"

"那你说父母该怎么办呢？"有人问。

"首先，父母要先问问自己，每次行为是为了满足自己的需要，还是孩子的需要，更要明白这是孩子一时的物质或心理需要，还是成长的需要。"[很多时候父母的行为是满足了自己的需要或者是孩子的需要，但却遗忘了孩子成长的需要。这三者的差别导致了教育行为的偏差也直接影响了孩子的收获。]我开始案例总结。

"请举个例子。"编导提出要求。

"比如说在我们营地活动中，因为任务难度大，孩子们身体上受了点儿苦，但他们自己并没嚷嚷。可父母心疼了，看不下去了，想让孩子退出任务。这个'退出'行为就是满足父母内心需要，而不是孩子的需要。如果是孩子忍受不了，要求退出，那才是孩子的需要。但如果这种强度的锻炼对孩子的成长是一种需要，那作为父母，你是看到孩子一时的需要，还是成长的需要呢？"

"那现在有大量的全职妈妈，你有什么好建议呢？"李阳紧跟话题发问。

"的确如此，特别是在发达城市，全职妈妈数量直线上升，由此引发出一系列教育新问题。要解决这些问题，我认为，首先意识上，夫妻双方应达成共识，不论谁在家照顾孩子和在外获取经济来源，二者对于家庭贡献是平等的，只是分工不同罢了，这样双方心理状态才会平和。其次，即使在家相夫教子也一定不能忘了和社会联系，需要关注和了解社会发展，需要不断学习和进步。只有让自己感受到时代的脉搏，生活的召唤，才能传递给孩子积极的情绪。孩子回到家，希望看到的是生活积极的妈妈、了解社会的妈妈、一个在不断学习进步的妈妈。[全职妈妈需要保持和社会接触，积极成为社会中的一员。保持健康的心态能够帮助自己很好地处理和孩子之间以及丈夫之间的关系。]而这个案例里的妈妈，她的紧张带给了丈夫紧迫感，使本来开朗的孩子在这压迫感极强的环境中不得不封闭自己。"

讨论完毕后，李阳八卦起我："兰海，那你以后会是一个什么样的妈妈？"

我大笑："我，我一定是一位懂得什么是'爱'的妈妈啰！"

3. 和静静的第一次见面

一场沙尘暴停止后的第二天，阳光出奇明媚，我和静静正式见面了。

一套看上去和国内所有学生穿上效果都一样的大号校服，松松垮垮地罩在了静静身上，标准式"碎发刘海"遮盖住了她的双眼，MP3 塞在耳朵里，全身上下贴满了"别打扰我"的标签，整张脸几乎看不到什么表情。这就是静静给我的第一印象。

她站在门口观望周遭,看到我之后,没有和我打招呼,似乎也没有打招呼的准备。

"你好!我是兰海。"我主动伸出我的手,主动是我的第一个战略。

静静仍把手插在兜里,看着身边的两个椅子,似乎在考虑红色和蓝色哪个更适合自己。

"坐蓝色的吧,和你很配。"[孩子们很愿意自己和某种事物相配。给孩子这样的评价是建立轻松沟通的第一步,给谈话增加一些孩子喜欢的时尚元素。]我自顾坐了下来,对她说。

"嗯,你就是给我做咨询的人吗?"小姑娘口气中充满了不屑一顾和怀疑。

"是啊!我,不像吗?"我挑着眉毛说。

"我还以为会是一个老太太,学校教导主任那一型的。"声音明显放松了,她坐了下来。

"哦,这么说,你来之前就对'我'有了一个预测?要不我去化个妆,让你不至于失望?"[让孩子感受到他的看法的重要性很重要,可以让他积极参与到谈话中。]

"这倒不用。"酷酷的声音,静静说话声终于大了点儿。

既然她父母已经和她说过了,我就准备来一个单刀直入。虽然这样比较冒险,后果也可能是静静什么也不说了,但我还是决定试一试。

"你知道我是谁?为什么我们会坐在这里?我们要干什么?"我连续抛出几个问题。

不出所料,静静被我的直接再次触动了。

"不就是我爸妈见我心情不好,让我来找你聊一聊吗?"她试图随意,以隐藏起她拘谨背后的紧张情绪。

"那你怎么看?愿意和我聊吗?你对我第一印象如何?我特想知道,因为第一印象基本上决定一个人是否在团体中受欢迎,我总想知道别人对我第一印象是怎样的。我也正想找个男朋友,你要不给我点建议?"[主动说出自己的烦恼,可以让孩子感受到平等,并且建立一种谈话氛围。]

这句我早有准备的话立刻提高了她的敏感度:"你?我不知道,不

第一部分　爱你没商量

过挺吃惊的，没想到我爸妈还挺时尚，给我找了个心理咨询师，可你和我想象中的特别不一样，所以有些吃惊。"静静没有回避或扭捏，干净利落地表达着自我感受。

"吃惊？也就是说第一印象除了好、坏、中等以外，还有一种吃惊。这下好，吃惊之后看见我的人就晕了，我爱干吗就干吗，哈哈。"［谈话中的幽默可以帮助孩子放松情绪。］我表面上自得其乐起来，心里却留心着她的变化。

我的笑声打消了她的拘谨，静静随着我乐了。

"你初三了，有喜欢的男生了吧？"［直接进入孩子认为家长和老师不会和他们讨论的话题往往会收到很好的效果。并且给孩子一个正常的情绪反应是让孩子感受到平等和尊重的方法。］

"啊？"静静嘀咕着，"你怎么这么直接啊？"

"我就是好奇，怎么就准你看我吃惊，我直接就不行呢？"我一边说，一边观察着静静脸上的表情。

"有啊，当然有喜欢的了，这有什么可奇怪的。"静静冷冷地直视我的双眼，还挺装酷。

"我只是奇怪，你会喜欢什么样的人？"［不要探听孩子喜欢的是谁，而是需要知道那个人是什么样的，这样才是对他们的关心。我们没有办法让孩子不喜欢一个人，但是我们可以帮助他们选择一个值得喜欢，能够带给自己动力的人。］这次我是真好奇了，事实上，从我见到她的第一眼起，我就开始想什么样的人会让她喜欢。我的直觉判断她喜欢的男孩不会是那种健谈的，而是深沉的。

"你真的想知道吗？"她一脸狐疑，却又明显让我触摸到她内心的倾诉欲。

"当然。"我放松了一下四肢，站起来给静静倒了杯水。

"你知道周杰伦吗？他就长得特像周杰伦。他，是个特别优秀的人，成绩很好，篮球也很好。虽然我成绩也不错，不过和他比起来，就不行了。他很聪明，又愿意帮助别人，总之，就是又帅又酷的那种。"随着描述心中的他，静静的声音变得生动了，眼神也流露出欣喜的光芒。

"我也有同感，体育好的男生在哪儿都吃香，运动场上特拉风。喜欢一个人是特别幸福的事情啊，那你有什么不开心的？"我话锋一转。

[赞赏孩子的朋友，是对孩子的另外一种认可，这样不会让孩子产生逆反心理，反而让他们把你当成倾诉的对象。这个时候的孩子非常需要倾诉。这样可以了解孩子的真实内心。]

沉默，沉默。

在咨询中，沉默意味着转折。我也没有说话，等着。

静静把耳机从耳朵里拿了下来，从兜里拿出根本就没有播放的MP3，拨弄了一下挡住眼睛的刘海。

两分钟后，静静缓缓开口了。我看见了一双水雾般迷茫的眼睛，听见了一段轻柔的声音描述着年少故事。

一年前，她喜欢上了宋风，理由就是他成绩好、篮球好。内向的她却不知如何面对自己情感的变化，而同样是优等生的身份使得她迫使自己控制住情绪，刻意远离宋风。

情绪的控制终究让人难耐。最近这段时间，她突然收到小道消息，隔壁班一个漂亮女生对宋风采取了主动追求。这开始让她坐立不安，上课走神，无时无刻都在不经意思念他，但内心又有一个声音：好好学习，你要考试了。

在这巨大的矛盾中，静静开始郁郁寡欢、晚上失眠。而更戏剧化的是，宋风的一个好友——曾一直帮静静打探消息的人，三周前开始追求静静。得不到喜欢的人已经很让人沮丧，还被不喜欢的人追求，沮丧进一步变成了麻烦。千丝万缕让静静头疼，她开始迷茫起来。

"不错啊，看来你挺有眼光的，可宋风为什么这么招人喜欢呢？"[学会欣赏孩子的朋友，欣赏他们喜欢的人，珍惜他们的感情。] 认真听完静静的故事，我略有对策了。

"你？你不是负责给我做思想工作的吗？怎么对我的私事这么感兴趣？"从那个故事里走了出来，她恢复了警惕性。

"呵呵，我也曾有过同样的烦恼。我觉得大家的感情经历可以拿出来探讨一下。"

我用平等的态度和口吻，使静静逐步信任我，进而主动和我交谈。她告诉我，宋风最大的魅力就是"从容"——无论发生什么事情都能坦然面对，波澜不惊。我暗自赞赏起她，从喜欢的理由来看，她是个有眼光的孩子。

可眼光是一回事，让自己受到波折影响又是一回事。

"我可不可以这样说，某种程度上，宋风的优秀是吸引你的关键？"我尝试一种对大人谈话的口吻，以保证我和她的平等性，"那，你认为宋风会喜欢什么样的女孩呢？"[从自己喜欢谁转移到他会喜欢什么样的人，在讨论过程中引导孩子有一个新的发展目标，提高自己的综合"实力"。]

静静的视线移向了窗外，平静缓慢地说："应该是漂亮的、和他一样优秀的、能配得上他的。"她的声音掉了下去，好像来自幽谷一般低吟。

看来，这傻孩子完全迷失在宋风的"势力"之中了。"那优秀的人会因为别人而完全改变自己吗？你看你现在这样魂不守舍，一点自信都没有。你说，这样的你，宋风会喜欢吗？"我转守为攻，"我不管宋风怎么样，至少我希望看到原来那个静静。"

她把头埋了下去，我并不打算停止说话去安慰她，"你想知道你身上有什么地方可以吸引宋风吗？"她看了我一眼，期待我的回答。

"如果说原来有，那就是你的优秀和骄傲，可现在好像你已经没有了。"这句话说完，静静有些触动，迷茫而失落地看着我，让人不得不怜惜起来。

"一个宋风没有了，还会有宋雷、宋电出现，但是静静没有了，那就彻底没有了。你知道一个人身上最有价值的是什么？就是她自己的思想和力量。只有自己发光，才能有人靠近你。你需要吸引别人，而不是丧失自己去靠近别人。"[让孩子知道自己的价值和力量，可以使孩子自信起来，当他遇到困难时才不那么容易被击垮。]

45分钟很快过去了，静静表情放松了许多，但我不能确定她内心也轻松了。谁都知道这需要时间，更需要自省能力。于是我给她留了道题目回家思考：我是谁？

这个问题无论是孩子还是成人，都是我们穷尽一生在追问的问题。

"我们还能见面吗？"这是她第一次主动要求。

"你确定还想见我吗？"我内心暗喜，不露声色。[让孩子明确提出需要帮助会让我们取得主动,也预示着她对我的接纳程度。]

"我想是吧。"静静停顿了一下,"我需要再见你。"

我把手伸向静静:"好的,不过我想要和一个不塞耳机的女孩见面。"[去掉刻意的保护可以帮助她从封闭状态中走出来。]

静静悄然离去。

我按照习惯立刻开始伏案记录这次咨询:

青春期总有内心的悸动,我们不应害怕感情的到来,而需要在这样的心动中找到自己的方向。让理智战胜自己紊乱的情绪,用清晰的目标打败偶尔的迷失,这些会让孩子们在年少情感中收获多多。

4. 这不是真正的爱

从早上开始,我就一直忙着和小白老师商讨今年夏令营的主要内容,好不容易把策划方案定下来,正盘算着午饭和小白去腐败点什么,很快被一个小学校长的求助电话打断了:"兰海,你说这事怎么办呢?我们都要愁坏了。"我窃喜,想不到平时足智多谋的校长也有束手无策的时候。

"别急,您慢慢说。"

"我们学校有个学生,成绩还不错,保持在班级前五名,可不知道为什么,他妈妈一定要让他跳级,已经三番五次地来找我们很多次了。这孩子虽然出色,但也没有到需要跳级的地步,学校再怎么说都无济于事,您能不能帮我们调解调解?"

还有这事?我好奇起来:"我一会儿就过去。今天您能约他妈妈到学校吗?我需要和她面谈。"

挂了电话,我朝小白感慨:"这下不用再费劲考虑中午吃什么了,我打发个肉夹馍得了,你就独自慢慢思索人生三大问题之一——午饭吃什么吧!"

上课时间的校园是安静的,我不由得放慢了脚步。走进校长办公室,我看到校长身边有位中年妇女,猜测她一定就是那位妈妈了。我打

第一部分 爱你没商量

过招呼，径直走到校长面前。

"来，我介绍一下，这位是兰海老师，非常年轻的教育专家。"校长把我介绍给那位妈妈，"你们先谈着，我去开个会。"校长朝我看了一眼，便匆匆地离开了这沉闷的办公室。

"你好，专家。我告诉你啊，我们家儿子非常聪明，与众不同，我给你说啊……"赶在我自我介绍前，这位妈妈上来就握住我的双手，开始了喋喋不休地絮叨。

每个父母眼中，自己的孩子都是最与众不同的那个，这已经司空见惯了。在接下来的 20 分钟里，这位妈妈基本上让我没有插话的机会。

来此之前，我仔细分析了一下校长提供给我的资料，孩子无论是成绩上的表现还是课堂中的整体表现，以及在各项活动中整体能力的表现，无疑都表明这个孩子的确不需要跳级，但他妈妈对此却如此不同寻常地坚持。

"我想请问一下，您在哪里工作啊？"我贸然打断，决定从妈妈的生活状态打开缺口。[父母的教育理念和他们自己的成长以及生活环境息息相关，我们不应该把自己失落的都在孩子身上得到补偿。]

"你就别问我了，我还是给你继续说说我的孩子……"她有些不悦。

"那您平时有时间照顾他吗？"这么不愿谈自己的工作，肯定有问题。她不说，我就继续追问。

"不忙，我 14 点就回家了。"她不耐烦地回答。

"我想您是一个特别好的人，是不是单位有些不公平的事情啊？"我连头都没有抬，就问了这个问题。看似突然的提问，其实是我的感知。

"你，你，你怎么知道？"她的声音突然提高了不少，表情有些不自然。

"我猜你现在在单位的处境并不是很乐观。"

"不是吧，你怎么都知道呢？"她从高分贝又掉了下来。

"放松点儿。"我拍拍她的手。[与孩子的交流方式不同，我们更应该关注和理解父母所承受的工作压力、家庭压力和社会压力。]

语气尽量缓和，准备进入到引导、说服阶段了："虽然你在单位可

17

能受到不公平的待遇，你想在单位证明什么，但孩子不应该、也不能成为你的工具。"这话看似平静，我却是冒着极大的风险，这对家长无疑是一种刺激。

沉默了很久，撕裂的声音终于打破了房间里的沉默。

"你凭什么这样说我？我和学校说的是孩子跳级的问题，这和我的工作有什么关系？"不出我所料，气急败坏的妈妈有点歇斯底里了，从座位上站了起来，愤怒地看着我。

房间里的时钟发出"嘀嗒"的声音，一声、两声，我看着她，问道："难道孩子的跳级不会让你在同事面前扬眉吐气吗？你一点儿这样的想法都没有吗？"

"我，我……也不能说没有。"她嗫嚅着。

"你一再强调你的孩子很聪明，大家对他抱有高期望。的确，老师、家人和同事都会对孩子有所评价。可这些评价，谁更在意？是你，你的虚荣心在作祟！你觉得周围的人在给你这样的暗示，然后这些变成了你的压力，而你认为解决的办法只有一个，就是儿子做出他人都无法完成的事情。那能让你炫耀，在你的同事面前炫耀。"我的一番话有的放矢，不给她留下任何情面，哪怕她再一次歇斯底里，"你可以不承认，但我确信地告诉你，孩子绝对会在以后，甚至就在最近成绩下滑。"

这句话就像一根针刺到她那紧绷的脸上一样，她的表情迅速混乱起来。

"唉……"她坐回到沙发上，不情愿地说下去，"最近情况的确如此，有明显的下降，所以学校才不同意我们跳级啊！"

"我特别心疼你的儿子。"我故意转移话题，不想正面就此争论下去，停顿片刻，"你给了他特别大的压力，他成绩好本来是件非常快乐的事情，可你现在要求变了。你想想看，孩子那么聪明，他知道对于一个永不满足的妈妈，最好的做法就是让她对自己不要有那么多的希望。他做了一个需要足够聪明和勇气才能做的决定——让自己成绩不够好。这样，再回到100分时，你就会开心、会满足。"

话音未落，她的眼睛已经红了，我犹豫着是否要给她递上纸巾，最终还是选择了乘胜追击。此刻让她尽快明白自己的问题，这无疑是更重要的事情。

第一部分　爱你没商量

"你在单位压力很大，想要出人头地，可惜你自己没有办法达到这个目标，所以你把你的压力和虚荣都落在了你儿子的身上，不是吗？"我冷冷地看着她说，"他的确是很男人，这么小就要负担你的任务、你的压力！"

眼泪终于落了下来，看来她终于肯放下自己的架子了。

我保持沉默，留出时间给她。

"你被压力弄得透不过气来，可你儿子也一样！对于你们俩，我建议都放松点，不要在意别人的看法。孩子的生命是他自己的，我们不能把自己的虚荣建立在他们的痛苦之上。你可以要求他努力、更努力，但说到跳级，如果造成他这么大的压力，你认为真的值得吗？"

"我没有、没有，我真的不想这样。"满怀愧疚的妈妈反复说着这句话。

"当然，你是他妈妈，是最爱他的人，他也最爱你。你肯定不愿意伤害他，只是有时我们迷茫了。"

"我错了，我太自私了，我真没想到事情会这样。"她哽咽着，颤抖的声音让人难免同情，"谢谢你，兰老师！"

我微笑起来，用力握着她的手，俨然一位老者教育孩子一样："每个人都会有这种深陷其中的时候，现在挺起来并不晚。"

送别孩子妈妈后，我坐在沙发上做深呼吸，这场谈话让我有些筋疲力尽。

很多人不理解"聊天"的难度，认为不过是简单地动动嘴皮子，可谁能知道这种心力活动的高强度？每次咨询结束后，我都感觉如虚脱一般，嘴根本不想张开。现在的我瘫在沙发上，看着窗外发呆，嘴巴懒得动一下，但脑中却还在不断闪现各种父母不同的爱。

爱不需要理由，但，爱需要方法。

现在大都是独生子女，哪个父母对自己的孩子不格外地关注和爱呢？但是，其中潜伏的危险又有几个父母意识到了呢？常言道："独子难教，独柴难烧。"美国青春期心理学之父斯坦利·霍尔说："独生子女，仅这一客观事实本身就是一种病。"

父母要爱自己的孩子就需要视这个人（孩子）是一个独立的个体。

孩子只是在年幼的时候需要和你在一起，作为父母是在尽一项重要的社会责任。这是"爱"的基础，只有在内心里没有把这个你需要付出社会责任的个体当成属于你的孩子，才能够做到大爱！

5. 早恋：爱情影响力

春天不声不响地靠近我们，大伙儿正忙碌地更替墙上的相片。这热闹的工作场景里居然没有看见那个忙里忙外的常松？

"什么味道啊？"眼睛找常松，可鼻子却闻到一股陌生的味道。

"他啊，在手工作坊又开始工作了。"小白回答。

今天的手工作坊设置在"透明屋"里，这是一间由白色阳光板搭建的房间，每一个墙面上的立方体书架上都放满了书籍，这里是读书的地方，也是我们的课程之一"活书阅读"的教室。孩子们特别喜欢在这里读书，可我特别喜欢在孩子们读书的时候站在透明屋外面，透明的阳光板会把阅读的灯光渗透出来，让我感到温暖。可今天，这房间里是一股刺鼻的油漆味道。

"你干啥呢？"我问常松。

"我在刷翅膀！"他背对着我，蹲在地上，刷着什么东西。

"翅膀？"我捏着鼻子走过去。常松拿着一件白T恤，放了一个模型在上面用排笔刷着翅膀。

"这是上次Joey给翅膀世界俱乐部设计的Logo，五一活动就要开始了，我先把孩子们的T恤准备好。要等着你来，这次就又没有希望了。"

我伸了伸舌头，退出了手工作坊，再晚一分钟退出，恐怕就要被他唠叨了。手工作坊也是我们的特色，一方面因为经费不够；另一方面是由于小白总要求一些稀奇古怪的道具，所以只有自己做了。

回到办公室，我开始酝酿情绪，进入接下来的咨询工作状态。

今天是和静静第二次见面的日子。

静静准点推开我房间的门，一进门就主动找了个自在姿势坐在椅子上，完全不同于第一次所见的那个谨慎防备得像个小刺猬似的小姑娘。

第一部分　爱你没商量

静静故意摸着自己光溜溜的耳朵，看着我。

我微笑，转身把房间窗帘拉开，让阳光倾泻进来，洒在她的脸上，暖暖的。

"你的问题我考虑过了，我想你其实并不想知道答案，而是希望我有这样一个思考过程，对吧？"她开始模仿起我的语气神态，略有几分得意劲儿。

谁说国内学生不会思考？

静静的确是个会思考的孩子。她现在的问题就是迷失。[孩子在迷失目标、迷失自己的状态时，特别容易虚度时光，家长和教育者要做的就是引导他们走出迷失。]或许这个阶段的孩子都容易找不到方向，找不到自己。别说孩子了，有时候成人又何尝不是如此呢？

"虽然我明白了，但那种新鲜感好像离我有点儿远了，现在这种懒懒的状况我已经比较适应了，想变，但如何变呢？"赶在我还没有发问之前，静静开始主动"倒苦水"。

"我当然能帮你，但你必须要回答我一个问题。"我一脸坏笑，"告诉我，在你眼中，我是什么样？"用轻松的话题调节谈话的气氛，这让我能主动控制进程与节奏。

"要听真话还是假话呢？"

"当然是真话，呵呵。"

"你的确和我想象中不一样。你就大我几岁吧？哪像做思想工作的，哦，不，是心理咨询工作。不过，我挺喜欢你的，喜欢听你说话，很有冲击力。"她努力用镇定的声音，试图证明这是个深思熟虑的回答。

出于职业性，我尽量压抑内心喜悦。静静吞吞吐吐地又说了起来，"我还想让你帮个忙，我和爸爸妈妈之间沟通有些问题。他们工作很忙，我不知道如何与他们沟通。这段时间，他们和我说话总是躲躲闪闪的，我就更不知道怎样和他们说点什么了……"

"好，看在你说我好话的份上，这个我来搞定。"我显出哥们义气，和她击掌。

我给了静静一个盒子，盒子里面装满了30张写满不同话语的纸条。[孩子和家长都知道交流的重要性，只是没有方法，家长需要给孩子提供直接的方法。]我告诉静静，回去之后，把盒子放在床边，每天早上睁开眼睛后的第一件事就是从里面抽取一张纸条，无论上面写的是什么，她都要按照上面所写的去做。

静静对这样的神秘和未知流露出欣喜和期待之情，就像抱着潘多拉盒子一般。

我敢保证，这个盒子会让静静现在平淡的生活中迸发出有意思的火花。那里面的字条写了什么呢？给妈妈挑一件漂亮衣服、选一件首饰、拥抱一下爸爸，等等。[要尽量让沟通的方法变得有趣。]我想那都是她平时肯定没有想到要去做的事情。

第一次和静静父母谈话就知道，由于他们工作忙，和孩子疏远了，他们不太了解孩子喜欢什么。十四五岁的孩子，一方面渴望沟通，同时又把自己包裹得严严实实。其实，不是所有父母都有那么多时间能和孩子在一起，重要的是家长需要提高"在一起"的质量。静静现在慵懒的生活中需要一点刺激的光亮，让父母成为这道强光无疑是一个绝佳的一石二鸟之计。[有效利用资源能够同时达到多种效果的教育策略才是最佳的。]

这个神秘的盒子，正是我给静静的礼物。

送走静静之后，员工们都在手工作坊里开工了，却唯独把我这个大闲人赶回家了。

"那我不干扰你们。为了证明我回家不是偷懒，而是在工作，晚上你们看博客吧。"我转身离去。

为了遵守诺言，我回家进入博客，对早恋进行总结：

（1）"早恋"不是件犹如洪水猛兽的事情，要更好地使用"恋爱影响力"。

爱情是人类诸多情感中的一种，恋爱是爱情的一种状态，而早恋这种状态发生的年龄段相对于某个群体来说，早了。

爱情是非常美好、令人向往的。而这个"早"字却将这美好戴上了一顶帽子，一顶扣在了谁的头上就拥有"负面结果"的帽子。

任何一次的恋爱都会对人产生影响，这个影响有可能是正面的，也有可能是负面的。如果一个人的自控能力、自我管理的能力弱，任何一件事情都会对他有影响，而不会仅仅因为恋爱。好的恋爱影响力会让每个人拥有想要证明自己的冲动，想要在喜欢的人面前展现自己的优秀，渴望和对方拥有一个更好的未来。如果我们能让恋爱产生这样的影响力，我认为恋爱本身就是一件伟大的事情。所以，并不是恋爱有错，而是在考验一个人在恋爱中的自控能力和自我管理的能力。

（2）主动和孩子们一起讨论爱情。

任何一个不被经常讨论的事情都是神秘的，任何一件对于入门有限制的事情都是有吸引力的。对于孩子们来说，爱情就是如此，因为它是美好而神秘的，因为它是被老师们、父母们限制的。

让一件事情变得平常，最简单的方法就是让它经常出现在可以讨论的范围中——见怪不怪。更重要的是，讨论能很好地植入我们对爱情的看法。

我经常会和孩子们讨论下面的问题：

第一：你会喜欢什么样的人？

从他们的回答中，我能够特别具体地了解他们的爱情取向。在这样的讨论中，我们可以影响他们喜欢什么样的人，就是一种价值观的引导。

第二：什么样的人会被别人喜欢？

小学时，成绩好的人是最受欢迎的。到了初中之后，可能长相、气质，一些外在的因素也构成了主要条件，但不管是外在还是内在，都会使一个人在某个方面特点突出而具备吸引力。那么你有什么特点呢？外在是先天给的，那我们努力的方向就只能是内在了，这个内在自然包括学习了。

基本上，我会和孩子们在五六年级的时候就开始讨论这个话题了，这是一种对待问题的态度，这也是与他们谈话中最有价值、最有效的一部分。

讨论的过程，实际上是帮助孩子们自我认识的过程，是帮助他们建立价值观的过程。

（3）恋爱的孩子更需要沟通。

任何一个恋爱中的孩子其实更渴望沟通，需要倾诉，之所以恋爱中的孩子大多封闭自己，不愿多说，仅仅是因为害怕说了之后的后果。但我们可以看到，孩子们会偷偷拿父母的衣服穿（以男孩子为多），会突然提起一个以前从未有过的话题，这些都是开始恋爱的迹象。

如何发挥恋爱影响力，很大程度取决于恋爱中的孩子们的自我控制和自我管理能力。但是，如果你什么都不知道、不了解，就不可能帮助他们进行控制、进行管理。最典型的一个例子——"妈妈，你明天早上7点一定叫我起床啊。"第二天妈妈叫了，但孩子还是抱怨为什么要早起。孩子本身的愿望是好的，这点绝对值得肯定，但抱怨也是会有的。这个例子实际就是说明他的自我控制能力差。我相信，任何一个孩子都会极其渴望自己是班里成绩最好的那一个，没有任何人心甘情愿成为最后一名。就算是恋爱中的孩子，他们更渴望自己能够因为恋爱而发生变化，这时的他们，更需要我们的支持和帮助，而不是粗暴的禁止。

（4）不要用"否定恋爱"的态度和方式讨论这件事情。

"爱情是一件美好的事情，它和学习一样，只是生活中的一部分，而不是全部。如果你的爱情没有影响你的生活，没有让你的学习退步，那你的父母不会反对。"这句话是我经常告诉孩子们的。

遗憾的是，父母们对待孩子的恋爱就像对待猛兽一样，往往把孩子和自己对立起来。既然对立，那就是敌人，那孩子就有理由不接受父母的一切建议。所以，拥有客观的态度才能让孩子们冷静下来和我们沟通，报之以和他们站在一边的信任感才能让他们接受我们的建议。让他们坦然告诉我们一切，远比什么都不说要好，而这完全取决于家长的态度。

（5）用更美好的大目标来引导恋爱。

"恋爱是生活的一部分，让它能帮助你们实现梦想，而不是成为障碍。"我会用更美好的目标来使得孩子们的恋爱服务于这个大目标，从而减少产生破坏影响力的机会。

很早之前，我就会和孩子们讨论他们的理想，并帮助他们归纳理想，看清到达理想的道路，教会他们方法，分享他们的成功与失败。我想，恋爱也是他们实现理想道路上的必经之路，不过是稍早到达了。大目标的确定能够让孩子们不会长时间地沉浸在恋爱中，而是朝着更远大的目标前进。

建立一个伟大的理想并且经常重复大目标，会更好地引导孩子们！

（6）在恋爱中成长。

"兰海，我的孩子从小就敏感，我特别怕她第一次恋爱不成功，这会对她有影响。"

我同意这个妈妈的观点。

"兰海，我怕他恋爱，可我知道他喜欢的那个女孩不喜欢他，我可心疼了。"

我同意这个妈妈的看法。

"兰海，我了解了这个女孩，很不错，我都邀请她和我们一起出去玩了。"

我同意这个妈妈的做法。

孩子们的成长需要机会，如果你的孩子喜欢上一个人，可能是单相思，可能没有恋爱成功，可能在恋爱中，也可能恋爱之后分手了。

请记住，这就是一个成长的机会。

对于一个单相思的孩子，我们需要使他增加信心，让他不要因为这次失败而丧失自信，我们更要告诉他如何更好地去建设自己，如何提高个人魅力，让自己成为具有吸引力的人。

对于一个恋爱没有成功的孩子，我们需要和他一起分析没有成功的原因，是沟通的问题还是误会的存在，或者是不够勇敢才错过了机会，我们更要告诉他在沟通上的重要性和如何选择时机做正确的事情。

对于恋爱中的孩子，他们会遇到各种困难，比如说如何协调感情交流与完成学习任务之间的关系，比如说发生了误会应该如何处理，等等。我们更需要指导他们拥有极强的社会能力、时间统筹能力，需要让他们提高学习效率，需要让他们知道恋爱中如何安全保护自己。

对于恋爱之后分手的孩子，我们除了要掩饰"喜悦之情"外，更需要让孩子从这份感情的挫败中变得坚强起来，能够成熟面对这样的打击。如果是你的孩子提出的分手，那就需要教会他如何减轻对别人的伤害，这些绝对是情商的体现。

综上所述，"恋爱的影响力"的决定权在家长的手上！

在我敲击键盘时，旁边一直放着一张今天我收到的纸条，静静纤细的字迹：我是谁？我真的不知道我是谁，但我知道我不喜欢现在的自己，因为她萎靡不振，因为她不能给别人带来快乐。而今天，我选择做一个冲出迷阵的自己，让自己快乐，大声欢笑！

6. 治疗受伤的海希

我接受的个人案例分两种：个人规划和突发事件。

个人规划，也就是个人成长顾问。主要帮助父母根据孩子各方面的特点和家庭状态来规划孩子现在需要的成长机会和具体实施方案。另一类就是解决突发事件的咨询，例如前面静静的咨询案例。

让我感慨的是，早在 2003 年，无论个人成长顾问还是突发事件，都几乎无人问津。可两年后的 2005 年，人们开始意识到"聊天"的重要性。社会的进步让人们意识到"术业有专攻"，虽然每个人都可能成为孩子的父母，但并不代表一定都成为合格的教育者，他们需要学习做父母，需要专业的帮助。更重要的是，生活质量的提高让人们有时间和精力抬头看看天空，思考自己心灵的需要，开始重视精神食粮的重要性。

相比较之下，我更喜欢个人成长顾问，因为个人成长顾问能够预防突发事件的发生。据调查，中国的爸爸妈妈们总是在孩子出现某种问题，产生了严重后果之后才想到解决，而不懂得提前防范。当然，也有父母告诉我，不是不想防范，而是根本不知道应该什么时候防范、如何防范。

教育是一门科学，不能仅凭经验。

事实上，个体成长的生理和心理规律决定了教育本身就是一门学科，但人们往往忽视了这一点。比如说，父母们总会抱怨自己处于小学低年级的孩子偷懒，每次写作业都喊手酸。面对这样的情况，父母们自然会对孩子颇有微词，最后可能发展成一场"战争"。可孩子在发育过程中，写字用到的小肌肉群是晚发育的，所以低年级的孩子握笔写字超过 30 分钟确实会手酸。如果我们掌握了这样的科学规律就会理解孩子，就能适当调整写作业的时间，让孩子感受到做父母的体贴与关心，增进双方的信任。我们还常忽略孩子的好奇心强和自控能力有限这些正常现象,而仅凭经验为之下定论是"多动症"或者"感统失调"。

教育的科学性需要普及,这是我一直努力在做的事情。

临近中午处理完内波教授的邮件,我顾不上吃饭就开始准备下午的咨询。在咨询开始前的一小时内,我不吃任何东西,胃里饱饱的感觉会在很大程度上影响我大脑的运转。

即将到来的这一家人,因为是被推荐来的咨询者,我多少了解一些基本情况。这是一个复杂的家庭,爸爸是意大利人,妈妈是云南人,孩子八岁,到中国的时间很短,还不到10年。现在面临的问题是没有学校愿意接收这个孩子。

意大利和中国的混血儿,应该是一个极漂亮的男孩,我和他用什么语言沟通呢?我活动了一下舌头,用中文、英语和德语分别进行了练习,只希望一会儿不要被意大利语所困扰。

13点整,我的房门准时响起叩门声。

天啊,一个天使般的小男孩出现在我面前,又大又黑的眼睛,挺拔的鼻子,白皙光亮的皮肤,还有那头乱糟糟的头发,让我忍不住上去抚摸了他。他冲我一笑:"Hello!"那一刻,我觉得那是天下最好看的笑容。

瘦弱的海希安静地坐在角落里,我还是忍不住在和他父母谈话的过程中看看他,他并没有回避我的目光,总是冲我礼貌而温柔一笑,这让我觉得温暖。

父母娓娓道来的讲述,让我对这个漂亮小家伙如此复杂的经历感慨万分。

六岁以前的海希,在意大利和印度生活,从小妈妈跟他说中文,爸爸跟他说意大利语,可在印度的时候他读的是法语幼儿园,所以在幼儿园里说法语和英语。现在到中国不到一年,又得开始努力适应中文语言环境。

当我得知这些时,眉头不由皱了起来,或许大多数人会认为这有助于孩子学到更多的语言,可六岁以前正是孩子语言能力从萌芽发展为基础系统的阶段,可怜的海希居然处在一个如此混乱不堪的环境。〔孩子小时候的成长环境的复杂性和多变性会造成自身系统的混乱,所以处于多变系统的家庭需要格外关注孩子教育的系统性。]

往下的情况让我的心揪起来。

在印度读幼儿园时,天生倔强的性格让海希从不告诉家人幼儿园里发生的一切,直到某天妈妈看见他身上的新伤,才知道那场噩梦。海希来到中国后,这一切并没有想象中那么美好,新问题再次出现了,他无法很好地交流沟通。对学校的规则、制度和考试,海希无法理解,更无法接受。

当他刚进入一个学校,插班到二年级时,上来就考语文,可怜的海希一道题都不会做,然而在这陌生的环境中他多么希望自己能被接纳、被认可,于是他立刻不顾考试规则,开始观望旁边同学的试卷——他实在是连题目都读不懂。而后在一所国际学校,他大闹校长室,五个外籍老师连同校长本人都无法控制事态。再接下来,北京一个私立学校在海希入校后的第三天,就把家长请到办公室,一分不少地退还了所有学费,包括已花费的费用,恳请家长将孩子领回家。

至此之后,戏剧性的情景发生了。但凡有学校流露出有招收海希的意向,妈妈就会立刻送孩子过去。当海希进入校门后,妈妈就在学校附近的咖啡厅里看书,但通常不到两小时,妈妈的电话就会响起了。

电话内容有时是老师的不解,但更多的是海希的不解。

海希不能理解为什么下课还不能出教室、不能到操场上去玩?他不明白为什么老师写中文?为什么那么快,让他怎么也跟不上?想要看看旁边同学的书本,刚一伸头、话还没说出口,就被老师提醒说他要遵守课堂纪律、上课不能随便说话。面对这些指责,他既不能很好解释,也不能有效地明白别人的意思,这压力让他比别人更容易暴躁,当他控制不住时会大哭大闹,这使他变得更加无助,时刻想念自己的爸爸和妈妈。

而现在,海希从第三个学校回到家里,"待学"在家。

表面上,很难从这个瘦弱可爱的男孩脸上看到所谓的"暴躁"和"无规则",但我能够感受到他所受到的"伤害",在他的字典里"规则"这两个词已经被自我保护替代了。我想,在他敏感的心中是不能容忍别人对他的忽视的,因为他是一个内心有伤的人。

第一部分 爱你没商量

海啸，海希的爸爸，一个魁梧的意大利男人，一脸的无奈，大声抗议："为什么海希就不能有学校读？我认为孩子当然会有一些小问题，这是每个孩子都有的，但应该有学校接收啊！"海希妈妈，一个非常典型的云南女子，看上去已经有些筋疲力尽了。

"能给我和海希一点儿时间吗？我需要单独和他待一会儿。"我微笑地提出了这个请求。［无论在什么样的情况下，我们都需要从"当事人"那里获得第一手信息，这既代表了对他的尊重，也帮助我们全面了解事件，更重要的是对后面的引导打好相互信任的基础。当父母被告知孩子的不良表现之后，和孩子第一次接触时，需要做的第一件事是询问："你能告诉我发生什么了？"而不是简单地凭借从他人那里获取的信息进行判断。］

"好的。"海希爸爸转过头去，与海希用意大利语说了些什么，海希点了点头。

房间里就剩下了我和海希。

"你好，我是兰海。"我放慢了语速，但却技巧性地没有让海希发现这是我故意的。［不让孩子发现我们刻意的照顾，会让敏感不自信的孩子更好地接受我们。］我不想这样的刻意让他变得敏感。"我能认识你吗？"我第一句话用汉语，第二句话用英语，用两种语言是对海希的一种尊重。［需要通过各种方式来确认海希能够明白我的信息。］

果然，他眼神中闪过了一丝惊讶。

"你好，我是海希，我快八岁了。"

天哪，估计只有我能听懂这句话，这简单的一句话，居然掺杂了汉语、英语、法语和意大利语。

我朝海希果断地伸出了手，说："和我握手，用你最大的力气。"

海希缓慢地朝我伸过手，非常缓慢。我换了一个姿势，坐在地上——让海希处于一个比我高的位置，这居高临下的状态应该能带给他足够的安全感。［和谈话者之间的位置关系，也是一种心理关系的暗示。］我的手停留在半空中，坚持着，脸上保持着微笑，眼睛看着海希，用眼神传递出等待的邀请。

手居然停留在空中 30 秒，这已经突破了我最长 18 秒的"握手记录"。

终于,他的手软绵绵地和我握在了一起。

"能用最大的力气来握紧我吗?"我扬起眉毛问道。

海希眼睛看了看天花板。我一直在关注他的眼神,脸上保持着笑容。[孩子在交流的过程中不看你,并不代表他不专心,而是他在思考与你有关的问题。]

可我心中在默默地读秒,每一秒都那么漫长,让人忐忑不安。

突然,海希冲我一笑,开始用力和我握手。当双手终于牢牢地握在一起,我也顺势从地上起来,坐到了他的旁边。

我们俩就这样坐着,没有说话,只是彼此握住对方的手。[很多时候,没有语言的交流往往更能够进入彼此的内心。]

很难想象,这是我,一个三十岁的人,与一个八岁的人的感情交流的时刻。

接下来,我们开始了心之间的交流。

与其说是交流,不如说是海希的独角戏,他用力想要表达自己,不停地眨巴着眼睛,手舞足蹈,每说完一句话都要喘口气。他也尽量在说话时不夹杂意大利语,仅使用汉语和英语。他告诉我,他喜欢看书、喜欢玩拼装玩具,我露出满脸渴望,让他在我崇拜的眼神中获得骄傲的满足。他连比带划地让我明白他们一家三口是骑着三轮摩托车来的,我的嘴巴立刻张得大大的,让他感受到我的羡慕。他说自己在学校里如何制止了别人对他的"侵犯",我立刻抓住他的手,让他体会到我对他真切的担心……

我扮演了倾听的角色。[对很多孩子来说,倾听他们远远比"说"他们更有效果。]我努力去听懂他说的每一个词,看透他的每一个表情。同时,也尽量选择他能理解的语言和表情给他回应,让他明白自己的重要性。

很快,30分钟过去了。当海希的父母再一次进入房间时,看到的是两眼放光的海希和筋疲力尽的我。

……

"兰海,海希说他喜欢你。"海希爸爸有些迫不及待地告诉我。

"是吗？我也很喜欢他呀。"

"下一步我们应该怎么办？"

"我会给海希制订一个计划，但计划的目的不是让他去到学校上课，而是全方面地调整他目前的状况，让他能够去接受其他人，拥有安全感，这样才能让他成为一个社会人。"

"太好了，这也是我的想法。是否进学校读书并不是根本问题，那只是一种学习手段，而我更关心的是他需要一个能够接受他的集体。"海啸坚定地说。每每遇见开明的父母，我总有脱口而出"谢谢"的冲动。

"那好，以后我们每周二下午这个时间见！"

我把他们一家送到了办公室门口，朝海希挥了挥手，他同样向我挥手告别。

看了看表，离下一个约会还有一个小时，这期间我开始整理刚才的谈话。

握手这个动作，居然用了将近 30 秒才完成。

与每个孩子认识都需要三个程序：首先是握手，其次是拥抱，最后是亲吻。如果能适时地进入这三个程序，那么就能拥有一把打开孩子内心的钥匙；如果有足够的感受力，就能感知到孩子的一切。

握手，是一个很简单的动作。当一个成人与一个孩子握手时，这意味着一种平等关系的建立。我试图通过这样的行为传递一个信息：我们都是一样的，是平等的。而第一次握手的轻重和节奏，这些细节能让我判断孩子的自信心如何、性格特点，等等。缺乏自信的孩子第一次和陌生人握手是无力的，比较莽撞的孩子则会急速地握紧你的手并且上下摇动，而胆小害羞的孩子则会迟疑地握手，或者根本不敢与人握手。

当我要求他们用最大力气时，他们内心会有一种释放的快乐，他们从听到我的要求到加大力气，这段时间的长短，能让我感受到他们对我的信任程度，是否仍然迟疑，是否已经开始了信任。所以，这看似简单的握手，总能让我获取他们的心灵密码。

拥抱是一个双向行为，而且我是让对方来拥抱我，当孩子朝我张开双臂时，那就证明他已经完全信任我了。因为他们的主动拥抱，代表了一种绝对信任。而我迎接他们的拥抱，也让他们感受到我对他们的信任。

亲吻就是更亲密的一种行为了，我会经常特意追着那些不好意思的孩子们，强迫他们在我脸上轻轻地亲一下。看上去是我强迫的，但实际上他们很乐意我这样的"强迫"，因为这样的强迫使他们感受到自己如此被热切地喜欢。

我经常下意识地摸一摸自己的脸——天哪，上面不知道沾有多少孩子的口水啊！

7. 大雨中孩子暴露出的问题

每周二的谈话，让我和海希建立起了一种很默契的感情。每次看见他，我心中都会涌起母性的情感，可能是因为他那褐色的意大利眼睛所流露出的惶恐，可能是他每次温柔依偎在我的身边流露出的安静。

海希的烦恼实际上很简单，他需要适应的时间，需要周围人有耐心听他说的话，需要人们理解他。他需要安全感和稳定，当一个环境表现出不友好的时候，他会立刻选择用"使脾气"来应对。

这个敏感而骄傲的家伙需要一个广阔的、耐心的、包容他的环境。

想想，孩子们的要求真的不高，他们无非就是希望能有人花点儿心思弄懂他们的想法，无非就是希望大人们能够耐心一点儿。可是我们，却是那么的苛刻。我们不允许孩子们说不清楚的话，拿成年人的标准来要求他们，不给他们犯错的机会。海希总让我想起《小王子》里的一句话：大人怎么也不能明白我们的意思，而我们也懒得给他们解释。[成年人往往用自己的思维方式去理解孩子们的语言，所以经常不能明白孩子的真正想法，而孩子也没有办法解释清楚自己的想法，所以交流障碍就会越来越严重。]

海希又是幸运的，因为他有能够理解他、支持他的父母。看着海希长长的睫毛，我迷失在他的目光中。我不知道还有多少孩子因为我们缺乏足够的时间和耐心而被忽视，他们都在哪里？

可爱的海希每次见我之前都会把弄个头式。他妈妈告诉我，每周二他都说:"今天我要弄弄头发,今天是我和兰海的约会。"

人活着有很多的角色需要扮演。比如我吧,父母面前是女儿的角色,工作中是教育者的角色,和朋友们一起是伙伴的角色。而每个周五,是属于"我"的角色。

我喜欢在这个上午享用一次慢悠悠的早餐,坐在咖啡馆临窗的位子,看着大街上的人来人往,让自己慢下来,让自己的思想随着弥漫在空气中的咖啡香味而自由飘散。

听到一阵淅沥声,我才发现天上下起雨来。

雨顺着屋檐滴落,恰恰纵容了我的思想。第一次我和孩子们在世界通识的课堂上讨论艺术时,他们说艺术就是雨声,无论大小都在滋润着每个人的心田。

这场雨,让我联想到了那场雨,那场在深圳的大雨。

去年夏天,我们带着一群北京孩子去深圳——一座著名的移民城市。

天气一直晴朗的深圳,像是刻意安排了一场大雨迎接我们,从上午就开始下雨。由于天气原因,我们一出机场就直接被送往基地了,根本没有时间执行策划案中相互认识的这一程序,以至于无法在第一时间与深圳的孩子们交流。

孩子们叽叽喳喳地坐上大巴,不一会儿,都昏昏欲睡、渐无声息。我闭着眼睛,却无法入睡。这是我们第一次把暑假活动的营地设在外地。这次活动的目的有两个:一个是扩大孩子的朋友圈,让他们能与不同文化背景的人沟通,这也是为他们将来国外行走打基础;二是通过各种挑战性的任务,让孩子们迅速建立不同文化背景下的团队,提高孩子们解决问题的能力。

孩子们将要面对的世界是多元社会文化背景的。哈佛大学的校长提到,在21世纪,一个有教养的人需要了解整个世界,不能存在对任何地区、任何民族的偏见。

孩子们所看到的世界不会在将来的某一天突然宽阔起来,而是从小的积累。可遗憾的是现在孩子们每天拼命积累的只是学科方面的"深度",对社会的了解几乎为零。所以,我们每次活动都想办法让孩子们能够与不同文化背景的人在一起相处,从现在开始扩展他们的生活宽度。从每次活动的主题变化到课堂和营地中的"混龄"安排,我们都希望创造出一个能让孩子们之间相互交叉、相互感染的环境。

回头一看,全车只有我和小白双目圆睁,看来这场及时雨果然是一曲绝佳的催眠曲!

小白这家伙,最大的特点就是遇到任何事都面无表情,很难能通过面部表情看到他内心的波澜。初见小白时,他就是一个十足的时尚青年,一头长发齐腰,说话时不经意地露出耳朵上的三个耳坠。如果不是他个人经历的丰富让他显示出对生命和教育的理解,恐怕我就要与他失之交臂了。外表时尚的他,却是一个非常严谨的人,每一次活动从细节的设计,到安全措施的考虑,都让我对他刮目相看。

经过两小时的晃动,两部大客车终于抵达了深圳盐田的一个活动基地。

基地就在海边,虽然在车上,可我们还是隐约闻到了海水的咸腥味儿。孩子们逐渐都从睡梦中醒来。此刻,大雨仍在哗哗地下着,没有一丝减缓的迹象。

深圳的孩子们因为先上车,所以都分布在客车的前半部分座位,车一停,他们冲下车并以最快的速度冲进大楼,把我们和大客车都留在了雨中,更别提带上自己的行李物品了。司机冒着雨把客车的行李箱打开,那里装满了所有人的行李箱包和从北京运来的活动道具。

北京的孩子们下车后,快速跑到行李箱旁边,每人大包小箱,把行李逐一运往大楼里面。

"你们赶快进去,我们来弄!"常松试图阻止雨中的孩子们。

"瞎掰什么呢?你就一个人。"十一岁的李达不屑地回答。

我正帮着语凡整理行李。大件行李和他那小个头实在太不协调,我试图帮他找件小行李:"语凡,你就拿这个吧!"语凡白眼一翻,根本不看我,两手抓着那件大家伙自顾朝前走。我再一抬头,才看见深圳的孩子们都躲在屋檐下,既没有和老师打招呼,也不说话,有的仰望天空,无所事事,有的左右躲避,生怕雨水滴到身上。我透过雨雾看着他们，似乎眼前一切与他们无关。可到底是什么让他们成了袖手旁观之人？他们在家也从来都是事不关己吗？他们在学校都只是看着老师们忙前顾后吗？又或者他们压根儿不知道搬运自己行李是自己需要做的吗？

没有找到孩子们行为背后的原因之前，我从不妄加判断。

"你，还有你！"我指着在屋檐下躲雨的那几个比我还高壮的男孩，"快过来搬行李！"

回头一看，后面却没有丝毫的动静。

"怎么回事啊？"我有些火冒三丈。

"那些东西又不是我们的。"高个儿孩子不满地说。

"什么？"抹一把脸上的雨水，想把说这话的孩子看清楚，紧接着另一个理直气壮的声音又冒出来："以前都是老师给我们拿的！"

在小白、常松的带领下，北京的孩子排成一条长队，男孩站在雨里，女孩站在屋檐下，行李、道具一件件从孩子们的手上传过。

"听好了，所有人！迅速拿上自己的行李，男生帮助拿道具！快！"我开始从屋檐下把这些表情麻木的孩子们赶到汽车行李箱旁。

他们极不情愿地走到车前，开始在行李中挑选自己的物品。有些孩子小声嘀咕，有些孩子则非常开心地发现自己的行李已被运到楼里了，便立刻返回大楼下找寻，窃喜的神情却也担心被我看见后又叫唤过来帮工。

我有些气急败坏，直到一个黑小孩跳进行李车，开始帮语凡翻行李，他那一口广东普通话才把我的急躁平和下去。

雨中的一场搬运战斗结束，孩子们在大厅里集合，对比鲜明有加。

语凡他们全身湿透了，站在一边拿毛巾擦身体。章鱼则忙着给所有人吃药。而另外40个孩子中则有过半的人拿着电话嘀咕："妈妈，我到了，怎么回事啊！这儿的老师还让我们自己拿行李？"

大厅左边是湿漉漉的孩子，右边是嗡嗡的叫声。

"好，集合了！"小白的声音难得凶狠了一把。

我站在一旁，看着这些对比鲜明的孩子们。至此我算找到了原因，在这些孩子们心中，他们是负责学习、负责玩的，而其他事情都应归别人打理。如同我在德国遇到的那些类似成长经历的小留学生们，他们一旦脱离了父母的怀抱，到了一个凡事须由自己打理的环境中，就完全失控了。时间已逝，孩子们的成长无法重来。而眼前，我们至少要为这些孩子争取一些成长机会，不要让他们十年之后才知道自己应该怎么做！

8. 九点综合征

大雨中的我准备改变战术！[教育策略是需要根据情况的改变而调整，这样才能达到因材施教的效果。]对这些事事都要别人帮忙的孩子们来说，他们急需当头一棒！

"大家好！我刚才已经领略到大家的体力和自控能力了。我看到能在大雨中搬运行李的伙伴，也看到在屋檐下躲雨的伙伴，从现在开始你们都会是伙伴。很多人对于搬运行李都无动于衷，可喜可贺，你们定力很强！现在自我介绍一下。我是兰海，从现在开始，一切行动听指挥！"

往常首次见面，我是不会如此尖锐地把自己展现在孩子们面前的。但，现在的他们需要这样的规则。

"我是常松，你们自由活动的范围是这栋楼。晚上 9 点 30 分必须熄灯睡觉，早上 7 点 30 分起床，在睡觉时间之后与起床时间之前，不能让我在任何一个地方看见你们，宿舍卫生我将随时抽查！"

常松用十分钟时间完成了本该明天才宣布的要求，因为过往每次的第一天是让孩子们彻底放松的日子，放松下的弱点和优点都很容易被观察清楚，可刚才发生的事情让我们不得不加快了原有节奏。

懒懒散散的孩子们被我们严肃的要求和规则震住了，但依然有孩子脸上挂着不屑一顾的神情。[行为上懒散的孩子需要一个严格的规则要求才能慢慢有所改进。]

"我先问个问题，深圳孩子有多少人带手机入营了？"[通过孩子们的设备和穿着习惯可以分析家庭情况和父母的关注点。]

一只只小手伸出来，脸上还挺得意。

我一数，好家伙，20 个人中只有两个人没带。

"那么，北京孩子有多少带手机入营了？"

第一部分　爱你没商量

安静一片，没有小手伸出来。

"你看，他们没有手机，真土！"深圳孩子开始交头接耳，"是啊，还是从北京来的呢！以后我才不把手机借给他们用。"

大厅里又开始嗡嗡一片，我故意留足了时间给他们嗡鸣，以观察各自的反应。[了解孩子对某件事的反应可以帮助我们更好地了解他们。]

"现在通知第一条营地规定：尽量不要用手机。特别是在集体活动的时候，禁止携带手机！这是规定，每个人都要遵守。"

晚饭过后的活动时间，我没有安排任何内容，只为了观察这两地的孩子们在自由状态下会选择互相交谈还是各行其是。[孩子在自由状态下的行为需要重点观察，可以帮助我们了解他们对自由时间的掌握以及社交方式。]我们故意将各自房门打开，以便能听到外面的动静，而小白则独自关上房门准备工作，他要把明天活动的全部内容再仔细核查一遍。两年的默契合作下来，我和常松都非常熟知他的工作习惯了。

遗憾的是，虽然双方孩子们都在各行其是，可情境大相径庭。

后来了解到，当时北京孩子们忙着整理自己的房间，收拾行李，查看第二天日程安排，动作快的孩子完事后则在一边安静休息。可深圳的孩子则满世界到处都在呼喊我的名字。

"兰海，我的行李箱打不开了！"

"兰海，我的笔不见了。"

"兰海……"

虽然对孩子各种习惯已经司空见惯，但看到全身上下只有"嘴巴"拥有工作能力，到处叫人帮忙的孩子，我外表再和蔼镇定，内心也难免有些许愤怒。

"兰海，谁都有第一次，体验第一次对他们来说可能就是痛苦的，我们原来不是也一样吗？"章鱼，真是个贴心女孩，轻声走到我身后。

闹剧刚结束，另一幕诙谐剧在晚上9点准时上演。

行为的传染结果是整个二楼电话铃声此起彼伏，深圳孩子一个个掏出手机。我本以为这会促使北京孩子想家而不适应，可转头看向那几个小子，发现他们倒挺自在。

37

我还没有调整到合适的嗓音开始爆发,二楼另一颗小炸弹却先引爆了。

"呜呜呜,我想你们!我要回家啊!"我顺着声音开始寻找这个小炸弹,身后还紧跟了几个一心看热闹的小家伙。

是不是之前那个腼腆男孩?我一面猜测,一面寻找声音来源。

推门进去,一个身高1米60左右的男孩正在号啕大哭,一边拿着手机,一边用手捶着枕头:"我要回去,不想待这儿了,我就是想你们!"

呜咽声中,我很难完整地听出他的言语,但他想家——这是显而易见的。

我把其他孩子赶到门外去,独靠在门边耐心地等待着他结束电话。好家伙,足足30分钟![孩子的隐私需要保护,单独的谈话不仅是尊重孩子的隐私,更重要的是建立了良好的交流氛围。]

"一名,你在和谁打电话呢?"我微笑着敲门。

我看着这个十二岁的男孩,白皙的面容,稚气仍挂在脸上,除了普通话有一点广东腔以外,长得不怎么像广东人。

"我,我在和我妈打电话呢!"他呜咽得身体颤抖起来。

我靠近他,拿出纸巾放在他手里,说道:"我们不哭了,你看,我都没法听清楚你说什么了。"

"嗯。"他开始抽搐,"我刚给我妈打电话,呜呜。"

"别哭了,一会儿哭丑了。"我以平日罕见的温柔拍着他的后背,没有丝毫责备的意思。[语言和肢体动作的配合更容易让孩子接受我们想要传递的信息]

"我就是想我妈了……"孩子继续呜咽不止。

看来这一时是不能让他从妈妈的语音环境中脱离出来了,我决定直接和他妈妈先沟通,了解一下这孩子的情况。出于礼貌和尊重,我问他:"我能和你妈妈通个电话吗?寝室同学都要回来了,到睡觉的时间了哦!"

安顿完了一名后,我走出门,遇见豪豪,原来他与一名同寝室。我还没开口说点什么,豪豪就朝我一笑,径直走到一名身旁坐下,把手放在一名肩上,开始安慰他。作为留守儿童的新代表豪豪同样经历过和父母分离，也许他能更明白一名的伤感吧！

把外面的"战场"交给了常松后，我回到房间，从资料中查到了一名妈妈的电话号码。

"您好，请问您是一名妈妈吗？"

"我是，您好！"声音温柔地从电话那边飘了过来。

"您好，我是兰海。"

"您好，一名在那边给你们添麻烦了。"

"还好，我刚才听见他给您电话，他哭了很久、很伤心。"

"是啊，他就是这样，总想我们。我也不知道该怎么办，您说这个男孩子这么大了，怎么还这样呢？"妈妈无奈得有些不好意思起来。

"我就想和您沟通一下情况，希望能利用这次活动让他有所改进。"

"哎呀，那就太感谢您了。"

"所以，我需要您配合，我可能明天会暂时没收他的手机，让他不能和您联系。如果您有问题，可以随时拨打我的电话。可以吗？"

"好，不过万一他又哭了，怎么办？"妈妈有些担忧。[父母会担心孩子"哭"。其实，哭是一种情绪表达的方式，除了表示伤心还有其他的含义。比如一名，他每次的哭都让自己受益了。所以，这种让自己受益的行为是会持续的，而现在需要让他知道"哭"是不能让自己受益的，就能有效地制止他的"哭"了。]

"我们先试一次吧！大男孩如果总这样，对他以后可不好。"

刚挂完一名妈妈的电话，还没来得及缓口气，电话又响了。

"你就是夏令营的老师吗？"对方语气很生硬。

"您好，我是兰海，请问您是？"

"我是一个学生的妈妈，是谁你就不用问了！"

"有什么可以帮助的吗？"

"我很不满意你们！第一，为什么下雨了，还让孩子去搬行李？你们老师就不能帮着拿吗？第二，为什么晚上9点半以后就不让孩子们接电话？我们有事找孩子也不行吗？如果你们还这样的话，我明天就准备把孩子接走。"

语速飞快，还好不是当面，就这我都能想象到唾沫横飞的情景了。

"首先，我代表这次营地老师欢迎您的孩子参与其中。对您刚才所提的问题，我认为是这样的：无论天气如何，行李是孩子自己所带所用的，所以应由他们自己负责拿取。如果行李太重，我们老师才可以帮助他们解决这个问题。[千万不能替孩子解决所有的问题。我们可以和孩子一起解决他们的问题，但是主体也仍然是孩子自己。]至于晚上9点半之后不许接听电话，是为了保证孩子们的休息，睡眠不够会对孩子们产生影响，如果往后您实在有事找孩子，可以随时拨打我的电话。"

虽然我是出言有章，但对方仍然出言不逊："算你说得有理！那如果我孩子出了任何问题，你们都要负全部责任！"

嘭！电话狠狠地被对方挂了！

从房间里走出来，走廊的安静让我有些不适应。抬头一看，墙上挂钟正好显示21点30分。不由暗喜，看来这些孩子们对严格的要求已经开始适应了。

我独自去了海边。今天发生的事情太多，让我一时无法平静。

海潮的声音很浑厚，随着浪潮的起伏，许多过往的事情在我的脑海中闪现，我忽然觉得孩子们太不容易了。

我相信天下所有父母都是爱自己的孩子的，但到底该怎样爱孩子？孩子到底需要什么？这个问题是每个父母都需要思考的。

温饱，是人最低的生存要求，作为父母都能够满足孩子。但人生是个漫长的过程，无论你有多么优秀，路途之中也会遇到无数不可预见的困难。挫折本身并不可怕，可怕的是缺乏一颗面对挫折的坚定之心。

可这坚定之心绝不是一夜之间变成的，而是在不断地敲击打磨中历练出来的，这需要时间。如果我们童年时能遇到这样的打磨机会，那会是件珍贵的礼物，我希望这份礼物是父母送给孩子的。

一名的妈妈是极度疼爱孩子的，她内心中明白孩子需要坚定的心，但却不能亲自送出这份礼物。我相信很多父母都想锻炼孩子，但他们自己却经受不了这种锻炼的考验。

时间流逝，等孩子长大后暴露出自己的各种弱点，所有人都会指责这个孩子，但是作为成人，作为这些孩子们人生路上的引导者和陪伴者，我们应承担怎样的责任呢？

我们到底还应该给予孩子们什么？

机会！

爱，就是给予孩子机会——认识世界、体会人生、成功失败、开心痛苦、寂寞孤独、团结合作的机会！

希望这一次，我们能够带给这些孩子们各种机会！

9. 一份特殊的生日礼物

第二天早上所有活动都好像慢了大半拍。本该7点起床，结果7点30分才拖拖拉拉地完成。集合时，也是磨磨蹭蹭的……

"Relax！要沉住气。"我对自己说，然后满脸堆笑地看着他们。[面对孩子，需要耐心，需要时间，不能急于求成。]

"今天我们要去希腊，好好玩一玩。"我开始引导他们进入话题。

听见"玩"这个字，孩子们就好像瞬间被探照灯击中了一样，好奇的小眼睛开始闪光。

"但是，想要和我玩是有条件的。"吊吊他们的胃口，让他们注意力更加集中，"谁能告诉我一些关于希腊的事情呢？"

"奥运会啊！"

"国旗是蓝色的。"

"还有神话！"豪豪大声说，看来他的确听了我的话去看了希腊神话书，努力成为一个"文化人"。

可是，50多人却只有寥寥数人回应了我。是他们不愿回答吗？还是南北差距，北京孩子大方，深圳孩子含蓄？但我从孩子们眼睛中所看到的，是对答案未知的不好意思和想参与的渴望。

看着一双双渴求的目光，我直接讲述了很多相关内容，而往日这些知识是需要孩子们自己去查找的。

这次，我有些心急，孩子们的眼睛就像干枯的湖，我只要多说一点，湖水就会上涨一些。

但这时，我嘴巴动了几下，却没有发出声音。我失声了！

豪豪则抓住机会，上演了一场"英雄救美"。他跑上台，滔滔不绝地侃了半个小时的希腊神话。我偷偷看了看全场，所有孩子都变得非常安静。看不出，豪豪还这么有个人魅力。

又到晚上9点了，那个定点哭声炸弹会再次爆炸吗？嗓子还是没有恢复过来，我依旧不能说话。"你去查房，我到处看看。"我写了张纸条给凯音。

还没等我迈出房门，准时又听见了那熟悉的哭声！

"我给你说，他又开始了！"豪豪冲向我。

我不自觉看了看手表，一名的生物钟还真准时。我正准备去他房间看看，脚刚抬起又收了回来，想了想，还是决定不去。今天是第二天，先看看今天是否时间会短一些。

"兰海，我有事找你！你现在有时间吗？"Johny不知什么时候出现在我身后，拽着我的衣服。

我点点头，看着他。Johny是个在加拿大生活的中国孩子，每年夏天都会回国参加一些活动。

"我想每天做上课教室卫生。"

"我也要。"怎么还有一个插话的？原来是语凡，这两个家伙一起凑什么热闹呢？

"不过，我有个要求，也就是条件。"Johny看着我，"我想每天能有5元钱的收入，然后能不能给我们买个纪念品呢？我看见其他人都买了那个贝壳钥匙扣。"

我用手指了指他们俩，双手一摊。

"我们俩穷啊！一分钱都没有。我们想自己努力买纪念品和水。"

我这才想起来，Johny和语凡可是真正的无产者，这次活动他们父母一分钱都没有给他们。我忽然对他们刮目相看起来。

"好，我负责检查你们完成的质量！"身边的豪豪模仿起领导口吻，看来他是不会放过任何一个"管"人的机会的。

我不禁笑出声，穷人的孩子早当家，这话果然经典，在哪儿都一样！

听着走廊那边一名越来越低的哭声，我知道今天这一仗基本打完了。

回到房间，我看了看手机，没有来电记录。冲着一名妈妈今天没有电话找他，我一定要治好一名的"九点综合征"！其实，治疗方法非常简单，就是让他不能"获益"。通常情况下，孩子始终坚持某一行为是因为此行为可以"获益"。一名如果第一天哭，他能和妈妈通上电话，第二天他就会依然采取这个方法，但如果我们坚持在引导他的同时，让他明白即使"哭"也不能和妈妈通上电话，他不能继续"获益"，他也就会选择逐步放弃。[孩子成长过程中，有很多需要我们"忍心"的地方，只有能忍住不迁就孩子的父母，才是真正帮助孩子成长。我们坚持住了，孩子也就坚持住了。] 只不过，这个过程在考验孩子的同时，一样考验着父母，所以做优秀的父母需要有"忍心"！

早上起来，我看到有几个深圳孩子也跟着语凡和Johny在打扫卫生，让我小吃惊了一下，但我不知道我每天给的5块钱工资是不是平均分配呢？

嗓子出了点问题，所以只要一上课，我就成了闲人。不过，今天是个特别的日子，我也有个特别任务。今天是两个孩子的生日：北京的语凡、深圳的月月。

不能说话虽算是工伤，但我还是被派出来买蛋糕，为孩子们准备生日礼物。女孩的礼物是一个芭比娃娃，而语凡的礼物早就想好了，一个拼装汽车。

当然，语凡还有一份特殊的礼物，我想那会是一份所有人都羡慕的礼物。

生日是大家一起庆祝的。聚会上，孩子们已没有了北京和深圳的地域区别，他们互相学着纯正的京腔和港味十足的粤语，以至于整首《生日歌》唱得完全走味……

星星蜡烛点起了，照耀在一张张稚嫩的小脸上，我开始感恩生命，感恩这些孩子们，是他们让我觉得生活是如此美好。

蜡烛吹过，月月迫不及待地拆开礼物包装。而语凡，八岁的小寿星双手紧握包装盒，任由旁人使用各种招数，他就是不拆礼物包装。

我拿出语凡这份特别礼物，正准备递给同事，却发现我的声音复声了。

如果说人生有很多巧合，那么今日的此刻也应是众多巧合之一。

"语凡先生！"我对刚恢复的嗓子还有点儿不习惯，用语凡的正式名字来称呼他更有些不习惯，"我这里有你的一份礼物，是一封信。"

我打开信封。吃着蛋糕的孩子鸦雀无声。

宝贝语凡：

今天是你的生日。过去的七次生日，我们都是在一起度过的。现在我们也想和你在一起！你问过妈妈：'我的生日礼物你准备好了吗？'现在告诉你，这次夏令营就是妈妈送给你的礼物。它虽然不是你盼望的玩具，但它有它的价值。

八岁了，你长大了，看看周围的小朋友，他们每个人都各有不同，都有自己的特点，他们也是他们爸爸妈妈的骄傲，和他们一起分享长大的快乐吧！记住，以后在你身边，不仅有爸爸妈妈、老师，还有好多好多的朋友，朋友越多才越快乐！

爱你的爸爸妈妈
Arthur & Helen

读完整封信，我眼睛湿润起来。我看向语凡，想从他眼中看到感动，可这从头至尾都镇定的如成人一般的男孩，居然目不转睛地看着大家，仿佛自己不是主角。[腼腆的孩子经常在公众场合会不动声色，千万不要以为他们没有感触，他们只是不好意思表达自己情感而已。]大家还没来得及沉浸在这情绪之中，霎时间的安静又被一阵哭声打破了。看来今天的生物钟混乱了，现在才8点，一名提前一小时开始哭了。就算音乐仍响在耳边，我还是清楚地听到一名在哭声中喊着妈妈。

我径直走向一名的座位，可离他最近的李达抢先跑了向前，冲着一名说了句出人意料却极具作用的话："你还哭？你看语凡才八岁，你再这样，我看你以后连老婆都找不到！"

一名的哭声戛然而止。

我带着表情镇定的语凡离开了充满欢笑声的Party,来到海浪敲打的沙滩上。虽然语凡脸上面无表情在装酷,可他紧紧拿着信封的双手早就泄露了内心秘密。

我把拨通的电话递给他,他有些迫不及待。

他感谢爸爸妈妈送了这么一份生日礼物,慢慢绽开的笑容把他内心的喜悦也传递给了我,这是一个幸福的孩子。

通常情况下,遇到孩子的生日,我都会送书给这位孩子。[长期选择某种东西送给孩子作为礼物,可以建立我和孩子之间的交流模式,也让他们感受到我的希望。]可这次远在营地,我实在是没法延续这个传统。

"语凡,你想要什么生日礼物啊?我私人送你?"我摆出一副颇具经济实力的表情。

语凡眼睛开始打转,问:"你说话算话?"

完了,我开始想象这个小家伙会提出怎样的要求……

"我要统治你一天,我要当老大,让你、常松、小白为我服务一天。"小脑袋歪在一边,咧嘴笑。

"为什么呢?"

"因为我要到这里工作,要让你们给我打工!"

果然抱负远大!我捏了捏他的小脸,与他并肩走在海边,听海浪拍岸的声音。

10. 学会认输,正视失败

日子一天天过去,每天都在悄然发生一些变化。

我的嗓子恢复了,一名开始不哭了,Johny和语凡卫生工作也做得不错,深圳和北京的孩子们更好地融入在一起了……每晚的聊天仍在进行,我开始转向问孩子们一些让他们觉得很错愕的问题。提问这样的问题不仅会让孩子们放松内心对于"老师"的警惕,也能探索孩子们的生活广度和思考深度,这是我们彼此成为朋友的一招。

"你有女朋友吗?"我很严肃地问墙角那个初一男孩。

"兰海，你怎么问这个问题，你不该问这个问题……"男孩的脸瞬间红了，说话急切起来。

"我为什么不能问？我关心你呀！"我非常严肃地回答，直视他的双眼。[关心孩子的生活，而不仅仅是分数。提问是最好的方式，不仅可以让我们了解孩子，更重要的是让孩子能够从安全的渠道获取信息。]

"快来，快来，兰海考问了！"一个孩子广播起来，房子里瞬间挤满了人。

"好吧，大家都来这边坐，不想回答这个问题，我就问点别的。"我把稀稀拉拉的孩子们招呼进屋。

这个年龄的孩子就像水一样，放在不同瓶中就会出现不同形状——可塑性很强。虽只有短暂的几天，他们已经有了很大的变化，最明显的表现就是不再偷懒，出现状况时，首先求助于自己。

"兰海，我想问一下，我们之间的区别大吗？我说的是章鱼他们和我们。"一名第一个朝我提问，这让我有些意外。

"大啊！她是女的，你是男的！"我玩笑，"认真来说，我觉得他们的知识面比你们广，解决问题能力要强一些。"我坦白地回答。

"当然了，他们比我们早获得你们的帮助啊！"

"你认为是这样吗？你们看，人的大脑就像电脑硬盘一样，可以储存一定量的内容，但总有极限。可如果我们掌握了方法，就可以不断更新知识，还能无限增容，不是吗？所以，你刚才的理由不能成为知识面窄的借口啊！"

"兰海，还有两天活动就要结束了，你最希望我们提高什么？"

"这个问题，如果你们不问，我也会说。我最希望你们记住一句话：'任何问题都有解决的方法。'"我清了清嗓子，"我给你们讲一个我自己的故事。"

孩子们聚在一起，认真倾听。

"刚到德国时，我是'2000年度最倒霉人士'。这一切全因为美茵兹的签证官，无论我使什么方法，他都不给我办理长期签证，要求我隔两周去移民局办理一次手续。如果是那样，则意味着我没法全身心做任何事情，也不可能找到工作——没有人会聘用持着这种签证、德语也有问题的人。

第一部分　爱你没商量

很快，我发现移民局开始度假了，他们贴在办公室上的纸条显示，马上就要轮到那个一直不给我签字的移民官度假了。机会似乎就要出现，可我每天都要上课，怎会有时间天天去移民局侦察呢？我拜托了一个要去签证的同学，帮我拿到签证办公室的电话。

接下来，我每天背着我所有的签证文件，上午 8 点 30 分准时打电话到这个办公室，外国人接电话是先报自己姓名的。所以，当电话那头传来的终于不是那个熟悉声音时，我立刻冲出学校，迅速办好了我的签证！

"天哪，太神奇了！"孩子们感慨。

"你们想想，如果一开始我就放弃了，那今天就不会和你们相聚夏令营了。"我做了个鬼脸，看了看孩子们脸上的表情。

教育是影响力！当孩子们认可我们的时候，榜样的力量就显示出来了。[自己的亲身经历对于孩子的影响力是极大的。孩子都希望知道大人的故事，父母可以和孩子分享自己的故事，成功的故事或者是失败的经历都会拉近和孩子的距离。]

离胜利号角响起只有一天的时候，一个孩子突然生病了。

营地医生看过之后，这个叫小奇的孩子还是叫嚷着肚子疼，我看见他小小的身体因为疼痛而不断抽搐，嘴上却还在拼命说："没事，我经常肚子疼，过会儿就好了，我不需要去医院。"

这哪能由他说了算呢？常松背着他，我冲出门拦车，直奔医院。

走的时候已是晚上 9 点了，我们尽量没有打扰孩子们，但李达一直在观察我们的动静，目送我们离开。这孩子肯定有什么事，可小奇的呻吟让我顾及不了这么多……

10 点，我的手机响了，屏幕上显示的是一个陌生号码。

"你好，哪位？"

"我是李达，我就是告诉你，你们不用担心了，所有人都已经睡了，包括小白和媛媛。"

"啊？"我一时还没有反应过来。

"小奇怎么样了？我们很担心。"李达顾不上我的吃惊，关心起小奇。

47

"还行，我们马上就回来了。你现在用谁的手机呢？"

　　"一名的，他说他不哭了之后，你就把手机还给他了。"

　　嗨！他还挺会利用资源的。

　　挂了电话我又开始不安，为什么是他给我电话？小白和媛媛在做什么呢？很快我的不安被医院各项检查打消了，忙活了好一会儿，终于从医院顺利地返回营地，楼里果然一片安静，甚至都没有了平时从房间里偷偷透出的小声说话声。

　　突然，一扇门开了，李达溜出来了。

　　"你们回来了？"他压低了声音。

　　"是啊，我们回来了，他们呢？"我也不自觉地把声音放低。

　　"都睡了，这里有我呢！"

　　"你说，你怎么做到的？"常松直接开始提问。

　　"大家听说小奇病了，都挺着急，后来又看见常松黑着脸去了医院。我一想……"李达这下精神了。

　　我打断了他："你想什么了？"

　　"我就想让他们都早点儿睡觉，你们不就放心了吗？就不用担心我们了……"他小声嘀咕。

　　我正糊涂，一道门打开了，小白探头出来："李达，我能出来吗？"

　　"可以，兰海他们回来了，你出来吧！"居然在李达允许下，小白才"敢"从屋里出来？

　　"你弄不明白吧！问问李达，他都做了些什么？"小白故弄玄虚一番。

　　"我就让大家全部都进屋，然后让他们钻进被窝，把衣服脱了，不让他们出来，我就在这巡逻！"我哭笑不得，怪不得这里这么安静。

　　"我想孩子们都这么懂事，所以，我就退居二线了。"媛媛悄声来到身后，说道。

　　看来媛媛已经学会了教育中最重要的"忍"！［这个"忍"是指我们能够忍受孩子做的效果不如我们，但是是他们自己做的。比如说他们不能把家里完全打扫干净，但是做了就好。需要放手让孩子做，还要接受效果不好的结果。］教育的过程，是孩子和我们共同承担、共同成长的过程。在孩子们面前，成人适当示弱，适当给他们成长的机会，适当让他们"拽"一下，是有利于他们的成长的。[如果我们都能做，孩子就不用做了。如果我们有20%不能做，孩子就能完成20%。必须给予孩子们一个自己做事、享受成功的机会。]

做一个"懒妈妈"绝对是一个明智选择！

虽然我每天接父母们的电话接到手软，但这营地活动最后一天，我还是非常希望父母们能够一起分享下孩子们的成果。我从没有这样直面过父母们，也不知这个决定是对是错。正当我犹豫时，小白在一旁冷冷地说："一切烦恼都源于想要展现的欲望。"

就在我还在走廊里犹豫时，意外发现 Johny 行李包里多了一个巨大的石头，这孩子怎么能带着石头呢？

看到我不解的神情，Johny 不屑地说："你，兰海，你不守信用！你说要送我纪念品，可今天都最后一天了，你还没给我！"他直勾勾地看着我，"其实我早就想到你会忘掉的，你们大人记性都不好。但我又想带纪念品给我爸爸妈妈，所以我昨天就在海边捡了这块石头，作为礼物送给他们……"

Johny 的一番话，让我无地自容。

每天，我们都能忘掉很多事情，但有些事情遗忘的后果会非常严重——那就是失去信任。例如，今天的我。

我不知道 Johny 是否还会信任我，毕竟我已经让他失望了。或许，在很多人眼里，忘掉给一个八岁孩子的许诺不是件怎么重要的事情。可在我心里，一次这样的失望会让孩子落到"信任圈"之外，我多么不愿意是我让孩子丧失信任圈……[对于一个教育工作者来说，失去孩子的信任无异于农民失去土地。]怎么办呢？

认错！[孩子尊敬认错的大人，就如同我们喜欢认错的孩子一样。我们的认错会让孩子知道大人和孩子都是平等的。]

"我错了，我应该接受惩罚。"我很严肃地看着 Johny，诚恳道歉。

"真的吗？你真的愿意接受惩罚吗？"

"当然，我一定接受惩罚！"

"那你就负责帮我运这块大石头回北京吧！"Johny 眼皮都不带眨一下的。

"好，保证完成任务！"我向他击掌保证。

我目睹着那块大石头，正盘算着怎样才能把它放进我那本来就已满满当当的行李箱时，外面传来一阵嘈杂的说话声——父母们说到就到了。

最后一项活动是呈现一个"联合国"开会现场。孩子们被分别组成六个国家阵容，他们将代表这六国针对贫穷、犯罪、吸毒、战争、网络和环境等六大问题在"联合国"上发言。

按照惯例，孩子们在每个任务的准备过程中，作为老师的我们不会提供"答案"性质的任何帮助。我们只能提供很少的资料、很有限的想法，我们能给的就是引导和配合，一切都为了保证孩子们真正独立完成任务，最后的结果也由他们独立承担。如果出色完成任务，他们理当享受属于他们自己的胜利；如果没有达到目标，他们也会在完成任务的过程中享受属于自己的那一份快乐。

回国之后发现，不管是电视上的唱歌跳舞，还是学校里的发言竞选，都不同程度地给人"成人化"、"程式化"的感觉。让我感慨：中国孩子都不是孩子了。因为这样的展现，又导致了很多人对孩子们能力的低估，所以，才导致如此多的儿童电视节目都没有收视率，那是因为编导们甚至根本就不知道生活中的孩子是怎样的。

想要看到生活中的孩子，就需要我们能接受他们独立完成任务所带来的任何结果，尊重他们的独自性——孩子就是孩子。

而今天这次"联合国"发言活动，孩子们能弄成什么样？会不会砸场？

我一无所知。

"狠心"是成为一个优秀教育者的必备要求。["狠心"是明明知道孩子会失败，也仍然要孩子自己承受这个结果。只有经历过失败，他们才能学会成功。学习失败比成功更重要。而我们最大的任务就是建立保护措施和结束后的引导。]

我必须面对这样的结果可能导致的家长不满。但，这是孩子们自己的表演，发自内心。

我们镇定自若地进入会议现场。现场很热闹,可仔细一听,说话声都来自现场父母们,孩子们很安静地坐在自己的营地里。

每个营队都是由深圳孩子和北京孩子混搭组成,随着四个论题的激烈讨论,他们不仅充分使用了四天前所提供的相关背景资料,而且在已有资料上发表了各自新的观点。虽然也有不少孩子紧张到说话结巴,年幼的孩子则更多用表情和肢体语言来表达着自己的看法,有些还害羞地躲在大孩子身后忸怩……可我看见的都是真实的孩子,感受到的是一个个独立的个体。十天前这些把我们丢在大雨中不闻不问的孩子们,这些南北差距巨大的孩子们,今天表现得如此出色,能够如此和谐地合作,这让我欣慰。

掌声一次次回荡在房间里,我留神关注着周围的父母们,显然他们也很难相信眼前这些孩子居然能够讨论关于"饥饿、战争"的大话题。

会议结束后,我陷入父母们的包围中。激动的父母们有太多疑惑,我忙于不同问题的应答之中。

突然出现一个尖锐的质问:"老师,为什么我孩子就只能拿第三啊?这太不公平了!是不是我打电话过来抱怨过,你们就报复我孩子啊?"

原来是在质疑刚才会议评奖的公平性。"您好,刚才的比赛我们是有严格评分标准的,回头你可以看看详细评分表,而且评分规则都提前告诉了孩子们。所以,公平性上我可以保证。另外,这次会议从准备到结束,都是孩子们独立完成的,所以我们更应该在乎他们努力的过程,而不是最后的结果。"

"你看,孩子都哭成那样了,你们就是成心这样。我们家孩子就是最棒的!"这个妈妈一边说,一边杀出一条路走到孩子身边,所有人都在一旁观看。

"乖,你就是最棒的!"她走过去大声地说,拉着孩子的手径直朝外走去。

很明显,这话是说给我听的。但不出我所料,这孩子越哭越厉害。

"请您等一下。"我上去拦住怒气冲冲准备离开的母亲,"我想和您聊聊。"我实在不想让孩子觉得"第三"是个多么不耻的成绩,我更不希望父母误会了孩子的"哭泣"。

"你就别说这么多了,明天我还要送他去参加挫折夏令营呢!没工夫和你在这里瞎聊!"嗓音继续保持高调。

"您知道他为什么会哭吗?"

"因为比赛结果不公平,所以哭。"她想当然地回答,将孩子拉到身前。

"我想不是这样的。"我蹲下来拉着孩子的手,开始安慰孩子,[在这个环境中需要照顾孩子的情绪,需要考虑他面对自己妈妈这种行为的尴尬心情。教育工作者需要尽量避免孩子和父母因为这类事情的发生而造成的隔膜。]"我知道你不是因为输了才掉眼泪,对吗?你掉眼泪是因为舍不得大家,对不对?你们营长昨天就告诉我你不想离开大家,我还知道他们对你这个八岁的小家伙能完成自己的任务感到非常惊讶。妈妈刚才和兰海说话呢,不是吵架,不用害怕……"我的声音很轻,很轻。

我抹掉孩子挂在脸颊上的泪珠,他看着我,嘴角微微触动,开始向下弯,最后慢慢向上翘了起来。

"语凡!来,你们俩去我房间看看我有没有什么东西忘拿了。"语凡很配合地和他走了。看着他们的背影,我笑了。

转过身来,我开始一段漫长的演说:

"这位妈妈,其实孩子哭有很多原因。如果是因为比赛结果哭泣,这也是孩子一次体验'失败'的机会。您刚才提到了'挫折夏令营',我想您还是希望孩子能够经历一些困难来获得成长的。我们每个人在人生道路上总会遇到无数困难,很多是无法预知的。我们一边宠爱孩子,一边又刻意给孩子创造出各种'挫折',而真实生活中所遇到的困难却被我们推向门外。

"但您有没有想过,到底什么是挫折,您孩子获得的第三名,到底是您不能承受失败,还是他不能?就算刚才孩子是因为没有获得第一而掉泪,泪水中包含着不服还是遗憾?我们可以输,但我们不能认输。学会从容地去面对战胜自己的对手,去欣赏对方的优点,在孩子面对挫折后这些都需要我们去重点引导。父母有时为了安慰孩子,会贬低其他孩子或不经意流露出对结果的不满。这些细小行为都会被孩子观察到,从而影响他们遭遇挫折后的心态。

"我们应该在引导孩子承认对方胜利之后,与孩子一起对胜利者的成功进行分析,和孩子一起分析为什么对方胜利,一起找到对方取胜的因素。最重要的是要让孩子自己说出胜利者获胜的原因。

"这样,孩子不仅可以平静地面对自己的失败,更能从内心中知道如何欣赏对方。等到他们长大后会遇到各种竞争,学会在竞争中从容面对并欣赏对手,是他们人格完善、个人魅力的具体展现。在我们批评孩子心理承受能力差、经受不了挫折时,我们能否扪心自问,孩子需要的是仅仅吃苦和挫折本身,还是面对挫折之后的抗挫折能力和越挫越勇的斗志?"

全场悄然无声。

我继续说道:"这次比赛,如果我们要让父母们看了都觉得好,我们肯定要事先安排,而如果为了每个父母都满意,就不需要比赛了。社会不是这样的,无法人为安排,每个人都有拿第一的时候,每个人也都有落后的时候。失败不可怕,可怕的是没有面对失败的勇气和心态。所以,我们应该积极引导孩子正视自己的失败,告诉他们现在虽然输了,但你很努力,只要你找到失败的原因并继续努力下去,你一定会成功,我们为你的努力而感到自豪!"

11. 学会给孩子爱与自由

杯里的咖啡被我漫长的回忆完全冷落了,窗外的雨还没有停止,仍然动听地把带着雨味的春风送到我面前。

人都会受环境影响,在特定环境之下就会想到特定的事情,这就是"建构主义教学理论"中最重要的创建环境,作为教育者最重要的就是把学习者引到环境之中。

在我的眼中,万物都是教材,关键看使用者有没有教育意识,就如同武林高手是没有武器的,只要有他自身就够了。我也在储备着自己的能量,每看一部电影或图书,我都会详细记录下主要内容、适合多大孩子看,等等。能和孩子们分享这些心得,这绝对是一个愉快的过程。

这段时间,我在看伟大的建筑师丹尼尔·李布斯金的自传《破土》。

他的一个习惯是在餐巾纸上勾勒建筑草图,美国丹佛尔美术馆的草图就是他在餐巾纸上完成的。此刻,我也学他,在手边的餐巾纸上写了一个字——"爱"!

事实上,这段时间以来,我经历了很多因"爱"而生的事件。这强大的"爱"几乎把我逼得喘不过气来。

到底什么是爱?

爱不是你给了什么,而是让对方得到了什么。爱是考虑对方的感受、对方的获得,而不是自己的感受、自己的需要。

爱是不求回报,爱是可以放手。

孩子有很多种,父母也有很多种。不同的孩子搭配不同的家庭,这成千上万的组合总会发生各种各样的故事。

孩子们是懂爱的,他们知道谁在爱着他们,他们理解爱的方式,哪怕这种方式是严苛的,内心中他们也懂得。

父母要爱自己的孩子就需要视孩子为独立个体——他只是在年幼时才需要和你在一起,作为父母只是在尽一份社会责任。这是"爱"的基础,只有内心不把孩子狭隘地当成附属,才能做到大爱!孩子成年后,他可能会是一名技术工人,可能会是一名科学家,也可能会是一名城市清洁工,但那就是他,他自己的幸福。作为父母你能否骄傲地告诉所有人,这就是我的孩子!你能否承认那是独属于他自己的幸福呢?如果能,那么,你做到了爱,做到了承认他的爱。

当你不再认为孩子是仅属于你的附属物时,你就会开始学会尊重他、宽容他所犯的错误,不再因为他身上有了你的基因而把自身的压力转加到他身上,你甚至会开始仔细琢磨和他交流的遣词造句,因为你能体谅他的处境,也能直指他的错误,你会按照一个社会的标准来要求他、指导他。

当你有了这样的爱,你也就给了他自由!给了他生长的自由,选择自己人生道路的自由!那到底什么是自由?对成年人来说,自由意味着可以做自己喜欢的事情,这需要有生存的能力、挣钱的能力、寻找幸福的能力。这些能力决定了一个人的自由度,决定了他和这个世界的关系，这自由的获取来源于他们每一秒的成长。这自由不是为所欲为，不是挥霍无度，而是一种独立思考和享受幸福的自由！

　　在帮助孩子们获得自由的路途上，他们需要规矩、需要赏识、需要磨炼、需要痛苦、需要难过、需要刺激、需要失败、需要胜利……当我们心中拥有这样的爱时，我们就能平和地给予孩子们成长中所需的一切，让他们拥有自己的世界。

第二部分　爱孩子也需要懂得和明白

　　大人们总在指责孩子：打架、不懂礼貌、不学习、不自信……但我们是否了解这些行为背后的原因呢？有多少原因是被我们忽视的呢？

　　行为背后总有原因，这些原因导致了孩子们待人处事的截然不同。我们应看透行为背后的原因，而不是停留在行为的表象上裹足不前。

1. 丢失的林业

头痛欲裂的我拖着酸软的四肢回到白色办公室,每上一级台阶,都让我苦不堪言。昨天那场上濒生日聚会把我弄得疲惫不堪,孩子们的热情与呼喊让办公室的温度不断上升。

随后,我们把那些第二天要上课的孩子们赶回了家,场内安静下来后,我一时兴起,忽悠大伙一起爬香山去——此时已是夜深人静了。

昨晚站在香山顶的我豪情万丈,今天却四肢疼痛。但我还是马上发现上濒成立的730天中,一次都没有迟到过的常松居然还没有到。

10分钟过去了,穿着新球鞋的小白从我面前经过;20分钟过去了,长发飘飘的媛媛从我面前经过;那个常松仍然没有踪影……

在以往的8点到8点30分我都会用最快的速度浏览所有的新闻、查阅邮件以及确认今天的安排,但今天却开始担心常松的安全了。我连拨了两次他的号码,都是不在服务区的提示。这时,办公桌上的电话突然响起,我冲进房间,抓起电话:"常松,你怎么了?"

"不好意思,我找一下兰海老师。"

不是常松,我正要道歉,听见玻璃门上的风铃响了。这叮叮当当的"信号树"代表着有人来了。我忙把电话挂掉,从办公室里冲了出来。

果然是常松,他也是一副气喘吁吁的样子。

"你,你怎么回事儿?居然迟到这么久!"见他四肢完好,我的心就放了下来了。

"先让我喝口水，我可跑了一路啊！"常松嘴巴都不灵活了，"你猜我看见谁了？"

我根本没有任何思路。

"林业！"

这两个字就如同电击一般，让我不仅忘掉这全身上下的疼痛，也忘记了对常松的数落。

"你们俩说话了吗？"我的声音低沉。

"没有。我在知春路那站下车，站台上我一回头就看见他了。我冲回去找，刚看见他，大钟寺就到了，我跟着他下了车，好不容易赶上他。"

我拽着常松的袖子，嗓子里似乎被什么东西堵住了，急切地等待他的下半句。

"结果我追上去一看，不是林业。"常松长叹了一口气，坐在沙发上，深深陷了进去。

我很失落，毫无表情地回到办公室，关上门，拔掉电话线。

我不想被打扰，因为每次提到林业，就如同击中了我的死穴。

2003年9月，刚经历了非典，在我忙得焦头烂额时，突然接到了一个高考复读生的电话，希望和我谈谈。我对电话那边沉稳的声音颇有好感，我喜欢自己寻求帮助的人，所以很快安排了第二天的见面。

当准时的敲门声响过后，一个帅哥进来了。

"我想找兰海。"男孩相当镇定，声音和电话里一样沉稳。

"你好，我是兰海。"我伸出手，"需要我什么帮助呢？"。

"我是林业，我需要你帮助我考上大学。"林业的双手有力，很坚定。

我用了30秒钟观察了林业，没有马上回答他。挺拔的鼻子，双眼皮，坚毅的神情，五官很好看，英气十足。

"是吗？你认为我什么地方能帮助你呢？"我很好奇他的直接。

"我查了一些关于你的资料，上面说你能给别人制订规划并且帮助他达到目标。我现在学习完全不在状态，但我非常希望能够学好，所以

第二部分　爱孩子也需要懂得和明白

我需要你的帮助。我想你是可以做到的。"小伙子一脸严肃。

"那看来我就不用自我介绍了，说说你现在的情况。"我把林业带进了我的办公室。

"你好，喝水。"常松把水杯放在他面前，迅速地递给我了一张纸条：

一辆市价1500元的自行车，新的。

我看了眼纸条，收了起来。〔孩子的一切都在透露着我们需要知道的信息，看什么样的书、穿什么样的衣服、听什么样的歌，甚至吃什么样的食物，这都是让我们了解孩子一切的最基本最真实的信息。〕

林业喝了一口水，只用一句话就完成了自我介绍："我去年参加了高考，离本科线差180分，然后进了一个重点中学的复读班。这就是我的情况。"

"我想了解一下你的家人情况。"

"这个，"林业看了我一眼，坚定地回答，"我是一个成年人了，考大学是我自己的事情，所以你不必知道我家里情况。"

"是吗？那就想好了再和我说，否则我就没有时间奉陪了。"我起身开始整理桌上的文件，这分明是在下"逐客令"。林业愣了，可这个骄傲的家伙仍然抬着下巴离开了我的办公室，并很有礼貌地帮我轻轻关上了房门。

但我预料，三天之内，他会主动和我联络的。

我哼着歌打开电脑，开始记录：

"一辆1500元左右的新车，家庭的经济条件很好。不愿谈家庭，应该是在高考上和家庭有比较大的冲突。林业独立思考能力强，所以坚持自己意见是在家庭交流中最明显的矛盾。在解决问题方面，林业是主动的，他渴望解决目前的难题，但同时又不能面对所有问题。"〔对于孩子的分析，不仅要通过物质的条件，从他们的语言、态度和做事方法都能让我们去触摸他们的心灵，只要用心，只要家长愿意去分析自己的孩子，相信你一定会比任何时候都更加了解自己的孩子！〕

第三天，林业果然来了。

"我还是需要你的帮助，不过，我不愿意告诉你……但，我写在纸上了，我们先说学习，等我走了，你再看这些。和你聊天是很贵的，我可不想浪费我的金钱。"林业仍然抬着高傲的下巴，可语气已经柔和很多。

我点了点头，心想：这个林业，不知昨晚把这段话背了多少遍。

和林业的谈话非常顺利，他有很强的进取心，有自己渴望报考的学校，还有自己的理想。但在学习上出现了一个巨大的问题——学习盲点。像林业这样拥有远大理想但又没有方法收获成功的孩子是最遗憾的，但却又是最有希望的。进取心是决定一个人成功的基础，所有的学习行为都需要建立在此基础上。这样的孩子需要的只是方法和坚持，不仅仅是适合自己的学习方法、学习目标，更重要的是需要通过一次次阶段性的成功来保持住自己奋斗的热情。[这类孩子是我们常说的"口号派"！经过调整后，他们是最容易成功的。孩子们的理想是需要尊重的，我们还需要托着他们的理想，最好的帮助就是提供方法！]

与所有孩子的一样，我给林业出的学习秘籍第一招就是"认识你自己"——惨烈地认识自己。[不断地补习结果就是总在重复！孩子的好胜心会让他们无法承认自己的"落后"！客观认识自己是调整的第一步，而且要有极强的心理素质来接受"认识"后惨不忍睹的后果。] 很多孩子不断地补习，可分数总不能大幅度地提高，原因就是他们不清楚自己对于内容的掌握程度。他们很可能发现自己总是在犯同一个错误，每次考试前总是这本书本的前两章复习得最好，他们总是更愿意花时间在自己能做、会做的练习题上，而对于自己不擅长的内容，潜意识里就在逃避。

"丛林"作战是我给林业设的第一道关卡。我把他带进办公室，将我准备了三天的所有资料放在他面前。

"这是什么东西？"

"这是我为你精心准备的秘籍。看着，这里是语文、数学、英语、化学、物理的考卷，我需要你认真地做完，不能看其他资料，遇到不会的题目，就不放弃，不能猜，这样我才可以完全了解你的状态。你要记住，我只是你的助手，["助手"是帮助孩子的人，不是孩子可以依赖但却可以信赖的人，做属于他们的事情！称呼上的改变又一次让孩子意

第二部分　爱孩子也需要懂得和明白

识到自己需要掌握主动，也让他们确认自己是一个需要对自己行为负责的"成年人"。]卷面上的分数对我来说不重要，我在意的是你的真实状态。我会一直在外面等你，现在时间是下午两点，完成时间不能超过八点。"

我没等林业给我任何回应，先行离开。

6点30分的时候，我结束了和内波教授在MSN上的谈话。我悄悄站在我的房间门口，听了听里面林业的动静，连动椅子的声音都没有。但我知道，越是担心，就越不能去看，一旦进去，一旦询问，就说明自己不信任他。[不要在许诺给孩子的完成任务时间内打扰孩子。因为这种行为是一种不信任的暗示。]

离规定的时间还有半小时，门突然开了，林业一脸疲倦地走出来了，交卷。

"所有的卷子都在这了。会做的我都做了，希望你不要失望，我先走了。"

"好的，明天下午同一时间过来。记住，把高中三年所有的教科书都带来，别忘了。"我递给他一堆吃的，"骑车小心点儿，别尽图快。"

林业终于有了一丝笑容，"看不出来，你还会照顾人呢？"

"我折磨你一个下午了，肯定要回报一下你了。回去吧，和父母好好谈谈。"我目送林业离开。

同事们都回家了，房间空了。

我把音响打开，房间里顿时充满了法国香颂舒缓优雅的旋律。

我一个人静坐在桌前，拿着林业的那一堆试卷，开始对他的学习情况进行全面分析：很多科目的基础都有问题。我拿出自制的各科知识点系统图与林业的试卷卷子进行了对照，遗憾地发现林业对每门学科的理解都是不系统的，这孩子的实际水平远远低于他的高考分数。但让我欣慰的是，从这几张试卷子和草稿纸上的回答字迹来看，他非常认真。

我倒上今天最后一杯咖啡，慢慢打开林业交给我的信：

"林业是我的名字，我不喜欢这个名字。我是理想主义者，但理想让我迷茫。在我很小的时候，妈妈生病去世了，爸爸是大学系主任、教授。妈妈离开我没多久,爸爸就又结婚了。于是从初中开始,我辗转在各个地方读寄宿学校,每个月才回一次北京,每个月才和我爸爸见一次面。大家眼中的我,不懂事、爱打架、不知道学习……我知道自己不是这样的,我很想好好地做人,以后找个好工作,能够有一个美满的家庭。"

这封不太长的信件把这个波涛暗涌的家庭和十八岁男孩的境况显现出来。信件中的每一个字、每一句话都传递给我许多的信息。什么样的人才会不喜欢自己的名字呢?又有什么样的人才会在第一句话就告诉别人他不喜欢自己的名字呢?林业对自己的经历很不满意,同时他对爸爸送他到外地读寄宿学校充满了无奈与失望。虽然他很伤心父亲对自己的"遗弃",可他仍然在内心中充满了对父爱的渴望,他渴望用自己的成功来获得父亲的认可。

而这种渴望在林业身上透露出的是一种义无反顾,他脸上那么坚定,理想就是拥有一个美满的家庭。[很多生活在有变故的家庭里的孩子都会向往一个安定的生活、一个美满的家庭,他们对于家庭安全感的需求是迫切的,让这类孩子感受到放松和安全是建立友好关系的关键。]

从那天开始,我给林业制订了每周具体的学习计划。在一个完整的系统和结构下来帮助他搭建对学科的认识,同时也给家教老师提出了相应的要求,加上林业的悟性和努力,他的进步很大,来我这儿的频率也从原来的隔天一次变成了每周一次。

每周,我们都在一起打篮球。出于职业原因[作为顾问,是不能透露孩子的隐私的。父母也应该知道,孩子们都有自己保留隐私的权利,切忌在外人面前说孩子的隐私,孩子可不像你们认为的那么"不懂"啊!]我没有透露给大伙更多关于林业的信息,但聪明的小白和常松,又怎么会察觉不到林业的变化呢?

男人之间的沟通是奇妙的,有时不需要语言,只需要一种目光,那就是一种信任。

有一次,大汗淋漓的我们坐在台阶上喝汽水,林业突然问我:"兰海,你原来遇到过像我这样犯过错误的人吗?"

"林业,你觉得什么是犯错误?"[当孩子告诉我们一个"结论"的

第二部分 爱孩子也需要懂得和明白

时候，我们一定要知道他下这个结论的原因，关注原因而不是结果。]

"像我原来那样，总打架，总在外面混，没有家人管我。我爸爸把我放在寄宿学校里，我很自由。但这个自由，我真的不想要，我就想要他们管我。"

看来，我的这个"体育放松法"真的行之有效。[脑力活动频繁过后会让人产生巨大的压力，缓解这种压力的最好方法就是"运动"，而且是多人的运动，建议父亲们要经常和孩子一起运动，不仅可以减压，也可以建立良好的交流环境。]我们这段时间在学习上花了很多时间，但他却一如既往地在家庭话题上敏感，除了上次他留给我的那几行字以外，我们再也没有就这个问题展开过讨论。[十八岁的林业，有自己的思想。对于一个性格刚强的孩子，需要以柔克刚。虽然不是直接让他说出答案，但是让他放松，给他一个"安全"的环境会让他主动倾诉，外表越刚强的男孩子内心越渴望谈话。]

我侧身，看见旁边的常松若有所思地看着落日，眼神中满是故事。我知道，此刻我应该离开，把故事留给这两个男人。因为我知道常松的故事，我同样知道林业也会喜欢那个故事。[我们在创造一个环境，谈话的环境。如果环境中出现了不同身份的人，很容易让孩子有所保留，在林业的心中，我是一个他尊敬的人，有些话是不能告诉我的，因为他会顾及在我心中的形象，所以我离开。父母有时候就特别需要给孩子一个谈话的氛围！]

常松家是县城里非常大的一个家族，常爸爸的专制是有名的。即便如此，常松依旧在学校里打打闹闹，甚至到处借钱，最后一发不可收拾。所有借给他钱的同学都去找他爸爸要钱。就在常松不知道爸爸会用什么工具收拾他时，爸爸却出人意料地还掉了所有的钱，没有动手，甚至没有一句责骂，只说了一句："男人做任何事情都要对自己负责。从现在开始，我不再为你负责。"

从那天开始，常松明白了，原来父爱是这样的，原来犯错是这样的。[父亲处理问题的方式和母亲是很不一样的，这样一种让孩子意想不到的处理方式，会让孩子在震撼中反思自己的行为，往往能起到转折的作用。]

我一直在想孩子们需要怎样的老师，这位老师不一定是教育专业的，不一定具有高学历，但个人丰富的经历是必需的，[教育就是影响力，人与人之间的影响力是随时产生的，有过经历、有过反思的人对生活有着深刻的理解，这些理解不是从书本上看到的，而是自己的、生动的。]只有经历过故事的人才能从生活中获取领悟和智慧，才能理解别人的成长，才能让他影响别人。

不知最后这两个男人具体都交流了怎样的故事，我只知道从那天开始，林业比任何时候都用功，还主动和我们提到自己的爸爸和自己现在的家，我想这就是成长。

当这一切都在有条不紊进行时，林业突然失踪了。

连续两周他都没有出现在上濒。常松查了他的个人档案，我们开始疯狂地发邮件、打电话、发短信……那些日子一旦空闲下来，我就为林业担心。

正在常松和我商量怎样才能找到林业时，他出现了。

他的脸上挂着明显的伤痕。

我忍着什么都不说。[重要的问题只能是一个，当我们每一个问题都要问孩子的话，就会漏掉最重要的那个。]

"快让我看看你的记录本。"这个记录本中，记载着我给他的任务，还有他的完成情况记录和自身感受，那上面记录着我们需要的全部信息。

林业一动不动地站在门口。

"我们一会儿再说私事，先说公事。把记录本给我，是不是什么都没做啊？"我故意忽视他的伤痕，以减少他的压力。

可他还是不动，眼眶红了。

10分钟，房间里没有任何声音，小白和常松在我的暗示下都停止了各自的工作，但并没有盯着林业，不想给他压力。[当孩子处于敏感期的时候，外界对他的关注反而让他陷入紧张中。]

终于，林业走到我面前，从双肩包里拿出记录本，一句话不说。

我打开这几周的记录，上面是林业的笔记，很认真地记录着每次的完成情况。可是，本子重新修补所遗留的痕迹告诉我，这段时间有什么事情发生过。

我若无其事地认真检查着每一次记录，心里暗暗等待着林业开口说话。

"记录本被撕坏了。"林业的声音平稳得让人吃惊。

"有没有觉得你最近化学进步了？这是我这三周的第一个重点，就是让化学和物理的同步提升。从记录看，你真的进步了很多。"我没有接他的话茬儿，自顾自说下去。

"你就不关心我的记录本怎么被撕坏的？还有我脸上的伤？"

我抬头看着他，合上手中的记录本。

"我们这段时间一直在找你，你很不负责任，没有给我们留下任何信息，你没有想过我们的焦急吗？你已经十八岁了，应该知道做事情是要有个交代的……"[抓住事情的关键向孩子提问，而不是询问每一个问题。]

其实我心里早就迫不及待地想知道他这段时间究竟在干什么，不过仍然表现出若无其事。

"我爸爸不让我到你这儿来咨询了。"林业往后退了一步。

"为什么呢？"

"我爸爸说，与你聊天一个小时怎么就要这么高的费用。"

"那你最近的进步，你爸爸知道吗？"

"如果没有这些进步，恐怕我就只能见你两次了。"

是的，我对林业的咨询不知不觉中已进行了十次，这样说来他用自己的进步争取了后面八次见面的机会。

我忽然怜惜起这个孩子。

"我爸爸说现在我已经很稳定了，不用再咨询了。"

"嗯，那这个本子是怎么回事？"

"那个，"反应激烈的林业突然吞吞吐吐，瞟了我一眼，"那天，我和他顶嘴，他就把本子丢在地上，然后一不小心，他把脚踩上去了。"

我看着那还依稀浮现的脚印，有点压抑，但只能沉默。

"我就不明白了，我去补习家教好几个小时才花这么多钱，而他去请客吃饭也要花这么多钱。我从初中以后他就没有管过我了，现在我好不容易上了轨道，他又觉得我已经好了，就不用来了。他怎么能这样呢?"

"那你今天怎么来的?"

"我连续节约了两周的钱,来这里。"

"哦,你告诉我,你觉得我们的咨询或者说我们的合作有效吗?"我已经变成了一种极度欢快的声音。[孩子处于情绪激动状况时,我们需要转移话题,调整孩子的情绪。]

"当然了,我最大的收获是我能清楚地知道我的目标是什么,并且我很清晰地知道只要我按照方法就能得到它,最重要的是,我有力量了!"

"那我们就用这些力量来加油吧!我会继续给你这些力量,我们的咨询也可以一个月一次,你也可以来为我们工作,比如说工作多少小时就可换一次咨询。革命战斗有很多不同做法,是不是?"[不要给孩子找客观原因,而是鼓励他自己能够依靠自己解决问题。]

虽然我这样说,但林业毕竟不是小孩了,他很难因我所说的只言片语而兴奋起来。因为我非常清楚,这不仅仅只是他爸爸的一个决定,而是对他的一种不信任和漠视。这种感受,是对林业最大的伤害,也是对我最大的伤害。[父母忽视孩子重视和喜欢的事情是对孩子内心最大的伤害。]

教育是一件科学的事情,学习计划需根据每个人的能力特点、性格因素来制订,并且需要在不同时间段进行调整。更重要的是,在孩子们提高过程中会出现波动,而我们要做的就是预测波动,以给他一定缓冲。这就如同运动员的教练,运动员们在项目上的实际能力都超过教练,但他们需要教练作为第二双眼睛观测自己,以达到提高的目的。

很多父母总在孩子出现问题之后才想到寻找解决问题的方法,而在问题刚刚获得解决后又立即停止了调整,于是很多好转后的孩子在一定时间内又会下滑,这些都是成长中出现的正常曲线特征,所以孩子的成长是需要长时间来关注。

那是我最后一次和林业在一起,直到今天,我还是在找他,一直在等他出现。

今天,常松给了我一个希望。

2. 留守儿童行为的背后

"兰海，我能进来吗？"媛媛敲响了我的房门，"我想问一下本来上午说好的那个目标会还照常进行吗？"

"哦，案例会，照常。"我抬手看了看表，"现在10点，还没有到时间啊？"

按照惯例，每年的三月和九月，我们会分别设立这半年的研究主题。"如何走进孩子的内心"是教育学院这半年的研究主题。大家都会精心准备与这个主题相关的内容，并且按照安排每个月还会有一个同事和大家分享心得体会。

今天轮到我，我不得不把林业放下，按照计划和大家分享了豪豪的故事，一个新留守儿童的经历。

豪豪从一开始就是个让我们很头疼的孩子。十岁的他看上去天生不招人待见。尤其他那张喜欢挑剔人的嘴，让他几乎没有朋友，而豪豪从来就觉得自己说的话没有任何问题。豪豪不仅嘴巴讨厌，手还打人，因此他几乎成了所有人的痛恨对象。为了让他学会尊重他人，我们专门为他设计了一个游戏。这次六天的营地中只有第四天晚上没有活动安排，于是晚饭后我把豪豪叫到我的房间，我们将玩一个游戏。

"豪豪，你觉得这些同学们喜欢你吗？"我很自然地问。

"他们喜不喜欢有什么关系？我才不稀罕呢。"［孩子和成年人一样，自己太在意的事情，反而会比较害怕知道事情的结果。］豪豪摸着脸上的伤，满不在乎。

"那我们来做一个游戏，我们假扮你被常松圈起来，看看其他同学谁能愿意救你？我要考验的是在这些同学当中谁最有说服力，谁能够打动我们，你就是一个配角，这是一个合作演出，知道吗？主要是要测试谁最有说服力，明白了吗？孩子。"我故意轻描淡写，不让他认为自己是游戏的主角。［让孩子认为自己并不是事情的重点，才会让他轻松自然地进入体验情景中。］

"好啊！我不觉得他们能行，看他们那样，连说话都说不清楚，怎么可能有说服力呢？我根本就瞧不上他们。"豪豪说道。

晚饭过后，我们开会布置行动，提出注意事项：首先要确保逼真，这样才能出效果；[孩子们辨别真假的能力绝对超过每一个成年人的估计，要想有教育效果，每一个环节都需要注意，而让孩子感受到"真实"，是对他们最大的尊重。]其次要保证孩子们不会因为太逼真而报警；最后就是要保证孩子们不会因为过于慌乱而出错。

孩子们按照我们提出的开会要求，把所有的通讯工具都放在房间，在走廊上集合之后，行动开始了。

常松作为一个因被豪豪惹急的老师，把豪豪关在自己的房间，不让他出去。然后常松出现在孩子们集合的走廊中间，小白和其他老师把孩子们集中在一起。我呢，自然开始扮演圆场的角色。

"你们看，豪豪把常松惹急了，现在不让他出来了。你们说，怎么办呢？"

孩子们惊慌的小脸看着我，一片寂静。

"常松，你可不能干傻事啊！"毅然牛哄哄的声音打破了现场的安静。

附和声你一句我一句，此起彼伏。

"你想想，豪豪这么讨厌，你可别为了他自己不乖了！"

"是啊！是啊！不值得！"

人群中这种声音越来越多起来。

"不行，刚才常松说了，你们要找出三个理由说服他放人。"[三个理由会让豪豪知道自己的重要性，能够帮助他建立回到集体中的信心。]

楼梯下又炸开了锅。

"他能有什么优点？平时总是欺负我们！"

"他能有什么好？"

"不行，你们不说，我就不放人。"常松已经不听"导演"安排了。

我看见章鱼那张焦急的脸，向真也在思考，年纪小的孩子们则越来越紧张。

"首先，我认为他比较活泼，平时喜欢说话。"一个小小的声音说。

"我们同意，他平时话挺多的，闷的时候他也挺活跃气氛的。"

"是啊，有时候挺搞笑的。"

我转脸看向常松，他的牙紧紧地咬住了下唇才忍住不笑。

"好吧，第一条算是通过，那还有两条呢？"我继续甩出问题。

"他对待一些任务和游戏都非常主动。"我窃笑，心想每次豪豪自己争着玩游戏以至于其他队员都没有机会玩，如今这也能凑成优点了。

"有时候，不，大部分时候，他都能找到好方法。"一个脸上被他抓成"二条"的孩子说。

我扭头，看见豪豪低下的头抬了起来，[越顽劣的孩子就越容易被周围人的"真情流露"感动，这种感动会刺激他们接受一个集体，感受到自己的"被需要"是一生中最美妙的时候。]

"对，我们营得分都是他想办法取得的。"两个平日被他欺负得够呛的女孩说。

"那他对于你们营来说，还是有用的啦？"我调侃。

"是啊！如果我们有打架这个比赛，肯定第一。"[这次的"营救"行为，促成其他孩子能够从不同的角度来评价一个事件。引导孩子从不同角度讨论问题或者现象是每一个家庭都可以完成的简单任务。]

接下来向真的一番话语惊动大家："我来说点儿。常松，我认为你现在这个举动是根本不理智的。你这样做，只能拯救他的行为，但却不能拯救他的灵魂，而你的灵魂也随着他而堕落了。"

在我吃惊的同时，余光中看到章鱼脸上有一丝赞许目光投向了向真——这个能力很强但却很难得到他人认可的女孩。

3. 一分钟后，我们结束了演出

我没有单独找豪豪说任何的事，他每次见到我都欲言又止，我却故意忽视。我要等到有一天，他毫不犹豫地向我全盘托出他心里的想法。[对于害羞和胆小的孩子，当发现他们有话想说的时候一定要"鼓励"，但是在第二次的时候，一定要他主动说。对于像豪豪这样不胆小的孩子，让他主动说出自己的想法是对他心理极限的一次挑战。每个人的能力都在不断突破自己的极限中得到提高。]在和豪豪的这场博弈中，我需要守株待兔。

临行前一日，我终于等到他来找我，却未曾想到他还带来了一个让我吃惊的故事。

豪豪穿着一套别致的丝质衣服，推开我的房门。

"兰海，明天话剧演出我想穿这套睡衣，我要演一个大少爷，但上面的扣子掉了，你帮我钉一钉好吗？"

当他把衣服脱下来时，我惊呆了。

瘦弱的身体上，前胸、后背、肚子、包括腋下，大大小小布满了老伤，有些还能看见的淤血。

"怎么了？不就是伤吗？和同学打架落下的！"见我直看他的身体，豪豪满不在乎地说道。

我克制住自己的情绪："豪豪，说一下你的生活吧。"

"我的生活，你想听什么版本的？"

"当然是现实版的了。"

"我妈妈当年在国贸，是一个非常优秀的女人，很有名。当年她和我爸爸一见钟情，然后结婚生下了我。不过过了两年，我妈妈和我继父就一见钟情了。然后，他们都离开了北京，到了加拿大，我妈妈现在是公司董事长，我继父做的生意也很大。我从小跟外婆生活，他们只是给我一些钱，后来让我在北京读了个不错的寄宿学校，周末才与外婆住在一起。我都不记得我亲生爸爸长什么样了。我妈妈她一年就回来一次，每次回来，我就能和我弟弟玩——就是她和我继父的孩子。这就是我的生活。"

我拍着豪豪的头，想说点儿什么，但却什么也说不出，只能选择低头缝扣子。可能，女人有天生的母性，我搂着豪豪，什么都没有说，一股爱、恨、怜惜的情绪涌上心间。[幼儿时候的经历对于孩子来说最重要的就是安全感，遗憾的是，豪豪的所有经历都没有给他带来他需要的安全感。从他内心来说，就是我要先"欺负"别人，自己才是安全的。面对这样缺乏安全感的孩子，让他体会自己被"需要"和被"接受"是最重要的环节。]

我就这样搂着他，沉默无语。

孩子的每个行为都有背后的原因，这些原因决定了他们看待事物的角度和为人处世的方法。我们应及时寻找隐藏在行为背后的原因，而不是在行为的表象上裹足不前。

分享了豪豪的故事之后，同事们分成小组开始讨论从这个案例中找到和豪豪的沟通方法和"说服游戏"的目的。不认识豪豪的同事，提出想看看豪豪照片的要求，认识豪豪的同事则感叹现在豪豪的成长。

想要走进孩子的内心，最重要的一点，就是设身处地地站在孩子的角度去想想他们会面临什么，会遭遇什么。

4. 不写保证的子庄

四月的北京，温度直线上升，柳絮也凌空飞舞起来，仿佛雪片似的白色的絮团飘来飘去。我这个严重的鼻炎患者连续不停地打喷嚏，就在我刚刚结束了一连串的喷嚏之后，电话响了。

"您好，我是兰海。"我带着浓重的鼻音。

"您好，我是子庄的妈妈，他在学校出现了一点状况。我想这个周末您能不能和我们谈一谈呢？具体的情况我给您发了邮件。"[父母和我们谈论孩子情况时，我们建议通过信件的方式进行首次沟通。父母用文字记录的时候可以更加全面和客观地描述具体情况，也可以让我们全面了解情况和做跟踪记录。]子庄妈妈非常焦虑。

"好的，那就周六上午11点半，那天他还有通识课，我还能和他聊聊。我一会儿去看邮件，如果有什么问题，我再问您。"挂电话之后，我立刻上网查收邮件。

子庄在我心中是个很特殊的孩子，因为他是一个和我用"心"沟通的孩子。

从第一次见他到现在，已有两年了。最初的半年中，他和我说话的次数用十个指头就能数得过来，但我一点儿也不着急。[每个孩子的成长轨迹不同，节奏不同，需要用科学的方法找到他们的成长节奏。]我能忍受他上课时不停地动弹，也能忍受他仅用点头或摇头来回答问题。因为我知道，他需要的是等待而不是催促。

那个时候的子庄用自己的眼睛观察着周遭的一切事物，用一种超乎寻常的定力来进行自己的判断和思考，哪怕他当时只有八岁。当我提出课堂问题时，从他的表情和眼睛我就知道他在思考，所以我并不要求这个慢热的孩子用语言来回答，［对于孩子的回答，我们不能只从"口头回答"来判断，同时要从眼神和肢体语言来判断。特别是对紧张害羞的孩子，在最初的适应期，需要我们主动地获取信息并给予正面回馈，在后期可以根据孩子的进步调整教育策略。］因为他对新环境的适应能力不太强，对人的判断需要时间，我的催促只能平添他的紧张。

孩子的行为没有统一标准，不是每个孩子都习惯用语言来表达自己的内心，也不是每个孩子的成长路径都拥有相同的风景。很多孩子在成长中都会经历这样的语言沉默期，如果我们表现得过分焦虑，就会让孩子增加紧张感，从而导致自信心减弱甚至产生语言障碍。难得的是子庄的父母和我一样都能接纳他的"慢"，绝不会催促他。子庄的爸爸妈妈对于孩子的成长都有很好的认识，他们把"教育战线"看得很长，不用孩子的"优秀"表现来急于证明些什么，而是一种等待和鼓励的状态，这实在是让我敬佩。

我心里非常清楚：子庄是比较特殊的孩子。

对于"特殊"——不符合一般意义标准上的孩子来说，他们的父母将要面临更多的挑战。因为很多人会认为子庄很奇怪，一些学校老师也会认为这样一个与别人不一样的孩子给自己添麻烦。在一个统一的标准下，子庄是一个很不合格的孩子。我记得一个孩子的爸爸曾说，原以为我们的教育是把孩子们培养成了一个个的方形，可更近距离地了解之后发现，我们把孩子们都培养成了一个个一模一样的五角星形，更加没有了空间。

果然，这样有意识的等待是值得的。

半年之后，子庄开始说话了，滔滔不绝。子庄是一个如此有棱有角的孩子，他的父母也在尽可能地保护着这样的棱角。子庄成绩非常好，但他总有一些问题让学校老师们无法回答，以至于老师从来没把他归到好学生的行列。他会不断提问，比如：为什么不能在公开课的时候提一些没有演练过的问题呢？为什么不能在自己座位上"安静地"动作呢？……老师往往会把子庄真诚的提问看成是捣蛋者对自己权威的挑衅，因而常会把子庄的父母请到学校。但幸运的是，子庄的父母从不会把这样的"邀请"变成对子庄的愤怒，而是很好地屏蔽掉老师们的压力，一遍遍耐心地回答子庄的"为什么"。

我一面回想着子庄过往的故事，一面打开邮件。

果然，又是个类似事件。子庄上课说话了，影响了其他同学。老师让他写检查，他很快写完了。可老师需要他在检查里加上"我保证以后上课再也不说话"这句承诺，遗憾的是诚实的子庄对自己有一个深刻的认识：知道自己无法用"保证"文字来保证自己的行为，无论如何也不走这套"虚假"路线。于是他尝尽了苦头：被老师罚抄课文、请父母到校、在班里被树立为"典型"。

事实上，子庄父母担心的并不是子庄的"不听话"和"不保证"，而是担心子庄的心理状态不能承受这样的压力，所以很苦恼。

看着邮件，我内心愤愤不平。

难道"听话"和"保证"对一个老师、一个成年人来说，就那么重要吗？老师的责任在哪里？是要教导出一堆听话的孩子？是要培养出满足自己"权威"虚荣心的孩子们吗？当然，我们可以找到各种客观理由来替老师们开脱，例如一个班级的人数太多而不能满足个性化要求，老师工作太繁杂而不能要求太多，等等。那么，请问我们对于老师的期待是什么呢？我们难道应该由此而降低对老师的要求吗？

孩子为什么要听话？到底要听谁的话？

小时候，妈妈总是告诉我，在家听父母的话，在学校听老师的话。难道我们没有发现老师和父母也都有犯错的时候？难道我们就因为相信一个人而随时都要听从他说的话？

其实，我们所想要表达的本应该是：孩子应听取正确的建议。我们却简化为"你怎么不听话呢"？

从人的个体角度来说，我们每个人都是独立的。不能因为他是你的孩子或者年龄小的原因，就必须无条件地听从你。而我们从小缺乏"听正确的话"的教育，这让我们缺乏了进行独立思考和主动思考的机会。孩子们从原来有所想法，到现在不敢有所想法，这实际上不仅剥夺了孩子们一次次进步的机会，而且还剥夺了他们作为社会人的个体自由，让他们在思想上学会了依赖，也让我们埋下了无数"逆反"的种子。[强调孩子一味听从自己的话会造成逆反要让孩子更好地接受自己的建议，需要树立一个客观的对事不对人的标靶，就是接受正确的话。"听话"两字会刺激孩子的逆反，而"接受"两个字会保护孩子的尊严。]

几乎所有叛逆的孩子都会逆反父母，而很多的话在他们的内心深处实际上是认同的，但他们为什么要逆反呢？

因为他们被要求"听话"已经太久了，实际上我们从小就开始培养他们的逆反。倘若，我们从小告诉他们："孩子，你不是要听我的，而是要听取正确的做法和建议。"试想一下，孩子们就算再厌烦，也只是对"这些建议"厌烦，怎么会迁怒于说话的人呢？

联想起不久前，我看到的一个报道：某学校采用"军事化方法"去管理孩子，出现了一些成人打孩子的情况，而学校仍然认为要继续办下去，因为父母们很满意。父母都说，这样让孩子们听话了。难道孩子听话了就是对于教育简单的需求吗？我们难道只是在培养听话的但却没有想法的宠物？而不期待孩子们的展翅高飞吗？

孩子们的不听话是不是因为挑战了父母的权威而引致重祸呢？我认为父母们需要学习让孩子听取正确的意见，而不只是要求孩子"听话"！

孩子们为什么要听话呢？这表面上看个是孩子的提问，但却是需要成人反思的问题！

想到子庄坚定的"不保证"，我就能想到他那副诚实的样子，那认真的眼神和严肃的表情，这可是一个真正对自己和别人负责任的孩子呢。

电话又响了："您好。我是央视少儿频道《成长在线》的编导，我前段时间给您打过一次电话，当时好像您有什么事就急忙把电话挂了。我们能尽快见一面吗？"

对了，就是上次我焦急等待常松时接过的电话。

第二天，当电话那头的央视记者准时出现在办公室时，我有些愣住了，天啊，有这么巧的事。

"兰海老师，我听说你是从德国回来的？"肖洋问，脸上露出憨憨的笑容。

"你是那个，那个'2003'？"我急促地问。

肖洋点头。

《我的2003》是在当年流传于德国留学生之间，一个署名为"红烧肉"的留学生自写自唱自拍的一首MTV。这首歌曲，旋律忧伤中带有畅想，歌词凄美中隐含希望：我的2003，像我的头发一样，在幸福离开的时候越来越长，忘了有多少，没实现的梦想，来不及记在心上。

我第一次听到这首歌时已是2004年年初了，刚刚熬过了非典时期。我傻傻地坐在电脑前，霎那间，泪流满面。这首MTV里很多场景都是我当年在德国的美茵兹大学学语言时住过的宿舍、搭乘火车去打工时路过的车站，等等。

意外的相逢让我和肖洋都十分开心。

5. 面对老师父母该如何说

周末，我终于可以和子庄见面了。

"来，亲一个。"我把脸凑过去。握手、拥抱和亲吻是我和孩子们之间的三部曲。子庄小朋友发明了"亲"的三种方式，通过控制嘴部的呼吸来区别完成。

赶在子庄上活书课的时间，我先和他的父母进行沟通。

"怎么样，这几天情况如何？"我有些急切地想了解。

"比我们预想的好很多。其实，我们最担心的是子庄承受不了这样的压力。他不是一个会表达自己情绪的孩子，所以他回家很平静的状态反而让我们担心，因为不知道他心里到底能不能承受这个压力啊！"子庄妈妈的担心触动了我。

"我刚才试探了一下，他的反应很正常。他虽然小，但却是一个非常坚定的孩子。如果有不开心的状态，他反而会表现出来的。我比较关注的是将来如何与学校合作沟通。[比解决问题更重要的是预防问题的发生，与学校之间一定要保持良好的沟通。]"

"对，作为父母，我们实在不知道如何与学校交流，特别是与老师。"子庄爸爸说，言语中也能感觉出父亲的担忧。

"首先，我们来看一下学校与家庭的关系。一个人在成长过程中所接受的教育是来自三方面的：家庭、学校和社会。学校有义务为孩子们提供这样的教育机会。所以在我们的心中，一定要明白学校和我们的关系是平等的——这是一切合作的基础。很多父母都抱着一个想法：自己的孩子在学校，面对学校，似乎自己就如同童养媳一样生来就处于劣势，所以，从来就没有想过向学校提要求了。其实，学校老师也特别希望与父母们沟通，他们多了解孩子的情况对教学来说是有益的。父母应该学会给老师提要求、提问题，如果孩子的某一方面没有做好，完全可以请教学校老师这一方面的原因。孩子出现的问题不只是孩子自己的原因，并不是与老师完全无关。你们平时和老师沟通多吗？"

"只有在子庄闯祸时，我们才被老师叫去学校，才会和老师进行沟通。[父母处于被动状态时很难保持和老师的平等关系。]"

"沟通是双向的，你们应多向老师了解孩子的在校情况，同时也应告诉老师孩子在家里以及其他地方的状态，特别是好的方面，这样能让老师看到孩子的另外一面。很多父母都有一个心病，认为自己的孩子总给老师添麻烦，我们怎么能再要求老师呢？别忘了，这就是老师的职责，也是他的工作。他们是有义务帮助孩子们提高的。"

"我知道了，你这样一说，我们自己心里就有底了"。爸爸沉思了一会儿，"但具体应如何沟通呢？"

"当我们不觉得亏欠老师时，我们就能站在平等的角度去沟通了。虽然我们平等，但也一定要尊重老师。如果孩子出现了什么不好的问题，我建议你们可以直接问老师'他为什么会这样呢'或者'学校能提供怎样的帮助呢'，这样的提问会让老师说出他自己对孩子的分析，并且他也会去考虑改变方法而不是直接向父母提要求。当然还需询问老师作为父母在家能怎样配合学校来帮助孩子成长。"

"我们从没有想过提要求，总觉得不打扰老师就好了。"

"你们想想，越是要求多的客户，我们就越重视，不是吗？我们每半年就会和父母重新制订孩子的成长目标，每个月都会提供关于孩子的

第二部分　爱孩子也需要懂得和明白

书面反馈和建议。这样才能有效地完成教育任务。"

说完这些，正好子庄下课了，他一如既往地穿着那件蓝色的 T 恤，大大的眼睛配上大大的招风耳，还有那两道被他修理得七扭八歪的眉毛，那是上周他研究爸爸的电动刮胡刀的杰作。小家伙走进我房间后，转身把门关上了。

"你找我？"

"据说你上周出了点状况？"我总可以如此直接和子庄交流。[长时间建立的交流模式能让我和孩子们进行最直接而有效的沟通。]

他认真地看着我，点了点头。

"据说你挨罚了？"

他还是点了点头。

"能告诉我你是怎么看待这件事的吗？"我坐到他旁边，搂住他的肩膀。[身体的接触让孩子感受到我的支持。]

"我，我觉得老师罚我是对的，就是狠了点儿。"子庄默默地说道。

"你不觉得老师认为你错了，这个是有问题的吗？"

"我觉得我不能'保证'是我的问题，因为我确实不能完全做好。所以，我还是认罚的。"子庄大眼睛忽闪忽闪，多好的孩子啊！这样的孩子，难道就看不到他的优点吗？

"我特别相信你，我相信你虽然不能保证，但你肯定会想办法尽力做好的。"我认真地看着他，一字一句地说道。

子庄郑重地点点头。

很多人问过我一个同样的问题："兰海，到你们那里的孩子都很特殊吗？"

实际上，每个孩子都是特殊的。我们看到的所谓"特殊"的孩子，只是把这些"特殊"更加明显地表现出来，而那些看上去"不特殊"的孩子只不过是把自己包裹起来了。

每一个孩子都是上天给我们的礼物，我们需要尊重他们、珍视他们。

我记得有个孩子说过这样一句话：我希望，有这么一个地方，我们是可以犯错的，我们的思想能够自由；有这么一片海洋，我们是这片海的鱼儿，不用担心渔夫出现后的危险。

6. 面对胆小沉默的浩浩

又是一个忙碌的周一，上午的"说"和下午的"听"对我来说是两种截然不同的感受。上午每周例会紧张忙碌，后面紧跟着就是和各个同事沟通这周的重要事项，而下午的回课则是我"听"的时间。

回课中有一个非常重要的内容，就是制订孩子们的成长目标。我们会对孩子们进行逐一分析，当一个新进入上濒的孩子前四次课结束时，授课老师和顾问会根据孩子在前四次课程的表现进行总结和分析，然后和父母沟通确定孩子半年内的目标。接下来所有教育核心都会围绕这个目标进行。在此期间，顾问、老师和父母之间每个月都会进行书面交流和面对面交流，随时帮助我们共同关注和协调孩子情况。半年之后，再次根据孩子当时状态制订新目标。

我们一直在强调教育的系统性、科学性和专业性。所以，上濒的孩子们往往会接受长达三年半的课程，期间还会参加各种营地活动。也正是因为这样长期相处，我们才有时间系统地为孩子的成长打算。虽然强化得到的东西能在短期内让父母看到成效，但只有长期的、慢慢的、有高有低、有涨有落的成长才是真实的。

制订目标一直都是我们非常谨慎的环节，可今天，似乎有点不太顺利。一个叫做"浩浩"的九岁男孩，让大伙儿对他在课堂中的活跃程度和思考意识产生了不同看法。

一般来说，孩子们的活跃程度在前四周呈上升状态。但浩浩在两个授课老师课堂上的表现却得到不一致的评价，一个是活跃状态很好，另一个是一般，并都给出了非常充分的实例。

浩浩给我的印象很深，第一次见他时，他眉头紧锁，说话时两眼不敢直视我，对我所提出的问题也不正面回答。[孩子对提问的各种反应会揭示他们的内心，所以选择问题是关键。]既然老师们的评价不一，也各自都有实例，我准备这周末认真研究一下这个孩子。

上午9点的课，我8点30分就在教室外面来回踱步，随着孩子们陆陆续续的出现，我也开始被各种不同类型的问候招呼弄得晕头转向。

第二部分 爱孩子也需要懂得和明白

终于，一个高大身影伴随下的小孩闯进了我的视野。

我奋力挤出孩子们的重重包围，朝浩浩走去："早上好，浩浩！"

浩浩的眼睛像月亮一样弯着，向我走了过来。

"你慢着点，你怎么不带水壶啊？"高大身影紧跟浩浩其后。

听到这个声音，浩浩的月亮眼睛拉直了。

高大身影眼睛里除了浩浩没有其他人了，他追着浩浩往前走，顾不上回应别人对他的微笑和点头问候，周围孩子们用眼睛追随着浩浩和那个高大身影。

我也默默地跟着浩浩进了教室。

教室里，浩浩爸爸一边帮他脱外套，然后又一次叮嘱："记着喝水，我把水放在这里了。现在气候干燥，你一定要记住。"

我清楚地看到浩浩在动作上抗拒着爸爸，脸上流露出不耐烦的样子。

浩浩爸爸转身看见我："兰海老师，您好。我们家孩子给你添麻烦了，您看他也不爱说话，又容易紧张，您多照顾一下啊！"

浩浩爸爸说这些话的时候，浩浩一脸尴尬地站在一旁。

"浩浩挺棒的，我们都很喜欢他。"我把浩浩拉到我身边。[在父母告状的情况下，孩子很尴尬，我需要用这种的动作让孩子感受到我的态度和立场。]

这时外面的孩子们都涌进了教室，马上就开始上课了。浩浩还在边上站着，神情紧张地观察着我和他爸爸。

"我们要开始上课了，怎么还有大人在这里？"教室里孩子们七嘴八舌议论起来。

浩浩一脸尴尬，头低了下去。

"我觉得他脑子转得太慢，思考也不够积极。"浩浩爸爸忽视旁边声音，继续说。

"浩浩爸爸，这边上课了，我们课后找机会沟通一下，好吗？"我把浩浩爸爸请出了教室，这时，我看见了一双忧伤的眼睛，那是浩浩的。

随后，我悄悄来到教室最后一排，选了个角落——正好可以看到浩浩的侧面，开始听课。居然，就刚才那么一会儿，浩浩把脱下的外套又穿在身上了，并把自己深深紧缩在其中。[孩子在紧张或缺乏安全感的时候会借助自己熟悉的物品让自己保持稳定的情绪。]我和凯音交换了眼神，凯音按照往常状态开始上课。

凯音是一位极具天赋的老师，幽默是她最大的特点，她总能把课程内容用孩子们喜欢的方式呈现出来，用自己的每一个触角来洞悉孩子们的一切，用自己的语言和语音来调动孩子们的兴奋。

伴随着凯音的滔滔不绝，我看到浩浩的头慢慢地从衣服领子里露了出来了，脸上表情也放松了下来。我看了看表，课程已进行了30分钟。凯音也注意到浩浩状态的好转，专门抛给他几个提问。[选择合适的时机提出合适的问题是一个优秀老师的基本素质，关键是需要明确提问的目的是什么。此时需要提高孩子的自信心，所以这个提问需要确保浩浩能说出正确的答案。]最初抛出的问题只需用"是"或"不是"来回答——孩子总会有50%的概率是对的，对表达不好或处于紧张情绪的孩子来说，那是一个显然可以回答的问题。回答正确之后老师就能通过评价等方式鼓励孩子，让他能够认识到自己的价值。

凯音用了一个正确的方法给浩浩热了身，浩浩的回答在得到肯定之后，也开始大胆地和旁边的孩子们组建团队发言。课程结束时，我看了看自己的统计表，浩浩一共回答问题14次，其中主动举手5次，团队组合3次，还有6次没有被点到的主动举手。按照这个数据来看，毫无疑问浩浩状态非常好。

我似乎已基本找到状态不定的原因所在，下面就是需要时间验证。

走到档案室，我翻开浩浩的档案，他才到我们这里一个月，所以档案里只有最初的详细问卷调查表以及每次上课的记录和一个月反馈记录。[要观察和分析孩子的特点，只有根据全面和系统的信息，才能做出准确的判断。]我决定继续观察下午他在上活书课程上的情况。

世界通识课和活书课的搭配是最好的，两种课程之间的关联性和相互促进性，可以让顾问和授课老师更全面地了解孩子，也能更系统地提出成长规划和策略。

浩浩今天的课程是上午和下午连着的，所以中午浩浩和我们一起吃饭。吃饭期间，他的兴致特别高，说话滔滔不绝，让我在极短时间内对他们学校情况了如指掌。而我的提问以学校问题为主，偶尔穿插了家庭问题，但非常明显地感受到浩浩对于家庭问题的回避。[对孩子的提问基本包括学校生活、家庭生活和对自己的认识。这三类问题为我们呈现了孩子的三维立体面。]

午饭过后，离活书课还有一段时间，小鹿老师力邀浩浩下盘象棋。或许是中午交流得很好，浩浩毫不犹豫就同意了。我和小鹿相视一笑，大家都知道这次下棋的目的是什么。

每个人在竞争状态下时，都有一种最真实的反应。[激烈的竞争状态让孩子们逼近自己的极限，也让我们更好地了解他们的能力和心理限度。]下棋也是如此，可以通过对手思考时间和犹豫时间长短以及是想一招制敌还是步步为营的战略，甚至外界干扰对他影响程度等因素，让我们对孩子各种状态有一个最真实和全面的判断。

当初给老师们做这方面培训时，当我说到连伟大的牛顿都说过要靠近孩子们时，举座哗然，有人要求举例证明。

"牛顿关于'力'的第四定理：两个物体之间的吸引力取决于两个要素，一个是物体本身的质量，另一个就是两物体之间的距离。如果两物体之间的距离扩大 2 倍，那么两物体之间的吸引力就减少 1/4，如果扩大 3 倍，就会减少 1/9。所以，我们需要增加自己的质量，然后尽可能靠近孩子们，走进他们的内心，才能对他们产生更大的影响力。"

要想走进孩子们的内心，难者不会，会者不难。

"来，开始了！"小鹿摆好架势，浩浩应声而战。

我自然在一旁观战。浩浩下棋比较犹豫，受外界的影响较大，情绪也容易受到干扰。不过，即便如此，他还在积极努力地回击小鹿的攻势。

直到他爸爸来到了棋盘旁边，安静的房间里突然有了噪音："你怎么下的啊？这步棋不能下这里！错了，跳马啊！"

这声音把本没有观战的孩子也吸引到桌边。

不过，浩浩并没按照父亲的建议走棋，还是坚定地走了自己的棋。这时小鹿也有一丝尴尬挂在脸上，连下棋的姿势都有了变化。我还是面无表情地坐在一边，这次我可要看看会怎样。不仅仅是看浩浩，对小鹿来说也是一次考验。

小鹿又走了一步棋，没受浩浩爸爸的影响，坚定如一，没有丝毫

"让棋"的意思。

浩浩情绪却明显地急躁起来，下棋节奏开始加快，很想迅速地结束这次棋战。小鹿却在刻意放慢节奏，似乎要通过这样的方式来考验浩浩的耐心。最着急的人要数浩浩爸爸，他看见浩浩连续几步都不听自己任何意见，开始来回在房间里踱步。浩浩脸色在爸爸的声音中越来越暗。小鹿反而定下神来，很缓慢地下棋。

浩浩爸爸意识到自己屡说无效，突然，自己上前帮浩浩走了一步。

小鹿微笑，没有说什么，冷静地继续。

"咦？不是说'下棋不语真君子'吗？"一旁的子萌说道，她是一个八岁的女孩。

顿时，鸦雀无声，直到活书课老师媛媛呼唤上课的声音才结束了这尴尬局面。我想安慰浩浩，被媛媛一把拦住了，浩浩拖着沉重的步伐一步一步挪向了教室，身子越来越低，人越来越小。

7. 对浩浩之事的总结

晚上，我去看了场电影《August Rusher》，电影描述一个充满音乐天赋的孩子，听到任何声音都可以想象成各种有特定节奏的音符。看着画面中这个十岁美国男孩的脸，我仿佛灵魂出窍般地看到了浩浩的脸庞。

从电影院出来，抬头看见北京难得一见的点点繁星，我许了一个心愿：爱音乐的孩子能找到懂他内心的人，浩浩能找到属于他自己的知音，最好还是他的爸爸。

周一，集中所有教研部门的同事在会议室回课。总结"浩浩之事"之前，我给大伙讲了一个故事。

"加拿大有一位著名的动物学家，她从小患有自闭症，但恰是这特殊境遇，让她拥有了一颗别人无法比拟的、能从内心体会动物的心，不懈的努力让她成为了一名优秀的动物学家。她常帮助很多农场解决一些棘手问题。

第二部分 爱孩子也需要懂得和明白

有一天，某农场遇到了麻烦。农场工人要把牛赶到一个新建好的牛圈里去注射疫苗，但无论怎样，都没有办法让牛通过一段甬道到新牛圈去。农场工人尝试了各种办法，包括使用电棒，但法律规定，这种情况只能使用两次电棒。于是，只有请动物学家来帮忙。她到农场之后，选择了农场主下午赶牛进圈的时间进行试验。她在自己左右手上绑定了两个摄像机——牛的眼睛是长在两边的，然后她跪在地上，按照牛群前进的基本速度爬行并举起双手达到牛眼睛的位置，以保证摄像机拍摄的内容和牛看到的内容一样。这看似奇怪的做法，却帮助动物学家很快找到了问题的关键：牛最害怕的就是斑驳的影子，而那条甬道两旁的木栏上就有斑驳的影子，地上的水洼处也通过反光产生影子。于是，当农场主去掉木栏上的斑驳影子和地上的水洼，牛群便非常顺利地通过了甬道，按时完成了疫苗的注射。"

我稍作停顿，扫视着每个人的眼睛，我需要大家很认真地听明白这个故事。我做了一次深呼吸，继续这个故事。

"动物学家只做了一件事，用牛的眼光去感受牛看到了什么，用牛的思想去体会牛在想什么。所以，想要看到感受到孩子的世界，我们就必须忘掉自己是谁，而用孩子的思想去体会孩子在想什么。"

接下来，我把时间交给了老师们，她们分别描述了周六上课的情况。

"浩浩爸爸让孩子完全陷入了一种尴尬状况。当他冲进教室，当着众人面告诉浩浩该做什么、不该做什么时，当他观看下棋一遍遍提醒，后来直接上手动棋子时，浩浩一直在为爸爸脸红。他已不知如何面对我这个对手，他觉得无法在其他孩子面前抬起头来。他爸爸打破了他的尊严，让他觉得羞愧，无法面对他人。"小鹿语速飞快，脸通红。

"在上午世界通识课堂上，浩浩需要30分钟恢复到正常状态，此后表现优秀。而下棋之后在下午的活书课上，他几乎一直都陷入沮丧之中。过往课堂记录也显示，在浩浩状态不好的时候，父母都有在教室里出现过。"媛媛总结着浩浩在下午活书课上的表现。

仔细听她们阐述完上述情况之后，我开始总结：

"当父母做孩子不希望他们做的事时，他们都会有一种说法：'因为我们爱他，我们也是为他好！'可别忘了，这样的语言只适用于成年人，孩子们是无法使用和理解这样的语言，他们只能承担这样的结果。"［爱孩子是一种本能，但需要方法，才能让孩子们在"爱"中积极成长。］

我略为有些激动，接过凯音递过来的水，稍作平静："我们在以爱的名义掩盖我们的错误！"

"为什么世界通识课要特意调整孩子的情绪，而活书课却不要呢？我想知道你给媛媛说的那句悄悄话是什么？还有就是为什么不让我安慰浩浩呢？"［通过改变不同的环境来观察孩子的表现，可以让我们有效地找到致使孩子行为变化的环境因素。］新来的老师还被蒙在鼓里。

"第一次上课，我需要观察父亲会给他带来多大干扰，这种情绪上的干扰是否能通过老师的授课方法得到缓解。第二次课显然他受到干扰比上午大，这种情况下他的自我恢复能力有多强呢？他自我恢复又需要多少时间呢？这些都需要认真评估。各位别忘了，教育是一件科学的事情。自信、责任、勇敢、思考力，这些模糊抽象的能力，看上去无法评估，其实不然。科学当中一切都有规律，而一切规律都能用数字来衡量，最终都会归向一个渠道，那就是哲学。那句悄悄话是什么？让媛媛来告诉你们吧！"

"她就说了四个字：顺其自然。"媛媛揭开了谜底，"所以不让你去安慰也是同样的一个道理，我们需要看到他的原生反应，这对我们了解浩浩有很大的帮助。作为新人，你能觉察到浩浩的负面情绪实属难得。"

"我还要补充一下。"我想到了什么，赶紧抢回话语权，"小鹿那天下棋可圈可点，她没有被浩浩爸爸吓住，仍然镇定自若，还刻意放慢速度，更加明确地让我探测到了浩浩的底线。如果她表现出不满，那只会让浩浩更难堪，如果草草收场结束，又不能让浩浩的状态达到一个底线。作为老师，能做到那样是很难得的，因为以那样的态度面对父母和孩子，其实也是一种博弈。"［对于教育者最难的就是在父母的压力下还能完全从孩子成长的需要出发，而不是因为父母会对自己的看法而满足父母的需要。］

"那我们应该怎么做？浩浩的爸爸应该怎么做呢？"小鹿是最爱问为什么的人。

"对于现在的浩浩，他需要看到大家并没有因为他爸爸的行为而对他有什么看法，尽量让他放松。而我们则需要和浩浩爸爸谈一次，需要让他理解自己对孩子造成的干扰，让他了解一个真实的浩浩，这个工作就交给浩浩的顾问去完成了。"

深入分析完浩浩之后，大伙对这半年的研究课题"如何走进孩子内心"萌生了更大的兴趣。经过讨论，我们准备进行一次调查，题目只有一个，那就是"你最遗憾的三件事是什么"。

很多时候我们都会忽略孩子们的内心感受，"遗憾"又是最容易被忽视的一种情绪。我们一般会认为孩子还小，他们能有什么遗憾？但从一个人的遗憾中，我们能获知他们对事物的渴望和无法完成而带来的失落以及完成了却没有成就的难受。

8. 开修的作文比赛

五月，天气回暖，气温逐渐上升，我们忙碌的温度也骤然上升起来。

媛媛和凯音一边忙着整理回收各种"遗憾"之事，一边准备着周末课程，常松则忙着联络暑期夏令营的场地安排，小白一如既往地陶醉在夏令营的策划案中，而我正想着开修的问题该如何处理最好。

开修是一个小学四年级的男孩，个性敏感且知识面较同龄者丰富。他的妈妈是一个知书达理的女性，看待事物的态度宽容豁达，这使得我和她之间的交流异常容易，也帮助我更全面地了解到开修的所有情况。这次突发事件的导火线，源自上周的全国作文比赛。老师认为开修本身是非常有希望获奖的，于是提前将五个作文题目全部告诉他，让他好好准备。回家之后，父母也非常重视这件事情，爸爸花了很长时间为他起笔，并打印出文章让他背诵。周五上午的课间，开修拿出作文草稿背诵，恰好被同桌看见了，认为开修在作弊。于是，在下午作文比赛中，开修没有选择已准备好的作文，而是选择了五个题目里他最不熟悉、最难的一题。事发后，父母一面对孩子勃然大怒，一面考虑如何向老师交代。

在这个事件中，无疑开修、父母和老师都在犯错。老师是错误的"源头"，因为她给出了诱饵；作为父母，当然从内心希望孩子能获得一个好成绩，因此当一个如此大的"诱惑"放在面前时，他们选择了顺从；开修的错误在于，不管面对老师、父母、同学还是自己，他都丢失了自己。

咖啡余香绕在房间，我的思绪却被轻轻地敲门声打断了。开修妈妈在门口微笑着和我招呼，没有着急进来，而是目送自己的孩子进入教室之后才走进我的办公室。

"兰海啊，你说这件事情怎么处理比较好？他爸爸还在生气，孩子自己也不开心，我还没想好如何去向老师交代……"她那精致的面容却带着疲倦的神情。

"事情过程我基本知道了，但我想知道你现在最担心的两件事。"[头绪混乱的时候需要通过最重要的事件帮助父母理清思路。]

开修妈妈似乎很意外听到我这句话，有些惶恐，很快调整了一下情绪，先自省起来："我担心的一件事是如何去和老师沟通的问题。老师告诉了开修题目，但她现在看到作文写得不是那么回事，心里肯定埋怨这不懂事、不领情的父母。而我更担心这事对开修打击太大，我想我们可能是过于直接地告诉了他这事，没有太讲究方法。"[父母担心的重点往往是自己和老师的关系不当，会影响老师对孩子的看法。]

"你说得对，面对老师是成年人的事，可以用成人的方式来解决，我们也可以说开修选择的就是他在现场完成的这篇，水平高低，只能如此。"我无奈地挤出了一个对策，但这明显不是我考虑的重点，"这事你们肯定能解决，但你能理解开修的心情吗？你知道为什么同学一说这事他就激动？为什么平时看上去不是很大胆的他却能做出这么大胆的举动？"

"我还没想到这些，是不是因为他爸爸给他写这篇作文让他感觉自己能力有问题？或者觉得自己在同学面前很丢脸？"她开始疑惑。

"有一点对了，那就是他感到自己无能。开修刚来上濒时，你们就明确提出希望提高他的自信心，事实上他的自信在这半年内提高得非常快。但这次，我不好估计会让他跌回到哪个点。其实，我看过他的一篇文章，他的作文本身就写得非常好。"

第二部分　爱孩子也需要懂得和明白

"对啊，老师也是觉得他很有希望获奖，所以才告诉他题目的。"

"但我最担心的并不是开修的自信心，而是他在价值观上的迷茫。他从小接受的教育中，就被告知要诚实，在比赛和竞争中要公平，不能作弊。所以他会认为自己在这件事上是错误的，但却因为自己也想要一个好成绩，选择了服从你们的安排，开始背诵，但他内心中仍是不好意思的。所以当被同学指责后，他很快意识到自己的错误，在感觉被侮辱的情绪下，选了一篇自己最不想写、最难写的题目，目的只是为了让自己洗脱'罪名'。结果你们的态度让他又怕又悔，因为他肯定比你们更担心老师的看法，但又担心如果老师同学不知道，还真以为他作弊了。悔的是当时不该拿出草稿让同学看见，那样所有人都皆大欢喜了。这个'悔'恰恰是我最担心的，因为这是一个原则问题。当他发现自己原有价值观中不正确的事情反而会让自己受益，那他就会改变自己的原有价值观。"[价值观的建立是从小开始逐渐形成的，它的树立调整是通过一点一滴的小事累积而成。而它的重要性却是在成年之后才体现，但那时的改变已经为时已晚。]

"但是，他不是被同学一说就立刻改了吗？"

"你用了一个'改'字，也说明了你心中知道这样做不对。但他现在悔的是如果当时做得更好些、更隐蔽些，就不会有后面的事情发生了。"

"我，我真的没有考虑这么多，我只希望他能获奖。"开修妈妈足足愣了好几分钟才开口说话。

"很多观念和习惯往往就在我们不经意的忽视中，埋在了孩子们的心里。孩子们所有行为都在受我们的影响，受环境的影响，而环境就是我们营造的，可悲的是我们根本就不知道自己是这幕后的黑手。"

"是不是我们考虑太多眼前，而没有站在一个更高角度？"

"关注眼前本身没有错，'眼高手低'这个词在孩子成长过程中却恰恰是关键。我们抬头看看天，需要眼高，我们培养孩子正是为了他们以后的生活，但也需要从身边小事做起。"

"那现在我该怎么面对开修呢？"

"坦诚。首先，你需要和开修坦诚沟通，你们为什么要这样做，为什么会为他准备这些资料，为什么事发之后你们会生气。但是，想错、做错的事情你一定要承认。其次,不要以'我这样做都是为了你好'的心态和口吻与孩子沟通,也千万不用'爱'的名义,这只会分裂你们之间的关系。当你坦诚了,就能知道开修的想法了。"

"我明白了,那你一会儿能和开修谈谈吗?"她明显地轻松下来,身子靠在沙发上。

"当然,我等着好好批评他呢!"我坏笑。

"你都批评他了,我就不说什么了。"开修妈妈表情一下放松了。

听见外面孩子们的喧闹声,我起身走了出去,一群孩子潮水般围着凯音,我和开修示意了一下眼神,他就乖乖地出来了。然后我给凯音做了个手势,请她拦住那些一下课就往我屋里冲的孩子们。

开修坐在几分钟前他妈妈坐的位子,等待我发话。

"说吧!想让我听什么,想和我说什么。"我坐在他旁边,用一种近乎调侃的语气开始了这次"批评"。

"我,我想你都知道了吧……"开修小心翼翼地嘟囔。

"是,我知道,但我想听你说一遍。"[让孩子重复一遍事实会让他感觉到受尊重,也能让我们了解更多的信息,使用这样的方法能够让我们更好地进入谈话内容。]我强调了要求,当他能自己说出来,这就是一种释放,并且他能感受到我对他的尊重,也是为我随后所要进行"批评"的一个铺垫。

开修的叙述和我所知的信息并无差别,当他结束后我也就随即开始。

"将有五危:必死,可杀也;必生,可虏也;忿速,可侮也;廉洁,可辱也;爱民,可烦也。凡此五者,将之过也,用兵之灾也。覆军杀将,必以五危,不可不察也。"我站起来大声地背读着《孙子兵法》中"将有五危"。

"这是上学期我们在军事课的谋略中所讲的内容啊!"开修不解疑惑地问:"这和我的作文有什么关系?"不过正因为这个不明白,让他的注意力更加集中。

"对,我们当时讲到了将帅的这五种致命弱点:有勇无谋,只知死拼,就可能被敌人诱杀;临阵畏怯,贪生怕死,就可能被敌人俘虏;急躁冒进,一触即跳,就可能被敌人故意凌辱而妄动;洁身自好,偏重名

第二部分 爱孩子也需要懂得和明白

声,就可能被敌人有意侮辱而失去理智;只知道对百姓行妇人之仁,就可能被敌人烦扰而陷于被动。这五条都是将帅易犯的过失,是用兵作战的灾祸。军队的覆灭、将帅的被杀,都是由于这五种致命弱点造成的。你呢?"

开修没有说话,惊讶地张开嘴巴,试图说些什么。不过,我没有给他机会。[当要表达一个很长的观点时,不要让孩子打断你,因为这样会导致注意力分散,话题岔开,影响原来希望体现的效果。]

"你首先犯了一个大忌:廉洁,可辱也。"[通过孩子熟悉的经典来帮助孩子进行思考是非常有效的方法,首先孩子对已有知识的建构让他在内心是接受的,其次和自己的联系也可以帮助他们的学以致用。]我的语气坚定,"当同桌一说,你就被激怒了,然后在考试中就犯了大错。你知道你错在什么地方了吗?"

我犀利的提问,让开修愣了在那里,眼神中流露出一丝惊慌。想必他从来没有见过如此严厉的我。

"你可以不写爸爸为你准备的文章,但你为什么要选择一个你最不可能写好的题目呢?假如你提前并不知道考题,你在现场也不会选择那个题目来写吧?你完全可以选择一个你最想写的题目,而且很有可能还与爸爸准备的题目一样,但内容完全是由你自己写。但是你被激怒了,你觉得一定要做一些看上去相反的事情才能证明你的'清白'!你难道没有'可辱也'?"

我并不想停下来,看了眼开修,取代刚才的惊慌,他的神情松弛下来,我捕捉到他眼神中出现的一丝感悟,于是接着说:"另外,当爸爸妈妈给你说这件事时,你为什么不能告诉他们,你希望自己独立完成呢?你心里是不是也只想着获奖呢?其实你渴望自己完成,但又怕自己写得不好,内心却受着获奖的诱惑。是吗?"我看着开修的脸渐渐红了,他点了点头,本来挺直的身体也随着这个羞愧不好意思而蜷缩了,看看我的双眼也迅速地转移到了地面。

"所以,你也就没有必要责怪你的父母,他们也是没有经受住诱惑啊。"我缓和了下来。[和孩子讨论思想的时候,语气和节奏的变化可以促进他们的梳理情绪和加深印象。]开修依旧没有说话,但视线重新回到了我的身上,眼睛弯了,嘴角翘了,喘了口气,点了点头,不经意之间眼睛迅速地朝门口瞟了一眼。

"道歉的话回家再说。"我摸了摸他的头。

"但是，你相信自己吗？"突然之间，我的语气又严肃起来，"你并不相信自己能够写出好文章，不仅你自己不相信，你父母也不相信。这是为什么？"

开修想要争辩，被我用手势制止了。

"你平时学习尽全力了吗？是不是展示出全部的才华和能力被父母认可了？如果你相信自己，你就要想办法让别人去相信你！所以，你不应认为是他们让你难堪，你没有什么理由可以去责怪他们。每一件发生在我们身上的事，第一责任人就是我们自己，我们要对自己负责，不能依赖别人，更不能责怪别人。开修，你是一个十一岁的男孩了，你需要清楚地明白这些。"

空气似乎在那瞬间凝固，很久的沉默，[不要害怕和孩子谈话中出现的沉默。往往沉默期会让他们沉淀和坚定自己的想法。]当他眼睛中终于释放出一种理解和坚定的目光时，我用眼神告诉他，我一如既往地相信他！这一刻，我更加地坚信，当他长大后，一定会是一个对自己负责的男人！

我喜欢不怕犯错的孩子，开修今天的错误给自己提供了一个绝佳的成长机会，我很骄傲的是我抓住了这个机会。

万物皆可为教。

世界上所有出现的一切，只要它对你产生了影响，那就是教育。从我们在母亲的肚子里时，就开始受到来自母体的影响，如同现今胎教所说的，教育需要从零岁开始。当婴儿来到这个世界上，他的第一声啼哭，他所感受到的第一个眼神，都对他产生了影响——这些都是教育。

在成长过程中，每天听到父母的谈话及对事情的看法，看到电视上的新闻和广告里的信息，所有的这些都对孩子产生着影响，而产生这种影响的人或事，却可以是每天孩子所可能接触到的任何事物。所以，对于一个优秀的教育者来说，能够随时把握住教育的机会，随时把出现在身边的任何一件事物都作为教育的原材料。

这就好比一个武功高强的人，他的手里没有武器，他在心中也没有默念任何秘籍，但他一旦出现在众人面前，就已经是高手了。

第二部分　爱孩子也需要懂得和明白

9. 李达的三大憾事

　　人真的是一个奇怪的矛盾体。闲的时候觉得无聊，忙的时候又憧憬着闲下来的日子。解决了"开修之事"之后，"遗憾之事"的回答也完成了收集工作。答案果然是五花八门，有人眼馋没有吃到最新款的冰棍；有人羡慕放学后能够在院子里疯玩的孩子；有人遗憾自己没有哥哥来保护自己；有人后悔自己因为粗心而没有在关键考试中胜出。

　　孩子们对于学习成绩的遗憾可能是最出乎父母意料的事情了。当孩子在学校里成绩下滑或者考试不好的时候，回到家里通常会遭遇父母的指责。其实，他们心里比谁都难受，他们比谁都希望自己能成为最优秀的那一个，至少谁也不希望自己是最后吧？

　　看了这么多的回答，李达的回答倒是涵盖面最广的，这引起了我的兴趣。这个十一岁的男孩的三件遗憾之事分别是：读寄宿学校、英语没有认真学和读书太少。

　　这个回答与平时性格硬朗的李达很难画上等号。我给他妈妈打了电话，说好了这周五我去学校接他，然后一起吃饭聊聊。

　　周五下午4点，我准时来到这所北京著名的寄宿学校门口，等待着这个很有男人味的孩子，一想起着他在深圳的时候是怎么用"强迫"的方法让孩子们迅速上床睡觉的事情，我就忍不住笑了起来。猛一抬头，才发现刚才还是冷冷清清的学校大门现在已经是车水马龙，居然还有交警在忙着维持交通秩序。

　　名车不计其数，还有打扮入时的父母们自然都十分养眼。这个时候先是一年级的孩子们出来了，有些孩子开心地的跑向爸爸妈妈，有些孩子则站在门口不移动自己的脚步，等着远处走过来的父母。陆陆续续的，二年级的孩子们也出来了，接着是三年级。好不容易，我终于等到了已经六年级的李达。周末可以脱掉校服的他穿着一条巨肥的休闲裤，上身同样是极大的T恤，戴了一顶棒球帽，典型的一副嘻哈打扮。我朝他挥挥手，他不紧不慢地向我走来。

　　我们按照惯例进行了拥抱的程序，然后就来到学校附近的一个广场。太阳的光辉从中午的炽热变成了现在余晖中的温暖。

"今天怎么来找我了？"李达把书包扔在旁边，伸了一个大大的懒腰。

"想你了啊！"［借表达自己对孩子的想念会收获一份来自他们的真挚情感。］我对着阳光眯着眼回答，"我看了你的三大憾事，希望知其然，还要知其所以然！"

"这个啊！那可是需要一点点代价的。"李达还是不看我。

最后，我用了一顿丰富的晚饭换取了他的"所以然"。

晚饭进行得很愉快，我们的谈话也是如此。李达一年级的时候，就来到了这个寄宿学校。身体强壮的他长得非常虎势，但他对到陌生环境里生活，实际上内心还是充满了恐惧。只是作为男孩子的他一定要维护自己的形象，这样的难受是不会让别人知道的。那个时候，一到周三他就开心，因为只要再等两天就可以看见自己的爸爸妈妈了。但是其他的日子里，自己心里哪怕有再多不愉快，也需要自己的调节。本来想给爸妈说的话，一到周末，一开心也就什么都忘掉了。但是李达内心对于每天都能和爸爸妈妈在一起的孩子非常羡慕。而他强硬的性格也是寄宿学校的成果，每周一次的见面让他不得不学会自己的坚强，或者用强硬的外表为自己搭建一个最强大的保护伞。幼小的时候，他还不能准确地描述自己的情绪，而现在六年级了，十一岁了，思考能力很强的他也就开始经常反思自己的成长。

"兰海，你知道吗？以后我的小孩，我绝对不让他读寄宿。"李达坚定地告诉我，"我要每天和他们在一起。"

很多父母会用寄宿的读书方式来换取自己的时间，这到底值得吗？看着李达日渐成熟的脸庞，听着他对自己童年的清醒回忆，我有一种说不出的滋味。孩子的童年是需要父母的陪伴的，而这个时候他们的开心与兴奋、难过与伤感都是那么的敏感，而每周仅有一次的见面让年幼的孩子没有办法把心情完全释放给父母。只有当又一次需要分享的时候，他们才会知道自己的需要，但却找不到可以和自己共同承担的人。［任何一种教育方式的变化都需要我们调整相应的教育策略。孩子进入寄宿学校之后，父母要和他们有更多的交流和身体接触，还要更多地关注他们的内心状态。］

第二部分　爱孩子也需要懂得和明白

"告诉我学英语又是怎么回事？"

李达是一个很有主意的小孩，当然很多时候也表现出一种固执。大多数男孩子生来对于语言学习都会觉得厌烦无比。三年级的时候，李达在坚持了自己不学英语的意见后，父母也就没有坚持让李达学习了。到现在，各科成绩包括英语也很不错的李达开始反思自己是否丧失了一些机会。

"兰海，你知道的，我们有时候就是会犯懒，我们有时候就是习惯抱怨。但实际上，如果父母们强硬一下，我们也就去学了。我现在遗憾的是，如果我的英语能够再好一些，我就更有信心上一个更好的学校了。"

"你中学读哪个学校知道了吗？"

"知道了。"李达说出了中学的名字，果然是北京一所很棒的中学，"可我想得更多的是将来，我还是想去更远的地方，看更大的世界。"

李达第三个遗憾的引发源是上濒世界通识课程。在这个涵盖面很广的课程中，李达一点点地积累着自己的能量，在看到广阔世界的同时也看到了自己的渺小，并由此对更大的世界充满了更多的向往。而阅读面的狭窄，让他无法开拓出更多的渠道来了解这个世界。

"李达，不管是英语还是阅读，现在我们都还有时间，不是吗？我们加油，让这个遗憾尽早终结。"

孩子们需要的是什么？他们可能怕累、怕疼，他们也会嚷嚷和抱怨。但在每一次关键的时候，他们是需要我们推他们一把的，严厉的要求看上去不近人情，可确实是这些年少自控力弱小的孩子们的需要。他们看不到自己成长的需要，他们需要话语权，孩子们的意见和选择需要尊重，而我们成人则需要站得更高些，让他们的将来不要因为现在的懒惰而遗憾。

李达最后告诉我，在他四年级的时候，成绩突然下滑。每一次他都在挣扎中前进，但是每一次小小的进步都没有被老师看到。那段时间里的他难过到想破罐子破摔，不想做作业、不想做任何与学习有关的事情，似乎自己做什么都是错的。值得庆幸的是，他有一个总能发现他优点的妈妈。[当所有人都不信任孩子的时候，父母需要站在他们的身后，相信他们能战胜困难。更重要的是，孩子比我们任何人都希望自己是一个成绩好的孩子,而我们往往忽视了这一点。]成绩保持原状时,妈妈会说居然没有掉队,真好!成绩每提高一分时,妈妈会欢天喜地告诉亲人和朋友。李达说,正是妈妈的这种有的放矢的认可,才让他度过了那段不受老师们待见的日子。

10. 性格迥然的两个小女孩

转眼秋天已到,这是北京最美的季节。上午9点,我独自一人在咖啡厅里发呆。人是需要有独立思考时间的,特别需要天马行空的思考时间。在我独处的这一小时里,我开始回忆起今天要来和我聚餐的孩子们,那些故事、那些趣闻,历历在目。

那年冬天,是我回到北京后最冷的一个冬天,而营地里却一片火热。孩子们可能从没有参加过那样的冬令营,处于一种放松甚至是放肆的状态。可不得不说,他们的表现让我非常吃惊!

那个只会打游戏的向真,居然能对国家知识了解得如此深刻,很多见解如同一个成熟的大学生,渗透了很多哲学思想。那次营地主题是通过四个国家的文化历史让孩子们拓展自己的眼界,并通过特定设计和各国文化历史相关任务提高他们的社会能力。当提到德国闻名于世界的重工业产品"汽车"时,一直都没有说话、看上去简直是毫不用心的向真,突然站起来说:"我认为,德国这种民族精神会让他们始终坚持自己的想法,我认为他们是伟大的。不过就看他们的发展方向了,很显然,世界大战证明他们选错了方向,但现在他们对历史承认的态度也很值得我们尊敬。所以,他们制造了全世界著名的汽车。"

"我听不懂。"

"她说的这个和德国汽车有什么联系啊?"

教室里传来了叽叽喳喳的议论声。这些孩子,最小的才六岁,最大的也就十二岁,不能理解向真的话是很正常的。

我偷偷观察向真,只见她一脸不屑,也不和他人争辩,坐下之后继续折腾她的游戏机。[很多孩子会借助其他事物来掩饰自己对某件事情

第二部分　爱孩子也需要懂得和明白

的重视和关心。尤其是比较有个性的孩子，通常会显出这种不屑一顾的表情。此时，父母一定要表现出关心，而不要认为孩子就是不重视。]

这时，从另一个角落里，章鱼挺身而出："我想向真是想说德国汽车做得很好，此时，就是和他们这种非常细致严谨的态度有关。而如果我们能长期坚持一件事情，就能获得很好的成功；但如果我们坚持做一件坏事，也一样会犯很大的错误。"章鱼面带笑容地阐述。

章鱼和向真不一样，一脸笑容的她很轻松就得到所有孩子的拥护。确实，资料里也记录着：章鱼从小就是最好的学生、最好的班干部、最好的女儿。这样的"好"，让她挂在脸上的笑容都带有明显的优越感，但她也非常平易近人，再加上广泛的阅读，她自然成为了很多孩子的榜样。

显然章鱼这番解释赢得了孩子们赞赏的目光。向真眉头悄悄地皱了一下，脸上表情略有细微变化。

晚饭时间，向真迟迟不肯来吃饭。我找到她的房间，放眼看去，完全无法和女孩子的房间联系起来。就一个字，乱！向真一个人躺在床上，一直不离身的游戏机却安静地放在枕边。她一边捶着胸口，一边说："我有心脏病，我不舒服！我好难受，我不要去吃饭！"

"我来看看，你知道的，心理学也是要有医学基础的。我看看，把你的手给我。"我故意流露出莫大的关心和急切。[当我们感受到孩子有表演成分的状态时，我们首先要表现出"相信"她的状态、真正地关心她，真正的结果会在你的关心下被揭示出来，从而可以更好地了解孩子的想法。一般出现这种情况的孩子都有逆反倾向，我们的不信任极大可能会激怒他们的自我保护。]

她很不情愿地伸出手，我开始把脉。

"嗯，看上去真的有点严重啊！"我装出凝重的表情。

"是吗？我的心跳很快，我不舒服！不过，我不去吃饭就好了，一会儿就好了。"向真小脸红红的，流露出痛苦神情。

"我再给你把把脉。不过，需要四分钟，你安静点儿。你好像看了很多书，是吗？"

"唉？我看书，谁这样认为啊？我不过就是怪物啊！"向真一下激动起来。

"怪物？你知道吗？我小时候，就是我读中学的时候，我的外号就叫怪物。真巧！"［孩子失落的时候，我们争取找到自己和他身上的共同点，以缓解孩子的自卑情绪。］我小时候的确就被叫做怪物。

"你别想套我了，像你们这样的心理咨询师，都这样。把自己和病人搭桥，这样就容易接近了。别和我来这一套！"［尖锐的孩子会直接说出我们的故意，但是心里还是受用的。］向真恶狠狠地揭露我们咨询师的短处。

"你看，你这个回答不就正好验证了我说的那个问题吗？你连我们职业方面的事你都能知道呢！"我笑了起来，向真稍许放松了一些。

"兰海，吃饭了！大家都在等你呢。"章鱼忽然推门进来。

"哎哟！我不舒服，兰海，你去吃饭吧！不用管我了。"［这样的孩子往往自尊心很强，内心惧怕与众所周知的优秀人物在一起。］我心里暗笑。

"是吗？你们吃吧！我再待一会儿。"我赶紧打发章鱼。

"我们给你留点儿，我先出去了。"章鱼关上了门。

"别忘了，要给向真留一点儿。"我故意用稍微严厉的口吻。［从语气表示对孩子的重视很重要。很多父母不注意说话时候的语气，所以就算说得很对、很到位，也没有效果。］

"对了，你认为章鱼是什么样的人？"等章鱼走了之后，我装作不经意地问向真。

"她是什么人？就是那种老师眼中的优等生。什么都好，人又漂亮。"

醋意十足的语气，我装作若无其事："是吗？在我眼中，你也很棒啊！你懂得多，能从基本现象上总结出自己的想法。这比你这个年龄段的孩子要成熟很多。你是不是看了很多书？"［我们会经常公式化地对孩子说"棒"，看上去是鼓励，实际上是大人的一种"敷衍"。简单地对孩子说"棒"会让很多年龄大的孩子觉得虚伪和企图，一定要明确地告诉她具体的优点，才能真正让她认识到自己的优秀。］

向真的手已经很自然地从我手里缩了回去，脸上表情也比较平静了，看上去很希望听我继续往下说。

"你是不是在学校里遇到了很多困难？你想表达的内容和想法不能

第二部分　爱孩子也需要懂得和明白

被别人理解，很多人不明白你？后来，大家都把你当成一个不能交流的人，而你总认为自己受冤枉，也就让自己和他们疏远起来？"我尽量用最柔和的口吻说话，一边用手把向真一脸乱发弄好。[谈话中和孩子有一定的接触，是放松孩子情绪的方法。]

她镇静的神情告诉我，很久没有人与她这样说过话了。

"那如果，现在不出去吃饭，是不是会越来越远呢？"我反问。

"可，我的心还是不舒服，真的。"她还希望找个台阶下，我可不能答应。[度，在教育中很重要，当情绪已经获得舒缓之后，父母不能减低自己的要求，这个时候我们只要坚持，孩子就渡过难关了。]

"是吗？那我让你们营长过来找你，我已经表达完我的意思了。"我拍拍她，起身走了出去，准备把局面交给章鱼。

五分钟后，章鱼进来了："向真，大家都还没有吃饭，刚才兰海让我们吃，但我们整个营的人都在等你呢！"

"我又没有让你们等，你是谁啊？我让你做了吗？"向真愤愤地说。

我靠在墙边，什么都没有做，等着接下来发生的戏剧，我是个"坏"老师。[向真需要直接面对交流障碍，我们不能挡掉所有的困难。]其实，有时候，孩子们之间是需要发生冲突的，这样能更好地让她们自己意识和成长。

"向真，大家都认为你是我们营很重要的一员，没有你的话，我们很难取得胜利。我们最小的才六岁，大家都等了你一个小时了，都在饿着呢！"章鱼急了。

我心里默数五秒，向真一定会爆发。[教育过程中最难掌控的就是"度"，时间节奏的控制往往影响了教育的结果，面对情绪处于激动期的孩子，给他们一个思考时间和冷静的态度是最佳的处理方式。]

"我让你们等了吗？我心脏病发了，连生病也不行吗？我要人权，你们凭什么？你算老几啊？"向真噼里啪啦地开始叫嚷。

章鱼的眼泪霎那间就流了下来。

向真躺在床上，选择沉默。

空气凝聚了30秒，这两个丫头居然都能沉住气。

"你们还不出来，带鱼就真的要被我们吃完了！"八岁的桐桐奶声奶气地打破了沉默。

我终于等到了可以出场的时机了："带鱼，我最喜欢带鱼！大家都快点下来，晚上可没有夜宵。"

这个台阶等了很久，大家很有默契地走出了房间。

在这一顿耗时颇长的晚饭后，我找到向真，要告诉她一个故事。

"来，向真，我给你说一个故事。[不要就事论事也是一种最基本的沟通原则。直截了当说明问题不仅会引起孩子的逆反情绪，也会丧失一个让孩子自我反思的过程。]你知道古巴比伦吗？"我问，"巴比伦有一个古老的谜语，你来猜一下是什么意思？"

"嗯。"

"在古巴比伦，有一个特别奇怪的现象：相隔不到50米的地方有两个湖，虽然相隔很近，但却有天壤之别。其中一个鸟语花香，很多人都去那里钓鱼。而另一个却臭气冲天，根本就没人想去。这非常奇怪，你说是什么原因呢？"[对于有思想、能够独立思考的孩子，提问是最好的方式。]

"原因？这两个湖这么近，地理环境应该不会有什么大的不同啊？"向真疑惑。

"是啊！我也这样想。但有一个人，他专门去考察了一下。他发现这两个湖只有一个地方有区别：鸟语花香的那个湖里有一个洞，而另外一个没有洞。"

"我知道了，那个洞的功劳就是让这个湖能够进行循环。只要能够进行循环，水就可以流通。而另一个湖永远都不流通，所以臭了。"向真很快地就反应了过来。

"说对了，所以有一句古话：巴比伦有两个湖，世界上有两种人。"

"噢，原来是这个意思，兰海，你说这个故事有目的吧？"向真反问我。

"那你能懂我的意思吗？如果我们不敞开胸怀，就会像那个臭臭的湖一样，永远没有人愿意靠近。但如果我们有一个出口，就会立刻变样了。"

"这个故事很好，我觉得这是个寓言。我会找到我的出口，我也不希望自己臭臭的。"

第二部分 爱孩子也需要懂得和明白

"是啊！你身上有很多可以凿洞的地方，我们可以一起凿开啊。"

对孩子的成长来说，适应就是他们能够生存发展的大环境。年幼时，他们没有足够的力量去改造环境，也很少具备可以选择环境的机会。于是，这样的责任就转交到我们身上来了，要理解他们的生长环境，并尽量为他们创建适合他们的发展环境。

生活中，很多资质很高的孩子因为没有遇到一个良好的软环境（心理环境、人文环境）而没有发挥出其应有的潜质，甚至于还因此跌入到生活与学习的低谷。[环境能够塑造一个孩子也会毁掉一个孩子，除了设备条件，更重要的是孩子周围的人和这些人所产生的影响力，这些是更加关键的环境因素。]

每个孩子就如同生长在同一海洋中的不同生物，他们可能都具备了在同一海洋条件里生存的基本条件，但并不适合他们每一个生命个体，就像各种稀有动物依旧存在一般。所以，我们要做的不仅是让他们生存，而是让他们成长、健康地成长。

所以，我们应潜入水中，试试水温……

11. 爱出风头的帅哥毅然

经过昨天那场争吵，章鱼和向真之间的关系有了微妙的变化。

正当我趴在桌上记录这些细微变化时，常松神秘地走到我身边，卖起关子："我告诉你，昨天你没有和孩子们正常吃饭，错过了很多机会！"

"不就是带鱼少了一些吗？"我满不在乎。

"绝对不止这个，你知道吗？那个毅然，就是那个特帅的孩子，昨天晚饭居然请每桌人喝可乐，还带着孩子们来给我们敬酒。"常松指着靠窗那一桌，我看到了毅然的身影。

"哦，就是那个走路都不着地的帅哥？"我转过头。

"什么叫走路都不着地？"小白金口难开，这次居然搭讪起来。

"就是那种特想当领导、想要随时出风头的人。于是，他常常会模仿一些他所看到的成人行为，我猜测这孩子一定是母亲比较宠爱他，而且他和爷爷奶奶那一辈儿接触得较多。［孩子的行为习惯往往反映出他的成长环境和家庭背景。这个孩子和父母出去应酬的情况比较多，在学校里应该有一定的号召力，所以到哪里都不能忍受寂寞。］其实，这孩子好好培养培养，会很出息的，不过绝对需要给他点儿苦头尝尝。"

喧闹声从那桌阵阵传来，我不得不感慨这不到 40 人的队伍里，可真是藏龙卧虎！

第三天的课上，我特意留了道评价题：让每个孩子对上来进行表演的孩子进行评价。可房间里静悄悄的，孩子们听到提问之后，三秒之内把头都埋了下去。除了两个人，一个是向真，另一个就是毅然。

我没有急于进行下去，开始给孩子们说了一个教授当年讲给我的故事：

联合国教科文组织要在世界范围内对孩子做一个问卷调查，问题非常简单：请你就世界上其他国家的粮食缺乏问题发表一下自己的观点。来自欧洲、拉丁美洲、美洲、非洲和亚洲的孩子都没有回答上来这个问题。因为他们所有人都看不懂这个题目。老师非常奇怪，就问他们哪里不懂。结果，拉丁美洲的孩子不知道什么叫做"请"；非洲的孩子不知道什么叫做"粮食"；欧洲的孩子不知道什么叫做"缺乏"；北美洲美国的孩子不知道什么叫做"世界上其他国家"；亚洲中国的孩子不知道什么叫做"发表自己的观点"。

孩子们随着我的描述，头慢慢抬了起来。

"世界上有很多事情都是需要我们发表观点的，观点可以包括对事件、对人物的看法，这种看法可以是褒义的，可以是你对他的欣赏和赞赏。当然，也可以是建议，我比较反对你们做评价时用'意见'这类词语。所以，我想听到你们的看法和观点。谁能和我分享呢？"

我语音刚落，孩子们立刻开始说话。［儿童是非常容易受故事影响的，一个好的故事比单纯的说教效果好得多。］

可是，帅哥毅然确实让我大吃一惊。这帅哥简直就是现代社交产物，请大家喝饮料、吃零食，只要看见老师需要帮忙他从不推脱。他们营在他的强势管理下井井有条，但其他营员太听他话了，这总让我觉得不对劲儿。

第二部分　爱孩子也需要懂得和明白

我曾问过孩子们，他们都说他很凶，但营队成绩不错，所以在毅然的压制下也开心。我一直都在观察，看看这些孩子们什么时候才会反抗。[很多时候，我们在孩子面前都会担任一个"预知者"，提前告诉孩子哪里会有障碍，提前替他们解决了困难。实际上，我们又一次剥夺了孩子成长的机会，每一次完整的经历对于他们来说都是一次最有价值的课程。]

晚饭过后，我看见几个孩子神神秘秘地钻进一楼的房间，我跟随其后，看了眼房门上所写的名字，原来这就是毅然的房间。我明目张胆地把耳朵贴在门口开始偷听。

"你们每个人都要打丁丁一下，并且……"后面几个词我听不清楚，接着立刻从房间里传出来"啪啪"的声音。我推门而入。

只看见一个孩子站在墙角，被其他八个孩子包围住了。

原来因为丁丁自己没有完成相关任务，于是被营长毅然惩罚。他把营员都召集到自己房间，先让孩子们发誓绝对服从，然后让每人打丁丁一下，并朝他吐唾沫。

让我吃惊的是，所有营员里面，只有两个人坚持没有服从他的命令。

"你们现在都回到自己房间去，毅然和我去外面走走。"[不能立即当着众人直接指出孩子的不对，引导他们说出自己的想法可以帮助他们分析自己错误并且得到真正的反省。]我尽量用平静的语气。这时的毅然还是昂着头，把外套拿在手上，和我朝外走去。

冬天的晚上很冷，我一路沉默，心里百感交集。在心情没有完全平静前，我不想过于仓促地进行谈话。

我们俩在雪地里沉默地走了20分钟，月光洒在雪地里，只看见我们的影子越拉越长。

这20分钟里，毅然一直都昂着头，不认为自己有任何不对，一直等我发话。

"好了，我们回去吧！"我转身往回走去。[在孩子没有意识到自己错误的时候和他谈话，不仅不能让孩子反省自己的错误，还会激发孩子的逆反情绪。]

"回去？"毅然疑惑，"你没有什么要问吗？"

"你不说，我再怎么问都没有办法。而且，你都是大人了，我想你这样做有你的原因，既然你不说，我就回去问丁丁他们，或许他们会告诉我发生了什么。不过，我还是希望听你说。"我的声音低沉，如同我当时的心情。

他没有回答我，于是我们继续并肩行走。

沉默，长时间的沉默。

"兰海，你说过我们每个人都可以表达自己的想法，那我现在还拥有表达权吗？"毅然看着我。

"拥有。"我冷冷地回答。

"今天丁丁就是错了，他违反了游戏规则。既然他错了，我是营长，我这样惩罚他有什么问题吗？"毅然同样冷冰冰。

"关键在于你选择了这种不好的惩罚方式。"我拉起他的手，"毅然，小时候我们犯错，爸爸妈妈都会选择不同方法惩罚我们。比如说，我妈妈就会罚我洗碗，我爸爸就会不让我看电视。总之，我们不能选择用侮辱人格的方法去对待犯错误的人。你让每一个人都去打他一下，你想，对于丁丁来说是多么大的伤害，你能理解吗？"［对于孩子所犯的错误，我们一定要清楚两件事：第一就是原因，孩子行为背后的原因；第二要分清楚是想法上的错误还是行为上的错误。对于毅然来说，他的出发点是好的，所以我们需要改进的是他的方法，而不是全盘否定。］

"我当然能理解。"毅然把头低下去，"我，我也被这样惩罚过。我们班主任也这样惩罚过我。不仅惩罚过我，还有我们同学，之后大家都会害怕，所以我想丁丁犯错了，我用同样的方法，那肯定会有效果。"［孩子的模仿能力极强，他们会根据事情的结果来决定自己是否要学习某种方法，而不能完全正确地判断对错。］毅然昂着的头终于低了下来。

我的内心像着火的森林，一片片燃烧起来。

"当你被惩罚的时候，你舒服吗？"

"忘了什么感受，只记得这事。"

"你觉得当时老师还可以用其他方法处理这件事情吗？"

"我不知道，我后来就只会用这种方法管人了。"

"你觉得如果我和常松、小白之间也发生了这样的矛盾，我会怎么处理呢？"我把话题转移到自己身上。

"你们不会的！你们很友好。"毅然对我的这个假设有些意外。

"我们之间也有矛盾，但我们从来都尊重对方的想法，正因为这样我们才能做到你所说的友好。记住，无论在什么情况下，尊重对方是解决彼此矛盾的基础。我想你会明白的。"

我们回到营地，我送毅然回到房间，又去看望了丁丁。这几天的大运动量使得孩子们基本上都准时睡觉，我一个人站在空荡荡的走廊里，刚才的对白不时浮现在我的脑海中。

我不知怎么又再次来到刚才的雪地里的，瑟瑟寒风从我脖子里钻入，冻结了我的心，一种冰凉彻底的失望感，通过血管传送到我的全身。

老师，多么神圣的称谓。如果孩子的所作所为可以被谅解的话，那么，我无法解释一个成年人的所作所为。"暴力"是最直接的方法，连一个不会思考的人都能用这种方法去解决问题，这不过是利用自己的权力来解决问题罢了。

扮演社会角色的我们，每个行为都在影响着孩子，无形中为他们创造一个环境。

教育就是影响力，人对人的影响力。

我对自己说：一定要找到解决问题的方法，[找到帮助孩子的方法远远比指责犯错误的孩子重要。]不能让这件事情不了了之！这样对毅然和丁丁的成长都很不利。

第二天上午，我进入教室，对各营提出下列问题：作为营长最重要的是什么？作为营员最重要的是什么？

很多营长的答案是团结和交流，而毅然的答案是"让所有人服气"，这答案并不出我所料。

"好！告诉我，营长们，你们认为通过怎样的方式可以让别人服你？"我继续追问。

"给予别人力量。""帮助别人。""鼓励别人！"

各营长纷纷回答。

我看向毅然，问道："毅然你告诉我，作为营长，你如何让别人

105

服气？"

"当他们做错事情时，我惩罚他们！命令他们服从我的意见！"他有些急切地回答。

"五营的人，告诉我，你们服他吗？"我有些生气地问。

"我们不服，他总欺负我们！"

"作为一个营长，我们首先考虑的应该是整个营队的荣誉。营员对营长的信任和佩服，来自于营长自身的优秀才华以及团结他人的能力！我今天要强调的是，五营营长毅然进行营队管理的方法不得当，采取了一些过激做法，虽然当时控制了营队局面，但却给五营带来负面影响。所以，今天要宣布一个决定：五营营长撤换，并且五营积分归零。你们必须从头来过！而今天的归零，并不只是因为毅然，五营的其他营员同样需要负责！每个人都要对自己的行为负责。毅然你要明白，任何一种霸道的做法都会让你的营员惧怕你，而不是敬佩你。而营员们，你们要知道，每个人在生活中都有遭受不公平待遇的时候，你们每个人都要学会反抗，这次，你们没有反抗，你们的沉默、你们的无原则服从，这让毅然误认为自己的做法很有效！你们要为你们的沉默负责！毅然作为一个领导者，你有渴望、有热情、有目标，但你的方法错了，而其他营员的姑息让你进行了错误的判断。所以，撤掉你的营长，你们营积分从3460分全部归零！你服吗？"［孩子行为构成的原因不仅有个人因素，更重要的是环境促使。惩罚不是目的，而是要让在这个环境中的所有人都有所获，能够自我思考。孩子们的不会反抗实际上是一种懦弱，他们让自己失去了权力。］

当我慷慨激昂地说完这些话后，全场鸦雀无声。30秒的寂静之后，毅然站了起来，坚定地看着我，大声说："服，我服！"［认错，应该是孩子自己主动的意愿，而不是因为屈服于老师或者父母的一种被动行为。］

晚上，孩子们开始排练自己的话剧，五营的孩子们围在一起做着话剧道具，耳边传来阵阵笑声。毅然独自走到我旁边，问道："兰海，能给我们一次机会吗？我说的不是我，而是我们的积分，你看我们都在努力……"

第二部分　爱孩子也需要懂得和明白

12. 理想

一声"咣当"不仅把我吓了一跳,也把我从回忆中拽了回来,一回头看到向真的身影,那个当年还没我高的女孩现在已经高出我一个头了。

向真把书包放在一边,席地而坐,冲我说:"我们私下把这次的谈话主题已经想好了。"

"不错,为什么没有人告诉我主题是什么啊?"我喝了一口咖啡。

"理想。"还没看见章鱼人,就先听见她的声音了。

9点30分,大桌子前被这群孩子挤得满满的。

"能不能在主题讨论之前,让我抒发一下我郁闷的心情。"章鱼站了起来。

举手表决后,孩子们给了章鱼10分钟时间。

"我很不开心,因为我们学校下周要去少管所做一个社会实践活动。太残酷了,他们都是我们的同龄人,我们去参观什么?他们再次被当成坏典型来示众,简直是太不公平了。兰海,你说说,这事怎么就弄成这样了?"

大伙的眼光瞬间转移到我这里了。

"首先,我觉得章鱼特别好,她不仅在思考自己,而且已经开始考虑自己的行为会带给别人怎样的感受,还考虑到社会公平性的问题。

事实上,学校安排这样的实践活动初衷是好的,关键是你自己的内心。如果你的到访能带给他们温暖和希望,我想太阳也会照耀到他们。每个人都需要接受现实,当他们做错了,他们也要接受因为错误而带来的惩罚。可你们,不能带着猎奇的态度去,我比较反对'参观'这个词,我觉得你们只是去交流。你们都一样,都拥有同样学习的权利,拥有同样受尊重的权利。"

"对,无论我们在哪个地方,我们都能有一个东西,那就是理想!"向真马上抛出了今天的主题。

"我也很想知道为什么今天讨论的主题是理想呢?"我很好奇他们选择这个主题。

"因为你上次给我们提到你到贵州农村实习的事情,"李达冷不丁地插了一句,"那我们也在考虑这个问题。不过你上次就说了一点点,今天能说一个完整版吗?"

"好吧,我特别开心你们能提到'理想'这个词,我也特别愿意和你们分享很多关于理想的故事。但我有一个要求,在我讲述这段故事的时候,你们都得保持安静,不能插话。"

看着一张张绷得严肃正经的小脸,我开始讲故事。

在德国读书时,因为课程需要,我们必须完成两个实习才能毕业。一般情况下,很多同学选择美国、荷兰、英国等学校和大集团公司做实习。当然,也有几个德国人选择到非洲,参加当地的教育机构和联合国扶贫组织来完成实习。

当时,我就在考虑,我到底应该去什么地方?去什么样的地方才能让这次实习变得有意义?让自己有更大的收获?我想到了农村。一直以来,我都没有真正到过农村,所得到的信息仅限于各种媒体的报道。

如果说教育可以改变人的命运,我很想知道教育能给农村孩子带来什么。经过10个小时的汽车,我来到了贵州织金县城。又经过了一番周折,在一片破烂房子里,也就是他们的办公室里,我找到他们县团委。走进昏暗的屋内,暗淡的光线甚至看不清四壁,因为事先电话取得了联系,所以当我进去时,他们只惊讶于我的年龄。

他们告诉我县城离村子只有10公里,通过电话联系上了那边的老师后,我就独自上车赶路了。拥挤的车里充斥着各种家禽,弥漫着乡下叶子烟的浓郁味道,我似乎对这新鲜的一切还保持着好奇心。当他们得知我是去寨子里教书的老师后,都对我友好地问好,弄得我满脸通红。贵州山区是全国有名的,我坐在这严重超载的车上,根本不敢看向车窗外——两侧都是悬崖。车子就这样晃悠晃悠着,爬了两个小时的山路。

终于,在我抬头能看到天上第一颗星星时,目的地到了。欢迎我的,除了满天的星星以外,还有从远处传来的狗叫声。这时,黑夜中隐约看见一束微弱的灯光,原来是来接我的吴老师。吴老师拿着手电,两个裤腿挽到小腿肚子上,从山坡上走了下来。定睛一看,原来吴老师是

第二部分 爱孩子也需要懂得和明白

和我差不多大的小伙子。爬过一个坡之后,他把我带到"老师宿舍"——其实就是三间屋子,一间给五个男老师住,一间给加上我共三个女老师住,还有一间就是我们的厨房、餐厅和会议室,这是后话。所有人都对我的加入表示了欢迎。我还来不及有任何寒暄,就被盛情邀请吃了很多东西,然后发给我一些课表。

由此,我真正的教书生涯开始了。

第二天清晨,我迎来了乡村的第一道冬日阳光,这在贵州这个阴雨连绵的地方那是多么珍贵啊!

我披了件外套,戴着厚厚的围巾,开始了上课前的"爬山运动"。从宿舍到学校需要爬30分钟的山路。一路上,能见到从各村赶来上学的孩子们,他们用新奇的目光看着我这位新老师,朝我笑——很小心、很害羞地笑,当发现我在看他们时,就立刻扭头赶路了。

推开教室门,叽叽喳喳的声音一下子都安静下来。他们脸上的神情与德国孩子是大不一样的,唯一相同的是他们看我的眼神,都是好奇。对德国孩子来说,我是一个外国人。对寨子的孩子来说,我是一个新面孔的年轻女老师。

看着挤在破旧不堪的教室里这五六十个孩子,我突然不想教他们英语,我想我应该给他们带来一些别的,我要告诉他们什么是生活,什么是外面的世界![教育最重要的是意识和思想上的教育,唤醒意识远远比教会某一种技能更具有长远意义。]我立刻把粉笔丢下,让所有的孩子走出教室,随手指了指远处的一座山,让孩子们带我去爬山!

山好高,这里的山更是高。大概孩子们从未遇到过我这样的疯老师,他们有些不解。他们飞快地登上了山顶,体力远不如他们的我是最后到达的。我让他们坐在地上,把随身带的世界地图铺在地上。我大声地告诉他们贵州在哪里,中国在哪里,德国在哪里……我告诉他们外面的世界,告诉他们应该到外面去,告诉他们山那边有什么,等待着他们的是什么……我也被他们稀奇古怪的问题难倒。

"兰海,为什么你要从老远的地方来这里呢?是因为喜欢我们这里的土豆吗?"

"兰海,德国为什么叫德国,而不是'捷莫尼'呢?"

"为什么苹果就叫苹果,而不叫梨呢?"

通过这无数个问题，我看到了他们眼中燃起的对未知世界的好奇火花，我希望这种火花能燃烧起来。

自从那次以后，我开始轮流在各班上课。待在那里的时间，我几乎没有上过一堂专业课。毕竟，我的停留是短暂的，课程上的知识他们还有机会学习，但我希望能给他们带来一些感悟，改变他们的生活和想法！

村里的日子丰富而单一，每天给孩子们讲述各种新鲜故事，尽我全力把我所知道的世界传递给他们。

孩子们的家分布在山里各个地方，每次家访最少要走四五十里，但这四五十里却给我带来了很多新奇的东西，也让我刚刚萌芽的教育理念变得更加清晰明朗。

首先带给我强烈感触的是李好，他家在村子里算是条件较好的家庭，孩子相对来说也较少，只有他和妹妹两个，并且都在上学。他们的爸爸常年在外打工，一年前回到村里务农。因为在外待的时间很长，他爸爸的语言和观念都非常进步。他认为家里孩子多不是一件好事，认为家里再困难也要让孩子上学，因为他在外面看到了并相信只有读书，只有走到外面的世界去，才会改变命运。

与李好形成鲜明对比的是另一个学生。突然有一天，他就不来上课了，接着我得知他要结婚了。一个十五岁的孩子要结婚了！在一个星期天的上午，我在一个煤窑的工地上找到了他，他黑黑的脸庞毫无表情地告诉我，因为他是他们家唯一的男孩，现在家里经济不景气，希望他能早点结婚，早点有孩子……当时，他的妈妈就在旁边，看着他妈妈被煤灰弄得黑黑的脸，我实在不知该说些什么，因为我没有力量去说服她相信她的儿子还能有其他选择，因为她从来不知道还有其他更好的选择……

回到学校以后，我沉默了很久。内心却出现了一个坚定的声音，我一定尽我所能把外面的世界带到他们面前，让他们知道通过自己的努力，他们能够拥有很多选择。

离开寨子之前，我给他们上了最后一堂课。我要让他们了解自己，明确自己的目标，更重要的是我要告诉他们——每个人的理想都是可以实现的。[理想是最能帮助孩子们前进的动力。很多成年人会认为孩子

第二部分　爱孩子也需要懂得和明白

这么小，他们能有什么理想。我们认真地询问孩子们理想，是对他们最大的尊重，能够增强和孩子之间的信任度。]

我走进教室，拿起粉笔，在黑板上写下四个字：你的理想？

第一个孩子站起来："兰老师，我要做一个农民！"这朴实的答案引得其他孩子哄堂大笑，讽刺声不断出现——"当农民也叫理想？"

我制止了孩子们的议论。我让他们闭上眼睛，说："让我们来想想，现在你们都二十五岁了，都长得好高好高了，比兰海老师还要高。王一同学已经长大了，我们大家都来到了王一家，他们家好漂亮，王一的地里除了土豆，还有好多其他东西。谁能告诉我你们都看见了什么？"

"我们看见了王一在傻笑。"

"我们看见王一穿着很好看的西装。"

"王一很骄傲！"

"睁开你们的眼睛吧！"我继续说，"谁说当农民不是一个理想？理想是不分职业的，我们会成为农民、成为工人、成为很多普通人，而这都是我们各自的理想。而真正最棒的人是干任何事都会干得最好的人，做优秀的自己！"

接着孩子们给了我很多让我非常吃惊的答案，有孩子说当工人，有孩子说当老板，有孩子说做警察，还有孩子说要和兰老师一样去德国读书。听着他们的理想，我很开心。敢想，这就是他们开始奋斗的第一步。

畅想过后，我在黑板最左边写下了四个字：你现在是……["投其所好"！根据孩子的理想和孩子一起分析现在的他，既能让孩子感觉父母和他站在一条战线上，又能接受父母对目前状况的分析，不容易产生逆反心理。]

粉笔划完最后一笔，孩子们很快安静下来，教室里沉默到我们都能听到彼此的呼吸声。终于，那个小黑脸男孩举手，小声地说："我，我现在还是一个农民。"

在他的带领之下，其他孩子都开始发言了，但随着说话的人多了起来，大家的声音又低了下去。这个问题的深入，让他们渐渐明白了目前自己的弱小，明白了目前自己所处的位置。看着孩子们埋得越来越低的头，我什么都没有说，我在一旁安静地等待着时间流过。只有在这个时候,孩子们才在思考,思考他们的现在和将来。

沉静了一段时间后,我转身在这两个标题之间用粉笔非常用力地画了一道箭头,一道又一道……我大声告诉他们:"你们可以跨过去!用你们的头脑,用你们的双手,用你们的腿,用你们的全身,用你们全部的力气!我们可以到达对面!我们现在做的每一次努力、每一次细小的进步都在搭建从现在到理想的桥梁,不仅仅是你们,我也一样。"[父母对孩子的信任是孩子最需要的,一定要表现信任他的能力。这种信任能够帮助孩子建立自信,突破困难。]

我尽我最大力气说完这些话,课堂里又恢复了安静,但这样的安静之下已经萌生了力量。看着他们睁大的双眼,我想我做到了自己最想在村里给孩子所做的事情——让他们对外面的世界有了基本的了解、对自己有了新的认识、对未来有了更好的憧憬和理想。

故事讲完了,咖啡厅里安静异常,就连服务生也凑到一旁听我的故事。

孩子们显然还沉浸在"理想"状态下。

"理想很重要,我也有很远大的理想。但为什么每次都被爸爸妈妈说是好高骛远呢?"愁眉苦脸的毅然提出了第一个问题。

"我想你们之间还没能达成一种信任。这是一件困难的事情。当我们把自己的理想告诉别人时,别人第一反应会是:这个理想你能实现吗?"我笑了笑,"如果你的理想和目前的行为有巨大差距时,我想不只是你的爸爸妈妈,任何一个人可能都会提出那样的疑问。"

"他们都有理想,为什么我还不能准确地描述出我的理想呢?"李达着急了。

"理想有很多种,有时目标明确,有时模糊,这取决于你对世界和自己的认识。由于我们对世界了解得不够多,我们就还没有发现自己喜欢什么,由于我们太忙碌、太急躁,我们就没有办法来分析和认识自己。现在是否就有明确的理想或目标并不重要,但我们需要从现在开始就思考这个问题。"

"你的理想呢?你是怎么找到的?"章鱼追问下去。

"我很惭愧,我是到了德国才开始被迫思考这个问题的。因为太孤独,我用大量时间来反复追问自己,我到底想要什么、到底做什么我才会快乐……想了很久,发现如果我能帮助别人实现理想,那就是一件很快乐的事情。"

周日的上午,与一群孩子们讨论理想,还有什么比这更有意义呢?

我尊敬每一个有理想的人,我尊重每一个孩子的理想。

第三部分 视野有多宽，世界就有多大

要让我们的孩子从小就看到更广阔的世界。让孩子自由遨游在科技人文、地理生命、历史人物、商业贸易、文学艺术的世界中。当他们身处于一个更为广阔的天地，感受到更为丰富多彩的世界时，就能从更多更好的角度去思考自己的人生，这也就是站得高看得远。

世界的大小来自孩子的视野，而开阔视野需要通过科学的、专业的教育手段获取。

很多时候，我们只会要求孩子一定要做到什么。比如，考试一定要考100分，一定要团结同学，一定要接受别人的意见……但孩子们仍没有方法，他们仍不知该如何做，相比那些目标来说，孩子们更需要的是方法。

1. 如何赏识你的孩子

坐在办公桌前，打开 BLOG，看到一个孩子给我的留言：

兰海，我觉得我妈太假了，无论我做什么她都表扬我，可每次说的时候都不是我真正表现好的时候，并且她每次说那话的时候，我都能看到她的毫不用心。

我忍不住笑了，真是聪明的孩子。

教室里传来孩子们回答问题时争先恐后的声音。我准备回答这个孩子的问题，不过不是给他的，而是给无数的爸爸妈妈们。

我敲击着键盘，思路伴随着打字节奏，布满了整个页面。

赏识教育应该先识后赏

有一个故事。一个科考队来到一片森林，科考成员对一棵笔直的大树夸赞有加。科考队员离开后，一棵枝少叶稀、树干细小的树好奇地问："为什么他们都不表扬我呢？可我妈妈总说我是一个长得很棒的树啊？"那棵笔直大树回答道："我妈妈不这样，当我长歪的时候，她会提醒我，让我多喝水。当我树叶少的时候，她要求多吸收营养，只有我确实有进步了，她才表扬我。"

这个回答让小树很沮丧。

这个小故事也让我很沮丧。故事中的小树在妈妈的赞扬中迷失了方向。

我们的孩子是否也在一片赞扬中迷惑了呢？

很多爸爸妈妈在运用"赏识"教育的过程中过多地强调了"赏"而忽略了"识"。只赏不识的后果，是让孩子盲目自大，并导致他判断事物的标准出现偏差。而仅识不赏，会使孩子丧失前行的动力，也会让我们丢失与孩子保持心灵沟通的机会。

所以，我们应该正确理解"赏识"的含义。赏识的意思是：看中人的才能或者了解作品的价值而给予赞赏。换句话说，我们每一次赞赏都需要建立在一个客观存在的事实之上。而很多人却忽略了"识"的部分，重点都放在"赏"上了。也许，我们听惯了"你真棒"，也许我们也无可奈何地对着明明犯错误的孩子，还要强迫自己竖着大拇指对他说：孩子，你是最棒的！当我们说这些话、做这些空洞的动作之时，我们是否问问自己的内心，这些连我们都觉得虚伪的东西是孩子需要的吗？孩子需要赞赏，需要建立在尊重客观事实之上的、发自内心的有自己看法的赞赏，而不是随意地敷衍和轻率地附和！

到底如何赏识孩子呢？

首先，就是我们需要学会如何去"识"。根据孩子的个人特点，他将要去完成任务或者比赛的难度，以及在完成任务过程中他都是怎么做的，在想法上是否新颖、在行动上是否坚决果断、在心态上是否有坚定的信念和足够的抗压能力。

其次，我们需要懂得如何去"赏"。赞赏孩子同样是需要技巧的，我们需要运用从眼神到肢体、从语言到行为这些最常用的赞赏方法。除此之外，我们还需要把上述的表达方式，适时地表达出来。

最后，运用"识"和"赏"的最佳搭配。当我们有了一双能够识别孩子的眼睛，再拥有了不同的赞赏表达方式，我们就需要寻找一个合适的时机，用最恰当的方法来表达我们的赞赏。这时我们需要考虑一个其实应该在最初就讨论的问题——那就是我们为什么要进行赞赏。如果这个赞赏是为了让那些不够自信的孩子拥有信心、意识到自己的价值，那我们就应该选择在大庭广众之下用赞叹的方法，从语言到肢体坦率地说出孩子的表现优秀之处；如果这个赞赏是为了保护敏感的孩子，使他在失败面前勇敢坚强——而他也确有进步之处，那我们就应该选择一个安静的场合用最柔和的声音告诉他今天所取得的进步，并用最坚定的口吻让他明白自己可以做得更好；如果这个赞赏是为了让出色的孩子对自己有更高的要求，那我们就需要在赞赏之后对他们提出更高的要求，让他们清醒地认识自己；如果这个赞赏是为了指出叛逆孩子需要改进的地方，那我们就需要铺垫自己的情绪，让他感受自己是被认可的，而后再提出对他的期望。

面对孩子们的每一个行为，都需要我们有一双慧眼，去识别他们的进步，去找寻一个恰当的时机，对着他们完成下面这道填空题：

孩子，你在＿＿＿＿方面的＿＿＿＿行为有一个＿＿＿＿进步，比过去强了很多，你真厉害！我简直太＿＿＿＿。我相信，你能做得更好！如果需要帮助，来找我！

我码完文字，抬头便看见那幅上周语凡送过来的画——严格意义上说，这应该是一个工艺品。这个极具创造力的孩子在一个木制大饭勺上画了一个脸谱。语凡这孩子画画方面长进不少，一会儿等他下课了，我准备这样对他说："语凡，你在美术方面的创造力有一个让我吃惊的进步，比过去强了很多，你真厉害，我简直太佩服了！我相信，你能做得更好！如果需要任何帮助，来找我。虽然我不会画，可会欣赏呢！"

看着语凡的进步，我又一次感到世界通识课对孩子们的巨大影响。

2. 历史原来可以这样学

通识教育是美国常青藤大学里的知名课程，它涵盖了人文社会科学和自然科学的内容，目的是让大学生们建立完整的知识体系，并且能够在学习过程中培养学生们的有效思考能力、沟通能力、判断能力和对价值的认知能力。

回顾自己从小到大的学习过程，我们几乎把所有精力都投入在各升学考试的准备上，对世界的认识非常狭窄。为什么不能让我们的孩子从小就看到更大的世界呢？怎样才能让他们建立起一个自己的思考体系呢？

带着这两个疑问，我如获至宝地找到了通识教育，这是一个让孩子们了解世界的通道。刚回国的半年时间里，我几乎每周都会做一个特别计划，去了解现在的孩子们。我会守在学校门口与那些等待放学的孩子的爸爸妈妈聊天，了解他们的孩子在上什么课、看什么书。周末，我考察各种补习班，偶尔因为协助教育部门做项目，进入到北京各小学去研究学校课程，收集分析多方信息数据。2003年春天，我们设计的世界通识课终于诞生了。

我的第一堂世界通识课是讲中国历史中的秦朝。正当我站在教室外面准备进门时，突然身后传来一个稚嫩的声音："不，我就不进去！我讨厌这里，这是什么鬼地方？"我转身一看，一个小男孩正使劲地往后退，他妈妈拉着他，面带微笑，没有生气，也没有着急。

小男孩看上去最多六岁，明显不在我们所招收的学生范围之内。仔细打量他，这个男孩格外英俊，浓黑的眉毛正扭在一起生气呢！白里透红的脸庞上镌刻着一双又黑又大的眼睛。身边的妈妈微笑着，一副优雅的眼镜更烘托出她的气质。对儿子这种做法她不仅没有生气，反而耐心地和小男孩讲道理。我在一旁暗自感慨：这位妈妈真难得，遇到孩子大闹的情况居然还能保持这样的耐心！过往很多父母在这种让自己"丢面子"的场合里，大都采用了大声斥责的高压政策来解决问题。

"要我到这个地方听课可以，但你必须陪着我！"小男孩两只大眼睛根本不看我，更不知他的搅局已让自己成了焦点。

常松和小白都在一边静静看着，没有人出声或行动。因为我们都知道，这恰是我们可以近距离观察这个男孩的机会。

优雅妈妈不好意思地朝我们弯腰表示歉意，并低声询问能否让孩子坐在她的腿上上课，我微笑默许，跟随他们母子身后，进入了教室。

从一个提问开始，我拉开了这堂课的序幕。

"你们知道什么是历史吗？"［抽象和概念问题的讨论能激发孩子们的创造性思维。］

孩子们的回答五花八门，有的说历史就是电视剧里的皇帝，也有的说历史就是大人们说的故事，还有的孩子像模像样地认为历史就是过去发生的事情。孩子们的七嘴八舌和父母们的面面相觑形成了教室里鲜明的对比情景。

第三部分　视野有多宽，世界就有多大

"历史，历史就是——"我故意卖着关子，"历史，就是从我说话这一秒开始之前发生的所有事情。比如说，今天上午你们都吃了什么，刚才你们都说了什么话——这些都是历史，都是你们自己的历史。"

我快速用眼神扫过整个教室。每个孩子，包括那个坐在妈妈腿上的小男孩也在目不转睛地看着我。

"好了，现在第二个问题是，你们自己与历史有什么关系呢？"［引导孩子进入到实际情景中，能够帮助孩子思考。］

这是很多人一生都不会去认真考虑的问题，现在我却将它抛在了这些孩子面前。现场立即陷入了安静之中。章鱼眉头紧锁，李达不停地摆弄手中的笔，向真用手托着腮。

这短暂的平静被牛牛的回答打破了："我们很小啊！没有力量，能和历史有什么关系？"

"不，我认为，根据刚才兰海所说的历史解释，这个问题的答案肯定不是这个。"章鱼回答。

"别瞎猜，你们必须要明白一件事情，"我的表情严肃起来，"很多提问，特别是这种开放式的问题，是肯定没有标准答案的，［没有标准答案的潜台词就是谁的答案都有可能是对的，这样可以让孩子大胆思考并且不会猜测老师的答案。］也就是说答案不是唯一的，所以不要猜我的答案，因为你的回答也许和我的不一样，但它也可能是对的。"

能看出，当孩子们知道问题没有固定答案时，他们的大脑皮层迅速被激发起来。

我的耳边顿时响起各种答案，就连坐在后面的大人们也开始议论。在这嘈杂的讨论声中，突然有句话冲破喧嚣，直进我的耳膜。

"这有什么难的，历史是我们做出来的啊！"

我很吃惊。说这话的是谁？环绕四周，我终于发现那个声音的来源，怎么可能？那个坐在妈妈腿上的小男孩连眼皮都没有抬一下，就蹦出了这句契合我内心的话。

响亮的声音不仅让我吃惊，也给了其他人线索。

"我们创造了历史，或者说历史是我们创造的！"章鱼用沉稳的声音总结。

我满意地点点头，尽量让自己的声音充满力量："在我们刚才的总结中,非常感谢你们让我明白了,原来所有历史都是我们自己创造的。比如说,刚才你们所说的话就可以成为你们自己历史的一部分。也许,你们的一个决定、一个行为就会改变这个时代。也许,10年后、20年后,我们要学习的就是你们所创造的历史。"

感受到自己与历史的关系之后,孩子们脸上都透着一种前所未有的严肃,每个人都不由自主地挺直了身腰。

学习历史的目的并不是让孩子们死记硬背各朝代背景,而是让他们在了解历史发展的同时去思考前人为什么要这样做以及这样做所带来的利弊,更重要的是让他们思考如果自己身处其中又会怎么做。

我简单地介绍完秦朝建立的过程后,孩子们被分成两组,要求阅读秦朝的相关资料然后回答问题。后排的父母们面露疑惑,每组最大的孩子十一岁,而最小的孩子只有七岁,他们怎么可能进行沟通和讨论呢?

当我宣布完任务要求,就彻底打消了父母们的顾虑。我会对每组年龄最小的孩子提问,回答正确的可以算成小组积分。这任务要求让大孩子需要把自己在阅读中所收获的信息解释给小孩子,以保证他们回答的准确性。这不仅可以满足孩子们的不同需要,也促成了他们之间的合作。[根据孩子的年龄特点来安排学习任务和要求,才能真正达到个性化的教学目的。提问的目的在于让孩子复习知识点,而任务设计的趣味性会让孩子更加投入到学习中。]

经过营地活动磨炼的孩子们对这种"混龄"沟通的技巧稍显成熟。章鱼把那个坐在妈妈腿上的小男孩巧妙地拉到自己旁边,说:"别着急,让我先看看,然后给你讲好吗?"

另一边的情况却大不一样。大孩子们把刚拿到的材料分成几份,自顾自地看了起来,身边几个小孩踮起脚尖渴望地看着材料。在等待的时间里,性急的小孩子们只能围着桌子开始绕圈,以打发无聊的时间。与此同时,另一组已经顺利进入到讲解阶段。

"还有五分钟我就开始提问了,注意每组负责回答问题的是年龄最小的那位。"我把声音提高了一个声调,在那些只顾阅读的大孩子们肩上轻轻拍了拍。很快,大孩子们开始对小孩子们进行他们理解下的讲解。

我绕着教室走了一圈,看到章鱼和向真尽量用大白话在给小孩子们讲解，好让他们明白通透，最后几乎是在用讲故事的手段把内容传递出来，还不时询问他们是否明白，一旦看见小男孩眼里出现迷茫的眼神，就再重复一遍。而另一组的讲述就显得非常单一，一字一句地照着文字资料宣读了一遍，语速完全不顾小孩子们脸上的迷茫。

结果显而易见，章鱼组的小男孩用绝对优势获得了比赛的胜利。

"刚才的比赛说明了一个道理，不能忽视团体中任何一个人的力量，真正的沟通不仅在于你们如何说，更在于如何让你的听众去接受你想传递的信息。想象一下，各朝代的皇帝们如果没有办法传递自己的想法，如何保证他们的想法通过大臣们实施呢？过去还没有今天这些电子设备，我们不能发 E-mail，一次信息的传递需要十天半个月。如果发现错了再传一次，时间就得耽误更多了，所以我们一定要知道如何让别人明白我们的意思。除了需要考虑年龄，还要考虑语言、听话人的性格等。我们需要一个统一的标准才能明白互相的对话。这个道理早在几千年前，秦始皇就明白了，他进行了一个规模很大的标准化工作，就像你们刚才阅读的资料一样，我们的文字、度量衡、货币都被统一了。假设现在各位都是秦始皇，请各位颁发一道圣旨，内容是你们统一六国之后最想做的三件事。"

我停了下来，看见孩子们脸上很快反映出一种作为"皇帝"的兴奋，[创造情景是建构主义教育理论中非常重要的环节。]我卖着神秘："现在我们刚打败六国，考虑一下现在的情境。我给每个人三张空白的圣旨，请各位皇帝独立思考然后把自己的想法写在圣旨上。知道了吗？各位皇帝。"

"如果我们是皇帝，那你是什么呢？你还能要求我们吗？"

"那我就是皇帝的老师了，古时候叫做太师。不过我们现在似乎有很多皇帝。各位皇帝，太师我着急了啊，迅速把圣旨写好。"

"皇帝是不是想做什么就能做什么吗？太爽了，我明天就不用去学校了。"

孩子们的皇帝梦做得还挺好，看来特权对于任何人来说都是极具吸引力的。

"大小皇帝们"颁布的圣旨各种各样。有考虑民生要给百姓盖房子找工作的，也有想到了战后士兵需要休息让全国放假的，还有自己想要偷懒找几个大臣好好代办事的，更有要号召全国人民玩电脑——这样自己玩电脑就不会被爸爸妈妈批评了。

六岁小男孩不会写字，于是他的圣旨完全是自己口述，他响亮地说："咱们什么都不干，就玩玩得了。"

教室里阵阵大笑恰是给了这回答最好的响应。我也跟着笑了起来："当皇帝就要做决定，我们决定要做什么通常需要考虑我们希望达到一个怎样的目标。其次我们还需要考虑现在我们所处的状况。刚才有人提议要盖房子就是考虑了战后很多房屋都被毁坏了，也有皇帝只考虑自己的需要来号召大家玩电脑，如果这样下去，我很担心这样的国家能坚持多长时间？"

大家被我一席话引入了深深的沉默，留了足够的思考时间给他们后，接下来我和孩子们分享了很多秦朝信息，最后的关键环节是让孩子们分别从四个字到一个字来形容秦始皇［让孩子用精练的语言来总结感受，不仅可以锻炼他们的思维能力，更重要的是他们的概括能力也能得到提高。］——评价大事件和人物是非常重要的一个环节。

面对四个字的要求，孩子们都还能胜任，有的说"残暴聪明"，有的说"凶恶无比"，向真用了"不置可否"，这让我大为感叹。

最后只能用一个字表达时，孩子们立即流露出了痛苦表情。半天之后，保持一面性观点的孩子们基本都用了"残"或"暴"来表达。轮到向真了，她皱着眉头说了一个字"空"。面对大家的疑惑，向真站起来严肃地说："我觉得秦始皇做了很多优秀的事，秦朝是第一个统一的朝代，统一了很多标准让国家迅速发展，但我认为他有点太狠了，惩罚别人的手段太过分了。所以我不知该怎么评价，只能用'空'来形容了。"

我点点头，轮到九岁的男孩张浩最后一个发言时，这个脸上星星点点布满了雀斑的孩子不慌不忙地站起来平静地说了一个字："惜！"

我用眼神暗示张浩解释，他缓慢地说："我认为秦始皇最为可惜。他本来就是一个大英雄，可惜后来不会统治了，太可惜了！"

我毫不吝啬我那直露的赞许目光，一直看着张浩，然后把目光落在每个人脸上："评价一个人是需要客观的，因为世界上很多人都会犯错，我们也会，但不能说我们今天犯错了就不是好人了，所以我们要从多方面判断人和事。同时，我们也要知道，一旦我们做了错事，就会影响别人对我们的看法,所以,注意你们的行为,因为你们都在创造自己的历史!"[历史课让孩子不仅记住史实,更重要的是学会客观分析事件,并且从中学会做人的道理]

120分钟就这样过去了。这样的互动让我更相信孩子们的思考力一点儿不差,他们需要的是机会,只要他们拥有这些机会,就一定能绽放光芒。现在这种光芒已经出现在孩子们脸上了,思考带给孩子们的快乐和自由就如同机翼一样,把他们带到了属于自己的世界里。

很快,当我还在领略光芒的时候,却被近处传来的声音给打断了,"兰老师,您好!"优雅妈妈叫住我,"我想报名。"

"我们课程中孩子最小八岁,他现在上学了吗?"我看了看这个搅局的孩子。

"是,我知道语凡年龄小,不过他刚才上课不是很好吗?"

"可是,他连今天来上课都要坐在你的腿上,以后的课怎么上?"我故意难为这个妈妈,等待她给我回复。

"我就想通过这个课程让他学会融入各种环境,今天他表现还不错,后来也不坐在我腿上了。如果他不是有兴趣的话,早就闹了,所以您就通融一下吧!"

或许是看到了我的迟疑,优雅妈妈继续不放弃:"我希望我的孩子不只是一个学习机器,希望他对这个世界充满好奇,更希望能有更科学的方法来引导他!"

这段话说到我心里了,世界通识课让孩子们自由遨游在科技人文、地理生命、历史人物、商业贸易、文学艺术的世界中。孩子们在其中充分感受到获取知识的快乐,思考突破的愉悦,自己被喜欢和被信任的幸福——这些感性的收获,都是通过科学的、专业的教育手段获取的。

很多时候,父母谈到教育往往都是经验主义者,他们通常会忘掉教育是一件科学而系统的专业事情。[教育是一件科学的事,我们倡导科学、系统、专业的教育态度]他们认为,因为自己是孩子的父母,所以理所当然地就把自己当成一个有经验的教育者,却忽视了真正教育者的科学性和专业性。

那个小男孩成了我们最小的学员。现在,这个叫语凡的小男孩已经变成了一个虎实的小伙子。我的办公桌上,摆放着他的相片,而墙壁

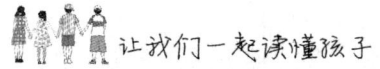

上，贴着他的画作。

3. 胆怯的希希露出了笑容

终于下课了，我迫不及待地冲出去对着语凡很真诚地表达了我之前准备好的赞赏。语凡圆圆的大眼睛死死地盯着我，那种刹那间的怀疑让我想到了博客上的留言：大人们的虚伪。我认真地把刚才的表扬又重复了一遍，这时我相信自己的表情绝对真诚了，因为语凡很开心地乐了。

凯音端着饭盒推门进来："兰海，下午有一个试听的小孩，你知道吧？今天正好是你可以进班听课的日子，能不能帮我好好观察一下这个七岁的小女孩呢？"凯音抬头看着我。

"好啊，不过我有个条件，你得教会我看漫画。"

"你，你没有童年啊？居然不会看漫画。"凯音吃惊得眉毛立了起来。说着，她把饭盒放到沙发前的小茶几上，认真地和我谈了起了正事："我想你也看过她的家庭调查表了，信息栏上没有任何关于父亲的信息，而且她妈妈认为孩子经常出现沮丧、失落情绪。如果妈妈判断是对的，这女孩才七岁，刚上一年级，出现这种情绪很特别。如果妈妈判断是错的，那又是什么会让这孩子在妈妈面前和其他环境下表现出不一样的情况呢？在性格特点那一栏上，她妈妈填写的是敏感和粗暴，这种情况也非常罕见。"

"我也注意到了这些特别之处，不过，现在这个班的课可不好上吧？那个强势的乐乐这周是第三次课了，她还有最后一次释放的机会，然后我们就要'动手'了。"我撇撇了嘴巴。

"动手"是指当孩子进入上濒一个月后，我们要开始对他采取"教育行动"。在最开始的一个月内，我们对孩子会非常纵容，让他彻底暴露出自己的特点，以便让我们更准确地观察孩子的各方面。

"是啊！这个班太考验老师了，不过这充满挑战的课总让我感到兴奋。"凯音的眼神中透露出兴奋。

我从电脑里调出那个名叫希希的孩子的资料，又认真地看了一遍，

第三部分　视野有多宽，世界就有多大

内心勾画着孩子的样子。

上课时间快到了，我拿好听课的装备兴奋地走进教室。很久没有随堂听课了，孩子们看见我进去后，马上跑了过来，抱着我的腰，拉着我的手，要让我坐在他们身边。

我心里欢喜得一塌糊涂，却故意厉声喝道："停！我今天是来听课的，从我身边散开！"

凯音开始助阵了："马上上课了，按照白板上的座位图［每次课程都会根据孩子的不同情况和课程内容特点进行不同的座位分布，而通过图表的方式让孩子们主动寻找座位，可以激发他们的主动性和新鲜感。］找到自己的座位，然后去厕所，把水壶装满水，完成这些你们只有五分钟时间。"

我找了个面对孩子们的角落坐了下来。教室里，还没有陌生面孔出现，看来希希还没到。

唧唧喳喳的孩子们终于找到自己的座位安静下来。这时门被推开了，一个小女孩扭捏地被一位时尚女性推了进来，想必这个头架墨镜、吊着大耳环、妆容精致的女性就是希希的妈妈了。她身旁站着我的同事。

凯音上前迎接希希，试图拉住她的手，可希希立刻将身子躲闪到一边，可她并没有靠在妈妈身上，而是用手紧紧地拉住书包肩带不放。凯音感受到了这种抗拒，弯下腰说："我知道你是希希，快来吧！我们就等你开始了。来，坐到那张蓝椅子上去。"

希希并没有理会凯音的话，她发现墙角边有一张凳子，就径直走了过去。不过对这个还没满七岁的女孩来说，这张凳子明显高了些，她试了几次仍然没法坐上去。此时，坐在后排的时尚妈妈想冲过来帮忙，立即被我的同事拉住了。［在新环境中我们更加希望看到孩子独立处理问题的方法，而父母的加入会让孩子在新环境中受到干扰，也会让孩子产生依赖感，最后导致融入期的延长。］

凯音走了过去："希希想坐这里是吗？坐这里可以，每个第一次上课的人都有一次特权机会，我可以让你选择坐这里，但特权使用之后就再也没有机会和其他小朋友不一样了啊！"凯音一边说一边回头看了看其他孩子们，大家都很严肃地点头。看见孩子们一副理解配合的样子，我在一旁心里乐了。

凯音站起来之后，我才得以好好观察这女孩。小女孩剪了一个当下流行的波波头，刘海长得几乎看不见她的眼睛，粉红色的书包足够醒目，并非因为书包上挂上了芭比娃娃，而是因为从希希进教室的那一刻开始，她的双手就一直紧紧地拉住书包带，一刻都没有放松。个子不高的希希坐在凳子上，脚尖尚不能触地，小小眼睛里透出一种冷漠。

课程终于开始了，孩子们和凯音面对面，我和希希面对面。

下午课程讲得的是中国传统文化中的京剧，除了用通俗的语言和喜闻乐见的形式让孩子们了解京剧之外，还特别在画脸谱的环节上，让孩子们对自己的性格、爱好等特点进行分析。因为在绘画京剧脸谱过程中，孩子们通常会把自己的性格和擅长工具在脸谱上呈现出来。

乐乐从课程一开始就显示出了极大的兴趣，一直活跃的孩子们彻底被乐乐的势头盖住了。不过凯音总有办法平衡这局面，在竞猜脸谱的环节，为了不让乐乐的雀跃使得其他孩子没有发言权，所以巧妙地让乐乐充当了裁判。这样，乐乐就既需要保证每个问题回答的准确度，又要把机会给其他孩子们。

乐乐激动得跑到凯音旁边又搂又抱，凯音连眉头都没有皱一下就举起了巴掌："我数五秒，你回到座位上！"乐乐屁颠屁颠地又回去了。

我在一旁，默默地注意着希希，当大伙儿都乐得不行的时候，她偷偷地把书包从肩膀上放了下来，转而把它抱在胸前，眼中出现了一些火花。可只要凯音的眼神一注意到她，这星星之火就熄灭了，而凯音眼神移开后，这火花就再次被点燃。凯音也注意到了，眼光投向希希的频率从三分钟一次变成了五分钟一次。[发现自己的行为会造成孩子紧张时，我们需要放缓自己行为的频率。但并不代表不作为，因为孩子需要一步一步逼向自己的底线，从而获得提高的机会。]

不一会儿，希希终于第一次露出了笑容。

孩子们讨论起当年戏班为了游走方便，把所有行李都分类装在"衣盔杂把"四类箱子里。有人开始提问："凯音，你说他们到处走，路费多贵啊？他们就不能固定在一个地方让所有人去看吗？"

另一孩子反驳道："你以为他们是周杰伦啊？哪有这么多人去看。那时候中国人少，他们得走走换换。"

第三部分　视野有多宽，世界就有多大

"我觉得他们该设计一条路线，看看哪里票好卖就去哪里，还得多准备些曲目。"

希希听到大家这样的回答，嘴角开始向上弯，露出浅浅的笑容。

讨论告一段落。当凯音开始给大伙介绍脑门上画了北斗七星的北斗神君时，所有孩子都爆笑不止。凯音和我一样有点迷惑起来，他们都乐什么呢？

"凯音，以后看见他就能看见北在哪里了！他可以辨别方向。"

"凯音，它是GPS，伟大的卫星定位系统。"

听到那些回答，我大笑着感慨：果然是时代赋予了历史和文化更多的表现方式。而此刻希希的笑容也更多了。

轮到课程最后一项任务时，孩子们被难住了——填写一份自我分析的表格，通过京剧中对性格和色彩的转换，画出自己的脸谱。[通过各种方式让孩子有机会分析自己、了解自己，这样能帮助他们找到自己的价值。]

几乎每个孩子的脸上都流露出或多或少的乞求表情，还有人直接提问："凯音，我不知道我的性格是什么样的。爸爸妈妈说我很聪明，但就是有点大大咧咧。"凯音没有正面回答，而是把脸谱颜色中对应的性格特点再次详细地解释一遍。

孩子们会出现上述反映是完全在我们预料之中的。从小，我们几乎都是从老师和父母那里听到别人对自己的评价，没有自己对自己分析和评价的机会。长大一些，我们会根据血型、星座来推测自己和他人的性格。人的一生中，我们总是想办法认识自己，只有更充分地了解自己，才能够更好地生活。遗憾的是，无数高中生在填写大学专业时不知道自己喜欢什么，又有无数大学生毕业时才恍然大悟自己拥有什么。

孩子们未进入大学的时候是"忙"——忙于做题准备考试；读大学的时候是"盲"——挣脱了父母们的管教在全新生活中的不知所措；当大学毕业之后是"茫"——面对这个社会，不知自己将来的人生应如何应对。也正因为孩子们对自己的认识往往只来自于别人的评价，所以他们在学习中通常会丧失兴趣，在团队中没有办法准确地找到自己的位置。因此找准自己的位置，应该从小培养。

听完最后一项任务布置之后，希希从凳子上跳了下来，但还是原地

不动。凯音回头对她说："你现在没有特权了，所以你也要完成这个。不过你才一年级，所以可以你口述我帮你写，或者你更愿意自己用拼音写？"［根据孩子不同的能力特点，教育者需要搭建"脚手架"，引导孩子有效完成任务。］凯音的温柔让希希喘了口气。我能明显看到她虽然还是抱着自己的书包，却明显不那么用力了，而且我相信她很快会把书包放下来。果然，凯音递给她笔和纸的时候，顺手把她的书包拿了过来。虽然希希眼中还透着一丝抗拒，但还是乖乖地把书包给了凯音。

30分钟后，孩子们完成了自己的脸谱创作。当然还是乐乐首先戴着自己的脸谱站在前面给大家解释，这个喜欢看书的女孩在脑门上画了几本书，然后用红色代表了自己忠诚的性格。其他孩子们的脸谱上有足球、武器、电子游戏机等，还有用各种颜色来作为脸谱的底色的。

最后轮到希希了，她又开始把书包背在肩上，用力地抿着嘴唇。凯音走过去看了看希希的脸谱："我看到了，希希的作品用了很漂亮的紫色，还有人记得紫色代表什么性格吗？"凯音提高了声调，左手拿着脸谱，右手摸着希希的头，"对，就是稳重沉着的意思。希希才一年级就能按时完成这个任务，我们是不是应该为她鼓掌加油呢？"［赞扬孩子的时候要说明原因，这样才是真正有效的赞扬，而不是一种空洞的习惯。］

教室里立刻响起哗啦啦的掌声，配合着是点头和赞赏的笑容。

直觉告诉我，凯音隐藏了什么没在大家面前公布。

下课之后，希希紧紧跟在凯音身后，估计小姑娘已经喜欢上这个幽默的老师了。凯音在身后悄悄传给我一张白纸，然后带着希希到教室外面去认识更多朋友了。

我打开白纸一看，原来是希希填写的那张表格。在"我最容易做的事情"这一栏上，希希用文字加拼音写上"我容易上当"。霎时，我明白了那双紧抓住书包的手和那些偶尔闪烁的光芒都意味着什么。希希除了回答这个问题以外，所有提问处都是空白——不知道自己喜欢什么、不喜欢什么、想要什么、最心爱的玩具是什么。这是一个彻底没有自己的孩子。

"兰海，希希妈妈想和你谈谈。"同事过来告诉我。

"好的，请希希妈妈到我的办公室来。另外，让一个人去换换凯音，

第三部分　视野有多宽，世界就有多大

这个谈话需要凯音在。"

几分钟后，希希妈妈和凯音都出现在我的房间里了。年轻妈妈看上去有些紧张。我一直微笑着，并没有坐在办公桌后面，而是搬了一张凳子坐在她对面，希望这样缩短距离能缓解她的紧张。

"希希这堂课还不错，虽然紧张，但还是和其他孩子一起考虑问题，后来也放松了。"凯音先给她妈妈介绍情况

"我刚才在里面听的前20分钟里，她没什么反应，不过她没有那么紧张了，以前我们带她去一个陌生环境，如果看见我离开了，她肯定就要跟着我走了。"时尚妈妈也放松了下来。

"后来她还笑了，我知道您还关心什么，她后来把书包也从肩膀上放了下来，当然最后她又背上去了。"凯音接着补充。

"真的吗？天哪，你知道吗？我就担心书包这事，无论我们去哪，她都要背着这个书包，怎么说都不放下去。"

"从这堂课看，希希有很强的理解能力，专注程度也很高。所有问题的关键在于她对自己没有认识，所以我们能看到她对所有事情都持不确定的态度，唯一确定的就是她的书包，所以在陌生环境中书包就成了她的保护伞，同时也是她的安全感来源。"我打断了希希妈妈。

"兰海老师，您刚才说的这个很专业，她对自己没有认识——这会对她有什么影响呢？"希希妈妈问。[认识自己是每个个体最重要的学习，清醒地了解自己会让我们进行最适合自己的选择。]

"最简单地说，如果一个人对自己评价过高，那么她会选择和能力差距非常大的任务，在和别人的沟通中也会过多地强调自己的意见；而一个人如果对自己评价过低，就会主动放弃很多机会。希希就属于后者。虽然她今天只回答了一个问题，但我想是因为她不想暴露太多内容给我们。而她唯一填写的那一栏却是一个负面信息：容易上当。对于一个七岁的孩子，应该正是充满阳光的年龄，很多的压力还没有出现呢！"

我最后一句话一出口，希希妈妈脸就红了。

"还有一点我们需要了解，详细调查表上怎么没有希希爸爸的任何信息呢？"

"他爸爸一直很忙，我觉得信息表上直接写我的看法就好了。"妈妈轻描淡写地回答。

"这也是一个问题，孩子成长过程中，家庭教育是最重要的，而爸爸对孩子的影响和妈妈一样重要。从你刚才所说的话来看，你已经从心里忽略了爸爸对于希希的力量。希希缺乏安全感的表现和从小缺乏父亲有力的陪伴是有关系的。所以，在家庭教育上你们也需要做出相应调整。现在纠正还得及，你也别太担心了。"

　　希希妈妈的表情稍有放松，很快她又急切起来："兰海老师，我还有最后一个疑问。刚才课堂上那个叫乐乐的女孩，她的表现欲很强，我比较担心如果希希和这样的孩子在一个班，会不会就没有机会了？而且我看见乐乐的规则意识很差，我不知道课堂就是这样呢，还是有什么刻意的安排？"

　　"希希妈妈，我们能理解每一个父母都希望自己孩子的权利不会受到侵害，或者说由我们成年人把这些来自于真实社会的威胁屏蔽掉。可如果不让他们接触真实的社会，他们怎么知道如何与不同类型的人相处呢？就拿乐乐来说，和她一个班的孩子表面上可能被乐乐抢了风头，但他们多了一个学习如何与不同人相处的机会。我们也会刻意创造各种机会让他们面对面竞争，这样才能让孩子不怕这种类型的人，对于乐乐，她将来也会知道自己该如何控制情绪让自己更受欢迎。"［孩子们之间的交流都是给予对方更好的提高机会。孩子们需要和不同类型的人在一起才能提高社会能力，一个孩子给了另外一个孩子提高的机会，而不是我们所看到的"剥夺"。］

　　送走了希希妈妈，凯音转身问我："是不是父母都只会很直接地看到孩子表象上的得失呢？"

　　我看着凯音说："每一个父母都会看表象，也都会有思考，但不是每一个父母都能看透本质。"

4. 活书阅读——十分钟年华老去

　　"世界是一本被阅读着的书，而我们也在被阅读着。"我在《夜晚的书斋》的文字上重重地勾出了重点符号，然后把灯关了，陷入了一种黑暗思考状态。

第三部分　视野有多宽，世界就有多大

我们每个人都是一本书，被周围的人阅读着、理解着。而我们，也正在阅读着别人，阅读着这个世界。

阅读是在有限空间中理解世界的最佳途径，它为我们提供从古到今的无数信息，为我们描绘整个世界的模样、世界的过去和今天，为我们展现各种人物的成长和思考。

上周课程里我最关注的是"活书阅读"的内容。上周两个班都分别进行了此项内容，一个是阅读《失落一角》，另一个是阅读《十分钟年华老去》。

活书课程是我们全新设计的一个阅读课程。我一直认为阅读是终生学习的一种方式，可我发现我们的孩子较之同龄外国孩子来说，阅读能力差别太大了。不仅阅读量少得可怜，而且阅读面也窄得惊人。最关键的是阅读之后孩子们没有机会获得更深层次的思考，而思考这恰恰是阅读能带给读者最重要的那部分。

阅读量少的原因主要是孩子们根本没有时间去阅读，学校作业花掉了他们大量的时间，而父母们在课余还纷纷抢夺时间，周末和学校同质化的作文课、奥数课和英语培训，让孩子们毫无喘息的机会。如果孩子们有时间阅读，首选自然是漫画书了，这点我感同身受。在刚进入阅读状态时，肯定会选择最放松的书籍来看，然后才会选择有挑战性、需要思考的深度书籍。但由于阅读时间有限，孩子们很难进入到第二层次，另外，可供孩子们阅读的书实在是太少了，我发现出版社几乎没有考虑到十岁到十六岁这个读者群的需要，所谓的少儿读物还不如叫做幼儿读物，都是插图故事书。而孩子们阅读之后也没有人能够和他们分享，将书籍内容升华到一个更高层面的讨论，这也是一件非常遗憾的事情。

然而相同年龄段的美国和欧洲的孩子们是拥有大量阅读时间和阅读资源的。这差距直接导致了中国孩子与外国孩子在知识面和知识量上面的差异，更重要的是对世界理解的差异。

活书课程的目的就在于扩大孩子们的信息量，找到他们的阅读方法，以激发他们获取信息后的独立思考。

当我和大伙儿分享完希希试听情况之后，立即遭受了小鹿的严肃批评："兰海，我可是要严肃警告你，你能不能不要临时进班听课啊？这严重影响课堂秩序。"

小鹿是一个非常有才华的女孩，毕业于北师大考古专业，个子虽小却非常有爆发力，思维敏捷逻辑性极强。在上濒，她以"尖锐"为特色，我俩经常性的斗嘴也成了一道风景。

　　"昨天是凯音邀请我去听课的，不过你的课我以后多加注意，主要是你昨天那堂课太吸引我了。谁让你上得这么好呢？我是去学习的。"自认理亏，我赶紧把小鹿捧上天。

　　上周第一阶段的活书课是围绕一本很有意思的漫画《失落的一角》展开的。书中描述一个缺失了一角的圆，到处去寻找这个角的过程中所发生的故事。故事尽管简单，却蕴藏了很多人生哲理，我也想分享一下孩子们的阅读感受。所以，周日我忍不住进班听课，结果遭到了小鹿的严肃警告。

　　"我将功补过。那我先替小鹿把课堂上孩子们的表现说一下，您老消消气？"我讨好地看着小鹿。

　　当我推门进入教室，孩子们一脸沉思状，教室内鸦雀无声。小鹿老师在一脸严肃地提问。我再一次讨好似的看看小鹿，所提问题是：你们看了之后的收获。结果，小潘同学说："其实那圆缺一角也很好，圆要学会满足。"我特意停了停，见大伙和我第一次听到这个答案一样，表现出惊讶的神情。

　　马璇同学的看法是："这个圆在不断找寻角的过程中收获了他的快乐，最后是否找得到这个角，已经显得不那么重要了。"我笑了，当我听到这个评价时，不由感慨这个四年级的孩子如此哲学，我当年上四年级时都在干啥啊？

　　"别打岔，快接着说，都还有哪些观点？"凯音瞪着大眼睛，不时催促我。

　　"还有两个很重要的观点：一个是他很佩服圆的精神，因为圆很执着，为了寻找自己丢失的那一角，可以付出很多努力。而角是很幸福的，因为他能有'圆'这个家，这个家没有忘记它。这些孩子已经能从两面来看问题了，不仅考虑了圆，还想到了角。"

　　"另一个看法就有点儿另类了。孩子说这个圆为什么一定要去找角呢，如果他用这个时间去做其他事情，那又会发生什么呢？"我喝了一口水，"针对同一个问题，孩子从四种不同角度引出了四个不同观点。

我们来听听小鹿怎么说。"

"孩子们的回答在我的意料之中,也在我的意料之外。"小鹿端正身子,声音四平八稳地进行阐述,"意料之中是通过这六周的课,我相信孩子们的思考能力得到了一个极大的提高;意料之外则是当我把这个窗口给他们打开,让他们思想自由飞翔时,他们能从多角度考虑问题,能从得失考虑问题,能从过程和结果中考虑问题,这些都让我从内心对他们有一种由衷的尊敬。"[对一个简单事物的多样思考是提高孩子们思考力的重要方法。]

"对,孩子们就像水一样,拥有成年人无法想象的力量,放在不同的瓶中就会有不同的形状。媛媛,你那堂课我没去听,能给我们说说吗?"我把发言权交给了媛媛。

"我早就等不及了,你们先看看这几篇命题为《十分钟年华老去》的文章,是孩子们当场写的。"媛媛站了起来,将手里几张皱巴巴的纸分发给了我们。

十分钟年华老去

子庄

有一个人,他叫师帅;还有一个人,他叫明明。

有一次他们俩去旅行,他们一起玩了两天两夜。突然明明对师帅说:"你长了一根白头发!"师帅找来镜子一看,果然长了一根白头发。"刚才还没有的,怎么现在就有了呢?"师帅看着手表,过了十分钟,又长出一根白头发,师帅大叫:"我十分钟就长一根头发,真是太可怕了!"

一年过去了,师帅的白头发已经长出好多了。师帅说:"我老了,别看就这十分钟,但是积累起来,就滴水成河了。"

转眼间师帅六十多岁了,他已经虚弱了很多,他看着外面的风景,多美呀!那舒卷的云朵、灿烂的阳光、碧绿的草原、蔚蓝的天空,远处是浩大的森林。他现在只能靠明明照顾他,虽然明明已经六十五岁了,但还是年轻时那般身强体壮。

有一天师帅死了,明明哭了一场,把他的遗体埋在林子里,还做了个标记。林子里风清气爽,百花争艳,真是美丽极了!

过了一时间明明也去世了，他的遗体被埋在师帅的遗体旁边。

生日和死亡

刘子萌

从前，有一个小男孩，他家里很穷，天天挨饿。在他七岁时，他染上了一种病。医生说他最乐观也只能活到十九岁！当男孩听到医生说这句话时，顿时脸变得苍白。他很害怕，他幼小的心灵受不了这种的打击。

从这以后，他每天都在傍晚太阳快落山时目送那天的阳光。时间一天天过去，他一步步逼近死亡，每过一次生日，他都觉得很悲伤。他感觉病魔一天天吞噬着自己的身体。

死亡终于来临了！就在他十九岁生日的前一个晚上的 11 点 49 分时，他跑出家门，来到他出生的地方。他感觉自己仿佛已被死神的大手抚摸，死神将把他送入天堂。他摘下妈妈喜欢的一朵兰花，他又摘下一颗爸爸曾抚摸过的樱桃，他把这些抱在怀里，作为离开这个世界的最后礼物。他什么也没说，静静地，等待着。

这时，他的朋友从这儿路过，看见他这样，问："你是在等待生日吗？"

"我在等待死亡！"

"最让我开心的不仅仅是这两篇关于'十分钟年华老去'的文字，而是他们获取这个主题的方式。来，媛媛给其他人介绍一下为什么会有这样一个选题。"每周回课是对所有人开放的，所以课程背景是需要给一些同事解释的。

"2005 年英国电影公司力邀世界 15 位顶级导演以'十分钟年华老去'为主题拍摄短片，每部短片只有十分钟的时间。中国导演陈凯歌就是这 15 位导演之一，他用十分钟的时间描写了一个老北京居住的百花深处的胡同故事，通过一个百花深处的住户来诠释北京的变化、新与旧的更替、文化的发展和继承。课堂上，我们让孩子们看了这部短片，然后讨论。最后，我们再次观看了这部短片，给孩子们 20 分钟的时间，以《十分钟年华老去》为题，让他们自己去写一篇短文。"媛媛解释完,带着微笑问,"你们手上拿的就是他们的文章,感觉如何呢?"[让孩子接触世界顶级的文化作品,不仅可以激发理解,更重要的让他们产生自豪感并减少和名著的距离,让他们产生"任何事都离我很近"的感受。]

"我真没想到他们会如此提到'死亡',但这样好吗?"一个运营部门的同事问。

"这个问题提得很好,我们可以看到子庄的文字里很自然地提到了死亡,配合死亡的是对美丽风景的描写。孩子并不觉得死亡可怕。而子萌的文字里我喜欢她写的'我在等待死亡',并且与生日作对比。我们还能从里面看到子萌心中爸爸妈妈的重要。在他们这个年龄段能够如此平静地谈死亡,这代表了他们内心的强大。"

"那,我们到底想要他们写什么呢?是一篇作文吗?"

"写出他们的思想。我觉得特别不容易的是他们能够看懂这部短片,更重要的是他们又能自己去考虑这个问题。千万别小看这篇短文,它实际能把孩子们很多思考方式、思维能力和状态都展现在我们面前了。"我感叹道。[接受信息、理解信息、运用信息、创造信息这 4 个步骤让孩子的思考得到了完整的锻炼。]

我非常喜欢通过观看电影和阅读书籍,让孩子们更有直观地去理解这个世界,去不断扩展自己的眼界,当他们与各种人物和作品产生共鸣时,他们的思考就变得有力起来。

由哈佛大学委员会(Harvard Committee)出版的《哈佛通识教育红皮书》中有这样的阐述:一个有教养的人,必须能清晰而有效地思考和写作;一个有教养的人,必须对自然、社会和人文有批判性的了解;一个有教养的人,不应该有地方的褊狭性而忽视其他地区和另一时代的文化;一个有教养的人,应在某一知识领域里有深入的研究,达到介于广泛的知识能力和专业层级之间的程度。

回课结束之后,每个人对孩子们所爆发出的思考力有了重新认识。其实,大多时候我们都低估了孩子们的能力,有时候他们的能力远远超过我们成人。

5. 翅膀的命运是迎风

时间过得真快，希希两周后开始主动在课堂举手发言了，乐乐也开始刻意控制自己的强势了，晓晓终于不间断地连续 20 天在睡前进行 30 分钟的阅读了！再过一周，我们就要出发去农村了！

上次聚会说起农村往事之后，我再次期待着五一农村之行。在马上来临的五一假期，我会带着孩子们去农村看看。让孩子们了解世界的方式有很多种，除了世界通识看书阅读外，还有直接用"脚"去丈量、去了解。

这想法一经发布，立刻得到众多父母的热烈支持。然而，几乎每个父母希望孩子们去农村的初衷都是：让孩子去农村看看那里有多苦，回来后就知道自己该好好学习了！

可我们的初衷并不是这样。如果目的是让孩子看看那里有多苦，就如同章鱼去"参观少管所"的性质一样。让孩子努力的方法并不是让他们去看到别人的苦，不是让他们处于恐惧状态下去努力，而是应该让孩子们充满激情主动地去学习。去农村的目的是让他们知道世界上还有另一种生活状态，他们的同龄人都在做什么……当他们身处于一个更为广阔的天地，看到了更多的不同，就能从更多角度来思考自己的生活。看上去同样的"农村体验"，却因为原因不一样，做法上也就大相径庭了。

去农村前一天，我整理行李。压在箱子最下面的是一个大袋子，那里面是我在德国期间，爸爸妈妈和朋友们写给我的信。在我最困难的时候，这些信带给我力量，特别是莺子的信。

我把信从袋子里拿出来，找出了那封信。

那是我最艰难的时候，每天乘火车穿梭于两个不同的城市，晚上还要在超市打工。收到莺子的来信，光是信封就吓了我一跳，上面贴满了一元一张的邮票，几乎整个信封都被邮票所覆盖。信封里夹着我最喜欢的《南方周末》，报纸中夹有一张信笺，模糊的铅笔字迹饱含了对我的

挂念和激励,让我泪流满面,信中最后那句话如今我依旧记忆犹新:

翅膀的命运是迎风!

是啊,翅膀的命运是迎风。孩子们呢?他们要面对这么多的考试、家长的期待、社会的需要……他们同样是翅膀,只要是翅膀,我们就必须迎风!

这次出行,孩子们需要一个集体名字,我潜意识就选择了"翅膀"这个词,因为天空是属于我们的地方,而思想需要翅膀!

肖洋,这个才华横溢的男人最终在孩子们魅力的感召下,加入到我们农村之行中。除此之外,因他当日夸下口,说自己曾是"莱茵河畔肖师傅",有一手好厨艺,于是我们此行20人的伙食就交给他负责了。

此行目的只有两个:让孩子们到农村去了解另外一种生活;通过了解其他人的理想来思考自己的未来。如果一定还要附加一个目的,那就是让孩子们放松,不,放肆一下!到大自然里大声呐喊、跑跑跳跳,释放他们在城市里压抑太久的心灵!

时间:5月1日,上午9点30分

地点:北京西客站

目的地:河北省张家口市陶北营村

当我的车快到集合地点时,电话就开始响个不停——孩子们都提前到了。一看见他们,我的耳边就开始唧唧喳喳喧闹起来。再看看我们的行李,我自己都在皱眉头,这完全是负重旅行。

我当即向所有父母宣布,不能带手机,这次是绝对独立的旅行。孩子们纷纷将禁止带的东西交给父母了。最后,考虑到可可和达达两人是第一次参加活动,允许他们带了手机,但我想我会想办法替他们暂时保管的。

长假期间,火车拥挤程度远远超过了我的想象,过道的拥挤让人快要喘不过气来。终于到达目的地时,我们就像打了场胜仗似的兴奋。

在车站集合,我大声地问"翅膀"们:"这里和北京有什么区别吗?"

"这里破,没有高楼,这里很脏,这里的人穿得不好看……"

是啊！这才刚开始呢，好戏还在后面！

张家口市内的五一小学，是我们此次活动的第一站，条件还不错。当我们到达时，已经有很多孩子在多功能厅里等待、迎接我们。我们的安排是当晚所有男孩们被当地孩子的家庭接走，女孩们则和我们一起用睡袋安顿在多功能厅。

肖洋唏嘘："我这辈子都没有睡过这么大的卧室！"

我们在桌子两边分成了男生宿舍和女生宿舍，章鱼和可可唱着歌，我们都各自钻进了睡袋里。可我怎么也睡不着，我担心"翅膀"们是否住得习惯，是否能够自在……

第二天一大早，我们带着各自的行李，集体被挤压在两部小破车内向目的地出发了。辗转近一小时的路程，从大路转到了满是尘土的小路上，又经过一段布满小石子的土路，终于到达了一所乡村学校——陶北营小学。

进入学校大门后，还没来得及整理一下容妆，我们耳边就传来了一阵阵"欢迎欢迎"的高呼声。陶北营的孩子们列队站在学校操场上，高喊着欢迎我们的口号。

面对这突如其来的欢迎，孩子们感到有些手足无措。他们也许还沉浸在对刚才那个破旧校门的惊讶中，也许嘴里还尽是沙土，也许在北京他们都是只欢迎过别人，而如今却被作为贵宾领导似的欢迎着。孩子们互相看着，不知如何回应。

校长把我们请进了学校最好的一间教室里。北京的孩子们像主人一样大摇大摆地坐在教室中间的凳子上，而陶北营的孩子们却自觉地坐在教室周围的凳子上。

孩子们开始上下、四周打量教室里的一切。桌面不平整，坑坑洼洼的教室地面没有光泽面，而没有靠背的木头凳子上却包着很多层不同颜色和质地的布条——后来我才明白因为凳子太窄了，又没有靠背，坐的时间久了背会很疼，所以，陶北营的孩子们就把各种收集到的布条扎好蒙在凳子上。教室地面虽然不平，但显然做过很仔细的卫生，地面上还能看出潮湿的痕迹。

第三部分 视野有多宽，世界就有多大

后来了解到陶北营是一个严重缺水的村子，孩子们是去了很远的地方打水做卫生的。黑板上很工整地写着一行字——"同一首歌主题活动以及活动具体安排"。校长致欢迎词后，陶北营的孩子们开始表演节目。虽然身上衣服不干净，表演不专业，但每一个动作、每一句歌词孩子们都表演得那么认真，特别是那个唱"敢问路在何方"的王亮同学，虽然他的鼻涕没有擦干净，可歌声却是那么嘹亮、自然，这是没有经过训练、没有经过修饰、最淳朴的嗓音。而给这些最原始、最纯净歌声伴奏的，是我非常尊敬的一位老师，他年近七十岁，在这个小山村里担任音乐老师和体育老师快50年了，现在的体育课也还是由他亲自授课，刚才校门口的欢迎仪式也是他组织的。

在他们认真的一招一式面前，在这个破旧但干净的教室里，在单调的琴声里，在这些朴实表演的孩子面前，北京的孩子们纷纷拿出数码相机给他们拍照，同时能看到他们脸上嘲笑的表情。

一种强有力的反差像鞭子一样抽打着我。那一刻，尊严敲击着我，我的眼睛湿润了。

当这个最好的坑坑洼洼的教室就剩下我们之后，常松宣布了一个决议："为了让大家充分享受这几天的生活，同时也为了管理，请所有人上交你们的钱和通信、游戏设备，以及所有带来的可食用物品。"

一双双抗议的眼睛看着我们！

收粮的决定是为了平均一下大家的生活，收钱是为了让孩子们真正体会一下没有钱的日子，而收通信、游戏设备则是为让孩子们真正回归自然，回归到没有任何"数字产品"的世界。

常松开始忙得不亦乐乎，他像个颇有经验的老会计，拿出本子认真记录每个人上交的金额。最多的孩子上交了近300元人民币，还有的孩子上交的是美元。孩子们把钱从自己口袋里掏出来的时候，脸上挂着的是一百个不愿意。

而此时，肖师傅开始准备晚饭。他颇有经验地在黑板上画了三个板块：前期组、中期组、后期组，就像电视台做节目一样。[做饭也是一种合作，生活中的一切都是教育！]孩子们冲到黑板前去填自己的名字。不出所料，负责砍价和洗菜的前期组是最受欢迎的，而最后洗碗组就显得比较冷清。不过,"翅膀"们对于工作的这份热情和积极性是超乎我预料的。

"太过分了,怎么能这样!"达达嘴里念念有词,我抬头发现一堆男孩在黄沙满地的土场上聚集,像在开会一般。

此时教室里就只有我一个人,我独坐一旁没有吱声,耳朵却听见达达开始描述他和一个当地打篮球的高中生发生的冲突,还有一些身体上的碰撞。激动的达达义愤填膺地痛诉着对方的可恶,情绪被煽动起来,于是孩子们从未有过的团结和合作,在那一刻形成了。

我仍然没有发表任何意见,当我们需要了解孩子的完整思想的时候,就要学会"忍",直到他们所有的想法都了解之后才能说出我们的想法,否则会让孩子隐瞒思想。我很担心今天晚上怎么过呢?要让他们和当地孩子回家住,他们能接受吗?下午我提前去看了看这些家庭,也特意让孩子们猜测一下今晚住宿的情况,可结果发现孩子们的预想和现实差距是如此之大。

孩子们的愤怒情绪蔓延起来,而此时肖洋的饭菜来得太及时了!三道菜被装在三个塑料大盆里,在这个点亮蜡烛的教室时,每个人的眼神瞬间透露出对食物的渴望。青椒鸡丁、青炒黄瓜、肉片西葫芦,加上一堆馒头,让一秒钟之前还在喧闹的教室立刻安静下来。

黄色的烛光散发着家的温暖。上午还在强调自己怎么也不吃馒头的孩子们,现在却开始从各角度夸奖馒头,不知此时的他们是否还想念北京的必胜客和水煮鱼。

孩子们狼吞虎咽的吃饭速度比我可快多了,他们都去洗碗的时候,我还在慢慢享受这美好的晚餐。

可是,在这样的美妙中,我还是被打断。

"兰海,你看,毅然在洗碗,怎么旁边围了这么多村里的孩子在看,他们想怎么样?"可可不解地问我。

"对啊,他们下午还和我们抢篮球呢!他们太过分了!"达达也站起来补充。

我们几个大人继续选择沉默,等着这帮孩子把牢骚发完,看看他们能有多挑剔!

"别人看你们怎么了?你们就不能看吗?"突然间我爆发了,自己

第三部分　视野有多宽，世界就有多大

都没想到的高音打破了这片嘈杂。孩子的牢骚不禁让我想到上午他们大摇大摆坐在教室中间的样子，想到他们拿着相机对着当地的孩子们一阵猛拍的样子。

这一下，全场一片安静。

我从来没有当着这么多人如此发火。毅然一见我发火了，就开始把那些还在外面洗碗的人叫回教室，准备点名。大家安静地回到烛光中的教室。

常松让校长等我们30分钟，并告诉趴在外面窗户边等着接北京孩子回家的同学们再等一下，因为我们必须开一个重要会议。

"首先，我想明确一下我们来到这里的身份——我们是客人，是这里的孩子们一直都在期待的客人。他们是主人，热情欢迎我们的主人。

"今天上午我们刚到这里，就在我们进入这间教室的时候，你们都是那么自然、那么大摇大摆地坐到教室中间。而他们呢？非常害怕和惶恐地坐在了两旁。他们为你们表演节目的时候，你们脸上流露出的是不屑。是，他们的歌声不够新潮、美妙。可你们呢？你们站上去没有一个人可以完整地唱一首歌！你们拿着最先进的设备给他们拍照，你们难道没有看他们？你们认为别人是什么？不如你们吗？他们或许没有你们知道得多，没有你们这么漂亮的衣服，没有你们如此先进的设备，可这些东西是你们自己的吗？那是你们父母的，你们什么都不是！你们现在可以在他们面前炫耀的东西是你们父母给予的，而他们展示的却是自己的！

"毅然在洗碗，他们看看有什么不行吗？他们可能就是想知道城里的孩子会不会洗碗。他们害怕接近你们，他们上午欢迎我们，然后带我们去爬山。你们，知道他们的名字吗？跟他们说过一声谢谢吗？你们就这样占领了他们最好的教室，而他们现在就在门外，不敢进来。他们在门外等待接你们到他们家住！

"我想起了一句话：当有共同敌人时，任何人都会非常团结。可是，你们和他们是敌人吗？你们到了别人的地方，要学会尊重，学会互相了解！常松和肖洋都是男人，我想他们像你们这么大的时候，也会和其他人发生冲突，让他们说说！"

孩子们此时都垂下头，毅然有点坐不住了，轻轻地挪动着。这样的

143

安静让每个人几乎都能听见自己的心跳。孩子们遮遮掩掩地用眼睛扫着常松,期待着他的话语。

常松一直比较沉默,这个时候,他开口说话了:"我刚才听见一个让我特别难受的词,你们反复提到的一个词:'敌人'!什么是敌人?在这里,我们才到了几个小时,几个小时就可以让你们成为'敌人'?如果是这样,这么容易树敌的话,那你们的一生就只有敌人了。"

也许是"敌人"这两个字让孩子们刚才的松懈状态一下子紧绷起来,他们目不转睛地看着常松,而我自己躲在一个黑黑的角落里观察着他们。

"也许是平时兰海老师对你们较宽松,你们身上确实有很多非常不错的地方,但如何去与生活环境完全不同的孩子进行交流呢?"肖洋带着湖南口音的普通话在安静教室里敲打着孩子们的心灵,"我也是从小县城里来的,我在想,如果我当时遇到你们这样的人,我们之间发生了这样的事情,我会怎么做。"

肖洋的一句"我也是从小县城里来的",让我感慨万千。是啊!城市的大小、生活的条件的优劣永远都是相对的。如果这些孩子们面对更优越的孩子,他们会怎样表现,会有怎样的转变呢?

此时,我站出来语气温柔地说:"在国外生活后,让我更加理解尊重的意义。你们现在所有的优越条件都是父母给你们的。当年我在德国,令我感到恐慌的是我看见很多十几岁的韩国孩子自己拿着旅游手册独自在欧洲旅游。当时我就在想,中国同龄的孩子们都在干什么?手里揣着未来的中国孩子们都在做什么呢?

"今天,看到你们的行为更让我感到一种担忧。你们知道外面等待你们几个小时的同学叫什么名字吗?你们有没有和他们主动打过招呼?你们有没有想过了解他们?我并不要求你们和他们产生多么深厚的感情,因为仅有的两天时间肯定是远远不够的。但你们要学会尊重人,懂吗?"

烛光中,我毫不掩饰自己的情绪,含泪说完了这些话。

天不早了,常松非常顺利地安排了住宿,"翅膀"们没有提出任何疑问。打开教室门,我听到四处响起了"你叫什么名字?""你多大了?""今天我们要打扰你们了……"

月光下，孩子们没有打扰我的意思。在月光下，他们和陶北营的孩子手拉手，在手电筒的引领下去到他们的新家。

孩子们很多错误都源自于他们的不知道，如同今天，他们不知如何与这些孩子们相处。不犯错就没有进步的机会，我不怕犯错的孩子，我喜欢知错就改的孩子。

皎洁的月亮挂在天上，看着我们在笑。

突然间，我想起英国诗人雪莱的一句话："历史，是刻在时间记忆上的一首回旋诗。"我想，今天孩子们所学到的一定会在以后传授给其他人，就如同今天的我一样。

6. 在游戏中学会积极思考

今天，我们将带给孩子们一个惊喜：带着他们玩一次挺刺激的"枪战"!

他们需要释放！［高楼大厦的生活让孩子们不能释放自己的天性，他们需要可以释放的途径。］

"你说，他们是老师吗？怎么能带我们玩这个？"一个第一次参加活动的孩子问。

"你觉得他们是老师吗？"章鱼冒出了怪怪的声音，"他们顶多就是……我也说不好，但你可以完全放心，他们绝对不是老师！"

孩子们用自己所得到的五元钱，给自己添置了战斗装备：一把配有十发塑料子弹的手枪。

"枪战是很危险的，我们需要做好保护！"处事一向谨慎的小白，总担任那个最后"安保"的角色。

"常松昨天早就想好了！一会儿你就等着看好戏吧！"我看向小白，神秘地卖着关子。

干完农活之后，孩子们听说要公布枪战细节，所有人迅速从地里赶到了教室。

"我知道你们都想玩枪战,而且昨天也买了枪!但是,作为枪战的参与者,你们能否说服我们让你们玩?现在留给你们20分钟的时间,让你们写出能够进行枪战的理由和进行中需要注意的事项。如果能够说服我们,你们可以进行枪战!"常松大声宣布。[引导孩子说明自己的渴望来源和如何对自己的行为负责,能帮助孩子提高责任心。]

"最后我说一下。"孩子们的头齐刷刷地转向我,"枪战如何进行、怎么玩,我们都已经准备好了,这将会是一场特别刺激、特别精彩的枪战!但能不能玩,就看你们的了!"

20分钟后,当我们重新回到教室,发现黑板上歪歪扭扭地写出了两个板块的内容。

能够玩枪战的理由基本如下:
1. 这里的枪比北京便宜;
2. 北京不能玩,这里能玩;
3. 玩枪战我们感到高兴,你们希望我们开心,所以让我们玩。

如何保证枪战安全进行的理由如下:
1. 保证不打村民;
2. 保证不打危险部位;
3. 如果出问题,我们自己负责;
4. 兰海叫停就停;
5. 常松叫停就停;
6. 小白叫停就停;
7. 肖洋叫停就停;
8. 不能因为结果影响团结。

写得不错,可我还是发现了一个非常大的疏忽。

"如果你们谁受伤了,如何负责?"我提出这个问题.

每个人都毫不犹豫地说:"自己负责,我们立刻打电话给父母,让父母负责!"

"是吗?父母怎么负责?"

"我们马上打电话让他们知道事情的发生是怎样的,和其他人没有任何关系!"

"父母凭什么给你们负责,你们自己行为所造成的后果,父母为什么要为你们负责？并且父母现在还不知道这件事情，你们就可以随便替他们同意为你们负责任吗？你们要做到对自己的行为负责，而不是任何事情都要父母负责！"［父母承担所有的责任是孩子依赖感增强的原因。父母一定要让孩子对他们自己的行为负责，而不是怕孩子受到惩罚而替代他们负责。现在所接受的惩罚是他们成长中最好的礼物。］

孩子们一愣一愣地点了点头，枪战随即拉开序幕。

在每一个安全细节都被细心的小白上上下下检查了一遍之后，枪战正式开始。

枪战规则是让"翅膀"们分成两组，一组为攻，一组为守。负责守护的一方需要保护放在帐篷里的鼓，如果攻击方击响那鼓，则攻击方获胜。每组每人拥有八发子弹，没有多余的子弹发放。其实，这里被埋下了伏笔——他们可以根据攻击需要互相交换子弹。可是，他们谁都没有发现这个规则的技巧性。

任何一场好游戏都应是参与人员严格遵守规则之下完成的，因为这次枪战对于孩子们来之不易，所以每个人都非常严格地遵守规则。

我有一个外号叫"兰总结"，每次活动或游戏之后我都会总结一番。毕竟任何一个教育行为的重点在于任务完成后的反思，特别是参与者本身的反思。［游戏中最重要的是总结和孩子们自己的反思。游戏后，父母一定要引导孩子总结游戏中的得失。］

虽然是场枪战，但可圈可点的地方还是很多的，我的点评自然有了丰富的内容。其实，最重要的就是游戏中的配合。就拿枪战来说，可以单兵作战，但绝对需要指挥官，而两组在领导不明的情况下都出现了没有战略部署的情况。

"看，你们最后有多少人的子弹是没有用完的？"我仿佛大侠一般提问。

"我、语凡、章鱼……"孩子们都在纷纷点数。

最后发现，超过一半的人是没有充分利用资源的。

"进攻的重点是什么？防守的重点又是什么？"

"进攻就是打，防守就是不让他们来打鼓啊！"达达爽快地回答。

"是啊！但我们丝毫都没有看见你们的目标！"我一脸瞧不起他们

的样子。[孩子成功后适度地挑毛病能激发他们的斗志。]

"什么呀，我们当然有了。"这个嘴硬的达达。

"刚才的比赛，你们都尽力避免被对方攻击，可是，你们的最终目的是要攻击鼓。你们完全都在攻击对方而忘记了自己的目标。"我加重了语气，"如同我们在学习上目标明确，我们要考一个好中学、好大学。可在这个过程中，我们也许会因为好玩而忘掉目标，我们也许会因为不喜欢某个科目而不按时完成作业，我们也许会因为喜欢上某个人就把学习的时间耽误了。所以，你们需要明白到底什么是你们真正的目标，不要浪费你们的子弹——也就是你们的精力！"

孩子们精神振奋，把枪都放在地上，格外认真地看着我。

"我确实忘了鼓的事了，就忙着用枪了。"语凡大声说。

"你让我们统计子弹，我发现很多人都没有用完，我们是不是应该把子弹重新进行分配？但时间不够啊！中间又没有暂停……"章鱼找到了问题的关键，不过还没找到最佳解决方案。

我向章鱼投去了赞许的目光："在每一个战斗中，如果没有能够充分使用资源那就是没有物尽其用。看看你们手里的子弹，而当你们是一个团队的时候，子弹应该如何分配才能达到最佳的效果呢？能不能让攻击力强的人多有些子弹呢？从战斗开始的整个过程中都没有停歇，那我们应该从什么时候考虑这些问题呢？"

"从开始的时候吧？"

"可我们还需要了解每个人的水平才行。"

孩子们七嘴八舌地炸开了锅，大脑的激荡让他们兴奋得在院子里又蹦又跳。

我们几个大人相视一笑，这样的场面我们太熟悉了，每次孩子的想法得到一个崭新的激发后开始他们自由的思考时，他们都会如此兴奋，因为那是属于他们自己的思想，如同自由一样美丽的思想。[孩子的自我反思非常重要，有利于孩子内省智能的培养。]

把一个孩子渴望的游戏变成一个需要他们积极思考的任务，在这个过程中，孩子们学会了自我约束，也开始意识到想得到的东西和自己的责任是同等的。一个会玩的高手绝对是一个会思考的高手，所以让孩子高质量地玩实际上就是一种最有效的学习方式。

第三部分　视野有多宽，世界就有多大

生活中充满了无数的可能，孩子们更是拥有无限的可能性！在这天大地广的地方，孩子们能够自由奔跑，能够大汗淋漓，这是件多么畅快的事情！

7. 你的愿望是什么

到陶北营的第四天，我们每个人基本适应了这里的一切。我们习惯了到村民家睡觉，习惯了到水井打水喝，习惯了晚上听到偶尔的狗叫声，更重要的是我们都拥有了一个可以看到满天繁星的夜晚和鸡鸣伴炊烟袅袅的清晨。

还有一天我们就要离开了。还有一件非常重要的事必须完成，就是继续我的"理想课"！

四年前在贵州农村的那堂课对孩子们所产生的冲击，让我直到现在仍然记忆犹新。如果当年打开的是农村孩子的世界，那么现在我想让北京孩子通过了解不同状况人的理想来认识自己的目标，只有在诸多目标中找到属于自己的目标，才能提高学习的主动性。[了解别人的理想可以扩展孩子的思考范围，也能从中受到启发。]

"集合！我现在发给你们每人一个调查本！每个人都需要记录下其他五个人的愿望，他们是不同性别、年龄的。更重要的一点，就是你们要对别人的愿望进行评价！"

最后这 24 小时，简直是高效率的一次作战。通过枪战游戏的孩子们，已经从毫无目标、无意识地完成任务转型为有目标作战的高效队伍了。[任务的连贯性非常重要，上一个任务的重点往往是下一个任务的开始。我们可以从孩子是否有所改进来判断孩子在前一个任务的收获。]

我心中暗自惊叹孩子们的潜力。他们居然会自行按照刚才枪战的组合分成两组，并且选出了两组组长。一个是锋芒毕露的毅然，一个是美丽而有号召力的章鱼。

更让我意外的是，他们居然把在活书阅读课程中学到的绘画脑绘图方法运用到了"寻找愿望"的过程中。他们首先安排队员绘制了整个村子的地图，然后进行了详细任务分配。

"你们的临时会议我能参加吗?"我一副可怜巴巴的神情向毅然队长提出参与要求。

"倒是可以,但有个要求,你必须发誓对开会内容进行保密,否则我不允许你参加。"听到这话,我真想在他的脸上掐两下。

"当然,我肯定保密!"为了这接纳,我什么都答应。

"现在,我们来分配吧!我们这组年龄最小的是语凡,那么他肯定不能到村头去做这个调查。"毅然严肃地说。

"为什么不行呢?"我睁大眼睛看着毅然。

"请非本组人员不要说话,这是规则。"毅然都不看我一眼。

我待在一边,脸上傻呆呆,心里却甜丝丝的。

"因为安全原因,语凡可以询问学校附近人的愿望。剩下的人,我们分两组,我带的这个组往村东头去,另一组往西头去。每组完成一半学生采访,一半成人采访。"

"我有一个问题,我能说吗?"达达举手示意。

"当然,每个人都可以发表自己的看法。"毅然看了看语凡,这小家伙还在玩土,也不知道他能否记住刚才所说的内容。

"我觉得我们应该采访一些奇怪的人啊!比如说,他们可能会有稀奇古怪的想法呢?"

"说的也是,"语凡居然能一边玩土一边说,"我觉得比如说放牛的、村长什么的,可能都有想法,而且有些人肯定想了解啊!"这个"有些人"很明显就是在说我,这九岁的小孩已经开始学会说话太极术了。

"好!现在开始对表,现在是中午一点,我们15分钟后出发。不管是否完成,都需要在15:30回来集合。一定要注意安全,特别是到有养狗的村民家,我们需要很有礼貌地大声敲门。语凡你最小,你一定要注意安全啊!"

毅然真的长大了,不仅思维缜密了许多,而且还照顾年龄小的孩子,他以前可是很忽视他人的啊。[每个人都需要"长大"的机会,不是孩子不会照顾别人,而是我们没有提供让他们照顾人的机会。]

就在我这组刚出门的同时,我看见常松和小白那组也出发了。我朝

第三部分　视野有多宽，世界就有多大

常松做了一个询问姿势，结果换来的却是常松一个无言的姿势。

我选择跟着语凡，想看看这个原来和陌生人根本无法沟通的孩子到底会如何完成这个任务。

语凡说话习惯绕弯，比如他想邀请我去他们家吃饭，他通常会说："兰海，如果你来我们家，你不能提问题。"每次，我都要逼着他直接简单地提出自己要求。语凡还有一个习惯性动作，就是思考的时候，会摸着自己的下巴，然后头朝左边歪。

语凡在学校出口处，抬头看了看天，然后就开始朝一个连我都比较陌生的方向走去。

"大叔，您能告诉我哪里是村长待的地方吗？"语凡向迎面而来的中年人打听道。

我跟在语凡后面绕着学校转了一个大圈，终于找到了村长。小家伙立刻冲了上去。

"大叔，请问您是村长吗？"语凡抬头问。

"我是，小朋友，有什么事情？"村长的口音很浓，很难听懂。

"我想请问您，您能帮我找几个人采访吗？我有几个问题想要问他们。"语凡居然听懂了，一本正经继续。

"采访？你这个娃娃为什么要采访啊？"村长看了我一眼，"你是他的老师吧？你能告诉我吗？"

还没等我说话，语凡马上抢着说："别，她不是老师，你就当她不存在。"

"你这个娃娃有意思，我怎么就能当她不存在啊？她本来就是你的老师吧？"

我突然很期待看看这个小家伙到底有多少潜能，[在我们能够保证孩子安全的情况下，应该让孩子去独立解决问题。] 于是在一旁保持沉默。

"村长，你肯定是这个村里最有权力的人。因为你是官啊，就像我们班长一样，能管所有的人。你说是吗？"语凡的话虽然绕弯，但这次表达确实很清楚。

村长乐了，用手抚摸着语凡的头："那好吧！我帮你找几个人。只要是村子里的人就可以了，是吗？"

语凡一边点头一边往后退了一步,他还是怕别人与他有身体上的接触。

语凡坐在村委会外面的土墩上,等着村长替他召集他要采访的对象。

几分钟后,几个人朝着这边走来。

一个大妈站在村委会门口,左顾右盼,朝着身后几个人大声吼道:"你说这么大下午的,还把我们叫过来。你们知道是谁吗?"大妈四下张望,基本上把语凡忽略了。

"我,我,我。"语凡可能之前没有遇到过如此豪放的大妈,刚才还一脸严肃,现在却有些被吼声吓着了,如同小猫呻吟一般的声音从他嘴里冒出来,就像金鱼吐泡。

大妈显然听不到语凡在说话,接着吼:"你说这个村长,到底干什么呢?大下午的,干点什么不好,我还等着下地呢!"大妈的脸都耷拉下来。我在一旁偷着乐。

一看这架势,语凡更不知该说什么了。可就在这种情况下,他也没有想到找我帮忙——这就是语凡最需要提高的地方,他几乎从不会向别人求助。

我就等着,看他来不来求助我。

来到大妈身边,语凡居然被大妈的吼声吓得后退了几步,然后围着大妈转了一个圈,最后终于停在了她的前面,还来不及开口,大妈先说话了:"小孩,你是不是从北京来的?噢,眼睛好大啊!"大妈一边和语凡说话,一边与村里其他人打招呼。很快语凡身边聚集了七八个人,淹没在村民们中间,我已看不见他了。

我上了土墩,站在高处看见语凡低着头看着自己的脚尖,看来他被这热情弄得很难堪。

突然,语凡冲出了重围,朝我的方向狂奔过来,然后急刹车一样停在我面前,还是没说话,但表情已经流露出求助的意味。

坦白说,八岁的语凡在面对这任务所表现出的状况让我倍感欣慰,但教育最重要的就是抓住机会。而此刻,正是他可以突破自己"永不求助"的状态。一定要让他突破自己的极限。[突破心理极限会让孩子有质的飞跃,但是父母经常会心软,会在孩子快要突破的时候伸出援手,

第三部分　视野有多宽，世界就有多大

让孩子错过了靠自己的力量突破的机会。所以，父母需要学会等待，站在一边的等待。］

停顿30秒。

停顿60秒。

语凡身后的大妈们开始朝我们走来，我已听见他们在议论语凡。

"兰海，你，你可不可以……"语凡也不磨蹭了，终于开口。

我冷静地问："什么？"

"你可不可以帮我？我听不懂那阿姨的话，她有口音。"

我大为吃惊，搞了半天，原来他只是听不懂话。

"那你是？希望我帮你？"

"是的，我希望。"语凡的眼睛忽然流露出莫大的真诚，还有话说出口后的快乐。

"好吧！"我拉着语凡的手［孩子的极限突破之后，父母一定要给予鼓励，让他感受到战胜自己的快乐。］走到了大妈面前，"大姐，孩子想和你们说点事情。他有点慢，我们听一下，好吗？"

"当然了，你说这个孩子，还不好意思呢？就是城里的孩子，还这样！"大妈笑了起来，慈爱的目光停留在语凡身上。

很快，我就看见几个大妈又把语凡围在自己的势力范围之中。

语凡身处包围之中，开始认真采访起她们，他把纸放在自己膝盖上完成了他做的调查报告。

五个人的采访，语凡真正用于采访的时间共有30分钟，但从大妈们出现到开始真正采访却花费了40多分钟。这个家伙采访结束后，一脸得意地看着我，我也一脸得意看着他。今天终于让他开口"求人"了，真可谓是一大突破。

夜深，把孩子们都送回到他们住的老乡家后，厚厚一叠报告书放在我的桌子上。

"收集愿望"的目的是多方面的。让孩子了解别人的想法并提出自己的看法，能让我们更加了解孩子，［父母可以多询问孩子对于其他事物的看法来了解孩子的所思所想，然后加以引导。］而在收集愿望过程中沟通能力也得到了很好的锻炼，这些都是收获。

我在烛光中看完了这些调查报告，思绪久久不得散去。

语凡的采访：那位四十多岁的大妈最大的愿望是把他们家的牛养成村里最壮的牛，成为牛王！

这个愿望还是挺伟大的，但牛该怎么养，我觉得她还是应学习一下前人养牛的经验。

达达的采访：一个十四岁男孩的愿望是成为博士。

我认为这个愿望不太靠谱，有点难度，如果要达到这个愿望，他还需要艰苦的努力。

章鱼的采访：一个男孩想过一种平静的生活，可他又想成为一个歌星。

我认为这个人的想法是十分矛盾的，哪有当了歌星之后还能过平静生活的人啊？

毅然的采访：一个青年人想成为一个警察。

非常上进，能知道自己的目标，但我觉得他还需要锻炼身体。

桐桐的采访：一个中年人的理想就是当一个优秀的农民。

非常朴实。我认为这里的人的愿望都非常朴实，没有大城市的浮华。

孩子们在思考别人理想的同时，也在反思自己的理想。在评价别人理想实现难度的同时，也在规划着自己理想的实现路线。

五天的农村之行让孩子们看到了另外的世界、另外的生活方式，同样也学会了更好地了解别人，了解别人的生活，这是了解世界的最好方式。

8. 让孩子们做面试官

回到北京，我们一连兴奋了好多天，也连着吃了好多天的红薯——回来的时候，村民送了我们一筐红薯。没想到这却成为了孩子们的加餐，每周末上课，毅然都会用微波炉烤红薯与大家美餐一顿。

随着孩子们不断地增加，我们开始为人手不够而发愁。每周末我们都累得像躺在沙子上奄奄一息的鱼儿，连游回大海的力气都没有了。当

第三部分 视野有多宽，世界就有多大

然睡觉也成了一件奢侈的事。

所以，我们决定面向社会招人，不过这可是一个相当折磨人的过程，因为上濒的面试是众所周知的漫长。

为了听取客观意见，我们邀请语凡妈妈作为父母代表参加了这次招聘准备会议。

因为是招新兵入伙，所有人都显得异常兴奋。曾经过重重面试的媛媛、凯音和小鹿自然是抓住机会来痛说当初自己如何过五关斩六将的经历。

我们的专业背景大为不同，涉及了历史、考古、哲学、园林设计、心理、教育、计算机、金融等。我相信，只有拥有这样多元化的背景才能把一个多彩世界展现在孩子面前。

当他们还在一边热火朝天地讨论我们需要怎样的老师时，我默然在白板上写下：知识领域、学习能力、社会能力。

这是我们成长模型中三个重要因素，我一直坚信教育者本身才是教育最好的教材。如果我们要通过提高这三方面来提升孩子们的创造力，那么教育者自身更需具备这三方面能力。

"我想了解一下面试程序到底有多复杂？"语凡妈妈开始提问。

"这个一定要让我来说。"小鹿终于找到了正式诉苦的场合，"那过程是我所有面试中最残忍、最漫长的一次煎熬。我们参加了第一轮面试、笔试，然后是第二、三轮复试，最过分的是最后一轮还有一个任务面试，让我们一起搭积木。前后共花费了我一个月的时间，并且每周都要到这里来报到。"

"还有呢！"媛媛比小鹿更早加入上濒，冷笑着说，"每次有面试者来，兰海都要求我们设计出一个场景以测试环境适应度，你有没有发现每次来的时候我们表现都不一样？"媛媛停了停，"有时办公室是混乱的，有时是安静的，有时故意安排有其他合作机构和我们谈事，有时还会刻意安排应聘者在孩子来的周末面试。"

"这主要想看看大家对环境的应急反应是什么，也可以看到每个人是否因环境变化而紧张或能否更主动协助我们工作。"我慢慢地解释。

面试过程很快被转化为一个标准化流程。大家在白板上画出流程的时候，媛媛已经在电脑上完成了流程图设计，然后打印出来发给每人一份。

面试是件极为烦琐的事情，从上千份简历中筛选出合适的，然后逐一通知第一轮面试，经过第二轮、第三轮面试，直到最后的第四轮，只留下了八个人。

就在最后一轮面试的前一天，孩子们得知我们在招聘老师后，他们强烈地提出了申请，理由——只有他们才知道谁能当上濑的老师。

这个理由很充分，而且孩子如此敏锐，他们本能地感觉谁是真正喜欢他们的，谁能和他们友好相处。更重要的一点，他们不仅是合格的而且还是无偿提供服务的面试官。

"兰海，我妈让我交封信给你。"

"啊？不会是你出什么事了吧？"我挑起眉毛问。

"那肯定不可能的，但我也不知道是什么。"章鱼摆摆手。

我怀着极度的好奇心把白色信封放在桌上，和她一起走进教室。

有孩子们参与的面试格外引人注目，就连应试者也从疲惫状态中变得异常兴奋。经过选拔出来的小面试官们非常严肃。

原定流程中，应聘者需要用30秒时间向孩子们介绍自己，之后要阐述自己对教育的看法和对生活的追求。最后，当然就是孩子们的提问。

面试基本结束后，好戏开始了。孩子们的提问，让我震撼了。

"各位，大家好，刚才我们已经听了你们的发言，现在我们有一个问题，但你们只有1分钟的思考时间，然后需要每个人回答。"章鱼边说边用眼睛环顾四周，这眼神交流法可是我的真传法宝啊！

"这个问题其实非常简单。如果你们当中有一个人要被淘汰，你们认为会是谁？"向真严肃地问。

我心里暗自惊呼，天哪！这尖锐问题是我想问而又刻意回避的，他居然如此坦然地提了出来。

面试者脸上都流露出吃惊，她们肯定认为让孩子参加面试也就走个形式，可没有想到，动了真格的了。

第三部分　视野有多宽，世界就有多大

可惜的是应聘者有些没状态，回答的机智程度多少有些平淡。

第一个问题刚结束，让我们大汗淋漓的第二个问题出炉了。

"第二个问题是，你们认为上濒精神是什么？"向真提问。

停顿与沉默。

坦白说，我认为这个问题非常难。精神是一个多么抽象的词，对精神的理解需要一个长时间的过程，而对于抽象内容的总结又是一个极需功力的事情。

前两个提问已经让应聘者惊出了一身汗。他们有一个问是不是以后要教的都是这样的孩子。我笑着说："我们都需要在战斗中学会战斗。"

这句话算是缓和了一下现场气氛，每个人表情都有所放松，可这两个孩子，章鱼和向真都没有浮现笑容。

果然，第三个问题也没有改变风格。

"你们认为你们自身哪一点属于上濒风格？"向真充当了最后一次箭手。

所有人回答完这个问题之后，面试时间已持续了三小时。我进入最后总结："谢谢大家和我们一起进行这烦琐的面试。一个月的面试时间，对我们双方来说都是一种考验。教育是一件需要耐心的事情，一个月的时间也让我们感受到各位的耐心和执着，这也是我们需要看到的，也算是一项'考试'。最后，感谢各位这一个月以来的奔波，希望我们能有合作的机会。谢谢大家。"

我刚鞠完躬时，章鱼突然站了起来，请求发言，我点了点头表示允许。

"兰海，我需要说明一点。今天的面试我们参与了，我们也看到了。我认为自己不比他们差，能给我一个机会吗？如果事实证明我比他们强，我能来工作吗？"这十二岁的女孩，薄弱的身体里透出一种果敢与坚定，让我赞叹不已。

我看着她，其他的人则看着我们。

"好，那你就回答刚才的那个问题，你认为上濒精神是什么？"我冷静地提问。

"三个词：自由、希望和信任。"章鱼昂起头，语气笃定，"在这里是自由的，我们可以犯错；在这里无论遇到什么，我们都觉得充满希望，虽然我们也经历过失败，但我们都没有放弃过任何机会；在这里我们能感受到一种信任，你们信任我们的能力、相信我们所说的话。我认为这就是上濒精神。"

章鱼滔滔不绝的时候，我余光看向常松，他难掩欣赏之色，平日面无表情的小白也有一丝表情变化，媛媛和小鹿则若有所思地点头，凯音更是一脸惊讶。

而我，手心已经出汗了，可依旧没有打住："第二个问题，你认为自身的什么特点符合上濒的风格？"

"我对世界充满了好奇，我想了解世界上的每一件事。而且我相信，任何事情都有解决方法。"章鱼回答结束后，现场保持了近30秒的安静。

"章鱼，你可以申请到上濒工作，不过你还需经过前面所有测试，并且全职工作还需本科毕业。"

"好，不许赖皮！十年后我会来这里，但我的身份是老师！"章鱼脸红了，迅速回到座位上。

送走了这些折腾的孩子，我想起桌上那封神秘来信。不知道章鱼妈妈都写了些什么。我回了办公室，打开信封，开始阅读。

兰海：

认识你有好几年了。那时上濒刚刚成立，章鱼去参加夏令营，于是这样偶然的机缘让她从此有了上濒这个良师益友。

曾经有个寓言故事：一个好心的农夫看到破茧的蝴蝶的挣扎，于是拿来剪刀帮助蝴蝶出来。但正因如此，那只蝴蝶翅膀湿湿地贴在身体两侧，身体失重，它只能在地上爬。正因为缺少了破茧前的那番磨炼和挣扎，蝴蝶才最终不能飞翔。

做父母的都希望孩子能从小小的蛹开始成长为美丽的蝴蝶。但我们却常常像那个农夫，因为太爱孩子，总希望能够用自己的力量去帮助孩子，用我们大人的方式去轻而易举地帮他们移走拦路虎。但他们并没有自己去经历那个过程，怎会有深刻的体会？怎能因此而增长勇气？怎能面对下一次的挑战？

你们置身于其中，了解他们每个阶段的困惑和难题，但你们不会去

第三部分 视野有多宽，世界就有多大

做农夫那样的傻事，而是陪伴和引导，让孩子自己去经历、去感悟。Life is a journey not a destination——生命本该自己慢慢体会和感悟的，而我们往往由于爱子心切，把孩子们该去经历生命的自由残忍地扼杀了。

章鱼这次去河北农村学校交流。我收到她的短信：妈妈你接我的时候能马上带我好好吃顿肉吗？我已经五天没有吃肉了。同时还收到她用手机拍的照片：跑步把膝盖摔破了，绑了好多纱布。

我当时看完短信一阵心疼又一阵好笑，觉得她就像电影《甲方乙方》里那个把村里的鸡都偷吃光了，坐在城墙上盼着大救星来接他的那个人。后来接到女儿时，你对我说："章鱼摔下去的时候，那声惊天动地的哭声把我们都吓得不轻。"然后我问女儿："给我说说膝盖的事情。"女儿却只是摇摇头："没什么好说的，都过去了。人生就像玩游戏，要一关一关地闯。"我愣了一下，没想到女儿能说出如此有哲理的话。

看着你陪伴着她逐渐成长，我再也不用担心青春期的女儿内心郁闷无处发泄，也不用担心女儿有什么事情瞒着我，因为她有你这个无话不说的大朋友，有时候父母的话孩子是听不进去的，而你们却能给她很多朴实的人生指引。

不同于其他地方和其他人，你让孩子们明白了人与人生存环境的差距，让她们正确认识原有的优越感；让每个孩子都能得到赞美和表扬，得到肯定；让孩子们的心灵能找到出口，心里话有沟通的地方；让孩子们克服在家的孤单和霸道，学会和人沟通交流、融入集体生活；让孩子们逐渐培养起责任心、同情心，知道善待自己和别人，具有向上的渴望和梦想；让他们知道成长必须要自己去经历，别人不能代替……

这些，都是我从女儿身上所感受到的变化和美好。

作为父母，爱孩子就要学会放手，给他们自由的舞台和空间，给他们信任同时也获得孩子的信任。你们俱乐部叫"翅膀联盟"，我想这更是我们所有家长的心愿，希望每个孩子都能破茧而出拥有一双美丽的翅膀，成为飞翔的蝴蝶。

我的眼圈红了，不是因为对我们的赞赏，更多的是世上又有了一个

能够真正理解孩子"成长"的母亲，这是世界前进的需要。

9. 晓寒与老师发生严重冲突

虽还没有进入夏天，但气温已将近 30 摄氏度，室外的炎热和室内空调下的舒适产生强烈反差。

孩子们参与面试取得了意想不到的效果，也让我再次感受到孩子们的力量，同样也感受到一种幸福。紧接着新人培训紧锣密鼓地开始了，从教育培训、心理学培训、个人成长科学培训到营地培训和课程培训，种类繁多。为了这些系统培训，我几乎推掉了所有咨询，不过还是无法拒绝那个焦急的声音。

她是一个家在石家庄的母亲，电话中透露出极度的紧张和焦虑，一定坚持要今天就和我聊聊，时间是下午三点。

按惯例煮了杯咖啡，我安静地坐在椅子上闭目养神。这个妈妈肯定很着急，否则不可能挂了电话就从石家庄赶到北京。

准点，她一身疲惫地出现在我门口。

"兰老师。"还没开口，她眼睛就红了。

"就叫我兰海吧！孩子们都这样叫我。"我朝她微笑。

"兰海，我求你了！能不能救救我的孩子？我真是担心死了。"焦虑的妈妈双手一直紧紧握着。

"别着急，慢慢告诉我发生了什么，孩子的名字先告诉我好吗？"我刻意缓和，试图让她平静。

"我女儿叫晓寒，今年 9 月份就读初三了。她从小学美术，但她成绩也特别好，看了很多书，可是就因为这个……"晓寒妈妈眼睛又红了，话语不能继续。

"看很多书？这样，你先简单告诉我发生了什么，好吗？"

"晓寒对很多事都有自己的独到见解，于是总会和老师有一些冲突。她又好强，从不低头。[孩子的认错也是有条件的，我们不能让孩子无原则地认错。]

"班主任可能对此很生气，总找她麻烦。当然，她也有不对的地方，

第三部分　视野有多宽，世界就有多大

后来我一想，给她换学校得了。〔产生矛盾就转换学校的结果有两个：一个是让孩子学会了逃避，不会正面解决困难；一个会让孩子觉得委屈，自己有理为什么还要走呢？无论是哪种结果都不利于孩子成长。〕

"一天，班主任不让她上课，非要家长去学校，孩子就说她有接受义务教育的权利，拒绝叫家长去学校。班主任不答应，她就爬到学校窗台上，威胁老师说要跳楼。其实，我知道她是怕我担心，我们家是单亲家庭。她很心疼我，这么多年我们俩相依为命。"

原来是这样，但肯定又不仅为此。

我把水递给晓寒妈妈，接着问："后来呢？"

"后来，我就把她转到另一个学校。晓寒在这个学校成绩很好，可能是刚到，所以有点锋芒毕露。她这个孩子，就是嘴巴不饶人。当时老师知道了她在以前学校和老师作对的事情，觉得这个总不服管教、爱挑事的学生挺麻烦，于是在下边鼓动全班同学写联名信，说是不希望晓寒就读他们班。这对晓寒刺激太大了，她把所有原因都归结到原班主任身上，认为她就是罪魁祸首，如果没有她，自己就不会转学。回到家后，她和我讨论如何陷害这老师，让我听得害怕。接着，我办了件让我这辈子最后悔的事。"晓寒妈妈说到关键处，连喝了几口水。

"我带她去医院看了心理科，做了好多测试，结果大夫说她有精神分裂，让她住院。你说我当时怎么就这么糊涂了？我就想也没想，怕她真照她说的那样去陷害老师，于是我就把她送到精神病院去了。"

我心里"咯噔"一下，这孩子真可怜，怎么能被送进那样的地方呢？

"一直到第三天，我突然想到那天送晓寒到精神病院时，我所看到里面人们的样子，我突然醒悟了过来，我怎能送女儿和那些人住在一块呢？"晓寒妈妈的内疚化成泪水，无声地流下。

就让她哭吧！让她的泪水流出来实际上也是一种治疗，谁让她真的错了呢？〔没有站在客观的角度分析问题对于孩子来说是不公平，这样会让孩子完全丧失信心。〕

"我真是后悔啊！我还是当妈的吗？我怎么能做出这样的事情呢？"

我递给她纸巾，心想：怎能这样做呢？难道仅凭计算机测试就能决定一个孩子的命运吗？曾经有一个孩子，做了问卷之后医院评价他有反

社会倾向，而那孩子仅有五岁。

"我要见见晓寒，我会尽力帮她。你们明天能来吗？晓寒还在石家庄吧？"

"没关系，我现在回去。明天带她来，现在没有比这事更重要的了。"

我取消了今明两日的所有约会，我需要时间好好准备一下这让我揪心的案例。

成人在评价孩子行为上有太多误区。我们往往只看见了他们做了什么而忽略了最重要的一点：他们为什么会这样做？就如同我们只看见了露出海面的冰山，而根本不在意海平面下那厚重万倍的部分。我们把大量精力放在指责孩子行为上，希望制止或者改变他们的行为，可我们却没有花时间去研究那埋藏在下面的秘密，而找到这些秘密才是改变行为的法宝。

我特别心疼晓寒，虽然还没有见过她，虽然从她妈妈的描述中，觉得晓寒也有自己处理不当的问题，但居然被她最爱的妈妈送去医院待了三天。我几乎能清晰地触摸到她内心的伤痕，她需要疗伤。

晓寒，黑夜里，我内心呼唤着这个名字。[父母对孩子的不信任是最大的伤害。]

晓寒和她妈妈第二天赶了最早一班火车来到北京。晓寒看上去与她妈妈所描述的那个倔强任性的女孩形象完全不一样，齐耳短发，眼睛大大的，皮肤也很好。她一见我就笑眯眯的，让我丝毫触碰不到那任性。

这可爱的中学生从小就喜欢美术，一进上濒，立即就被设计得像迷宫一样的办公室吸引了。她拿着照相机就开始拍办公室里我收集到的世界各地的玩意儿，一副认真研究的样子。

晓寒妈妈跟在她身后，眼神沉重地注视着自己的女儿。

"你好，我是兰海。"我向这孩子伸出了手。

"你就是兰海啊？这么小？"果然是一个口无遮拦的孩子。

"是啊！不过我们可不能以貌取人啊？你说呢？"晓寒在我所强调的词上停顿了足足30秒。这孩子果然敏感。

通过昨天缜密的思考，我决定和晓寒单刀直入地谈问题，没有必要

第三部分　视野有多宽，世界就有多大

遮掩，因为她已经是个大孩子了，而且经历了这么多波折，她也很需要这样的谈话。媛媛悄然把晓寒妈妈带到阳光书房休息，我不动声色地关上门。

"晓寒，很高兴认识你。是不是很喜欢我这些稀奇古怪的东西呢？我也是有点奇怪的人。你呢？你奇怪吗？"

"我，我不奇怪啊！不过有人倒这样认为。"晓寒长叹到，"我的事情你可能知道了，是吗？"

"嗯，我知道一些结果，但我希望能够从当事人嘴里知道原因，或者你愿意告诉我一些故事？"［表示希望从孩子嘴里听到事实，是对孩子的信任，也能明确孩子的态度。］

"我想先知道你是怎么看待那些你已经知道的结果，我非常想知道这一点。"晓寒坚定地看着我。

"对于我从别处知道的结果，我是从一个客观角度去看的。我认为你反应有点过激，但不是没有道理，所以我才更想知道原因。"［"想知道原因"给了孩子说出委屈的机会，也是一种调整心理状态的方法。］

沉默中，我出去煮了一杯咖啡，然后到阳光书房里和晓寒妈妈说了说话。五分钟过去了，我回到办公室，我想我给晓寒思考的时间已经够了。

"你倒也还算客观，不会因为我坐在你面前，就毫无原则地认可我。"我还没坐下，晓寒就开始说话了，"我现在什么结果都不想，我就想要报复，她怎能因为自己是老师，就采取这样的方法对待我呢？现在精神病院我也住了，学校也换了，连妈妈都被我弄得很累。我就是恨她，非常恨她，作为老师怎么能这样？"晓寒一下子激动起来，两眼睁大，呼吸急促。我直接感受到她内心的痛苦。

"那你告诉我，你想怎么报复她呢？"我开始为这个班主任感到悲哀，自己的学生，别说对自己怀有一点爱了，现在充满的全都是恨。［当我们感到危险的时候，不能直接说"你不能这样做"，而是要知道她目前所有的想法。］

"报复的方法我早就想好了。你平时喜欢看电视吗？"晓寒的眉眼突然变得玩世不恭起来。

我点点头，电视剧对她的报复计划有什么帮助？

"我已经想好了三种报复方法：一是我要弄点什么药之类的，让她成瘾；二是我要破坏她的家庭；三是我要让她身败名裂。"

我倒吸了一口冷气，这丫头，连这么复杂丰富的手段都想到了，果然电视剧影响够大。

"哦，是吗？想法倒是独特，但有个问题，你怎么实施呢？"［对于受到伤害情绪激动的孩子，重要的是了解思想的内容，而不是急于表态。］我并不想急切地说服她，而是进一步去了解她的内心。

我的问题倒让晓寒吃了一惊。居然，这个被妈妈大力推荐的专家和自己讨论起实施报复计划？

"怎么实施？这简单，电视剧里都有啊！我照着往下做就行了。而且，我还这么聪明。"

"那不行，没有设计好，怎么能往下做呢？而且，也要确保计划的可行性啊！"

其实从晓寒的反应中，我已经得到了答案。她就是嘴上说得挺狠，实际上根本没想到过执行。只不过周围的人都被她的想法吓住了，她倒也很得意吓周围的人，愿意全家总动员似的劝慰她。

孩子啊，孩子。

"晓寒，你平时喜欢体育吗？最喜欢什么运动？"我决定把处于思索状的晓寒带离出这个大脑运作区。［完整了解孩子的想法后，不要就事论事，尽量带着孩子跳出目前的思考内容。］

"我？我最喜欢看跨栏。跨栏多酷啊！别人都是比一项，可跨栏不一样，不仅要跑，还多了一项跨。我觉得能做这运动的人绝对是最聪明的！"晓寒也非常乐意不再讨论刚才那个话题。

"我也这样认为，你上周看黄金联赛了吗？"其实，我知道她上周在医院，肯定没看。"上周黄金联赛中的跨栏比赛很有戏剧性，有两个人分别是三道和四道，结果四道的人犯规了，把三道的选手绊倒了，等三道的人爬起来之后，你猜他干了件什么事？"

"什么事，你快告诉我。"晓寒明显中计了，一脸渴求。

"他又把别人的栏故意碰倒了！"我一脸遗憾，"这人怎么回事啊！本来自己是受害者，可他又把别人弄倒了，结果可想而知，两人都没有好结果。"

第三部分 视野有多宽，世界就有多大

"对啊，他自己跑就是了，何必要管别人呢？而且他也没得到什么好处啊！"晓寒在议论这事情的时候，脸上孩子的天真无邪瞬间显现了出来。

晓寒啊晓寒，所以你那想法是为了吓唬大家，但谁又能注意到你真正的用意呢？［让孩子说出对相同性质事情的看法，能够让我们了解孩子的真实想法。］

"所以，我说，你就像这运动员一样傻，最后谁也没有得到第一。你和你老师不也就和这运动员一样吗？"

晓寒没想到我话锋会转得这么快，脸色一下就变了。

我的口气也变了，从刚才讲故事的调侃转为轻柔。［谈话中语气的变化也相当重要，父母不能总用一种语气和孩子谈话。］"晓寒，人生中，我们会遇到很多困难，关键是去解决困难，而不是让困难受别人控制。我今天没有问你事情的前因后果，不是我不想问，而是我觉得你目前最重要的是去解决困难，解决你自己的困难，而不是让自己进入下一个旋涡。那样我会心疼的，你知道吗？"［提高孩子对自我价值的认识，能够帮助孩子走出外界的干扰。］

晓寒眼睛红了，我不知她在想什么，我在等待她。

"那你说我该怎么办呢？我现在都没法面对所有人，我心里特别恨这老师，但如果我不那样说给妈妈听，我怕他们都会认为老师所说的是真的，都以为我就是坏孩子，我只有说我要报复，他们才相信老师说的是假的。"晓寒突然哭了。［孩子情绪的转变表明态度上的变化。］

哭声越来越大，我保持了沉默。如果说晓寒最初的哭只是一种压力释放，那么后面的哭就代表了后悔。我决定让她哭完，尽管这对我也是一种煎熬，我还是窝在椅子里，一动不动。

五分钟过后，哭泣渐渐平息了下来，我把纸巾递给她："我觉得现在让你自己快乐最重要，你看，你这么漂亮聪明，先让自己快乐起来吧！"我摸着晓寒的头，看着这比我还高的孩子。

"快乐！只有你想让我快乐，谁都没有想要让我快乐。他们只关心我要不要去报复！"［父母的关心应该放在孩子自己的情绪上，如果放在孩子行为的后果上很难让孩子接受父母的建议。］

"那不是有我吗？你看我手里是什么？"我的手握成了拳头。

"什么啊？我看不见。"晓寒一边抹眼泪，一边看着我。

我把手松开："现在呢，你又看见什么了？"

晓寒摇了摇头。

我握着晓寒的手："有一部我非常喜欢的电影，有这样一句道白：握紧了，里面什么也没有，打开了，你拥有整个世界！我想聪明如你，一定能明白这意思。"［初中生对事物的理解能力很强，简短的一句话常常能起到意想不到的效果。］

晓寒沉默了下去，反复做着那个动作。

"今天我们就到这儿了，下次再聊。"

晓寒终于笑了。

送走晓寒后，我的笑容在脸上凝固了。尽管刚才我那么轻松和她谈笑风生，但一想到埋藏在她脑海里的那报复念头，我内心就颤抖起来。

这孩子的笑容和泪水让我窒息，我很难想象她的报复，也非常后怕，如果她真去做了，那这结果到底由谁来控制？

教育到底应该承担怎样的社会责任？教育者应该承担怎样的教育责任？孩子们所处的教育环境应该是怎样的？首先应该是宽容的，当我们的教育环境都不能够宽容孩子所犯的错误时，我们又怎能要求孩子们学会宽容！

原来的向真和现在的晓寒都有类似的经历，我们怎么就不能允许孩子们有不同想法呢？这些独特的孩子总被认为是"不乖"、"破坏性强"的孩子，我们是否尊重过他们？尊重过他们的话语权？难道孩子的质疑就代表了蔑视吗？只有不自信的人才担心别人质疑，也只有在意自己权威的人才认为只要存在异议就意味着贬低。

每个人的心理状况都是涌动的暗流，如果我们不细心就很难发现这暗流。父母们总在孩子行为出现问题时才会关心他们的心理状态，殊不知意识决定行为，到了木已成舟之时，是否为时已晚？

每个人都是一座冰山，深藏在海平面之下的部分何时才能化解呢？

一系列问题在我大脑中进行了一场举世瞩目的战争，让我一整晚都在做梦。

第三部分　视野有多宽，世界就有多大

10. 变化

今天是周二，我查了一下日程安排：上午会收到德国那边对农村活动的评价，下午照例是海希的常规咨询。今天下午的海希，就将要完成第一阶段的咨询，海希这段时间进步很大，已经能够在中国家教陪伴下进行学习了，也和小区孩子们交上了朋友。想想这些幸福的事情，还是挺能鼓励人的！

上午开始夏令营策划的第三轮讨论。痛苦争辩中终于迸发出了耀眼光芒，我们最终找到了一个所有人都同意的主题，并大呼过瘾。会议期间，我有些走神，心中老惦记着内波教授的那封邮件。

慕尼黑的争执——北京的发展——了解世界。
打开邮箱，这是邮件正文的第一行。
创造——世界。
这是邮件正文的第二行。
接下来呢？
教授这封信仿佛是一道"密码"。我不由乐了起来，这不就符合这次夏令营的"侦破"主题吗？
第一行字里行间所指的是我从慕尼黑到上濒，带着孩子们一起了解世界的过程。
第二行"创造"，应该是教授对我们的期望，或者是对教育的期望。
最后的问候是提醒我需要注意下一步应该怎么做了。
这个有趣的老头总是用他独有的方式来激发我的思考。确实，下一步我需要好好考虑。

在我们的夏令营讨论快要结束时，海希帅哥到了。他现在对虫子特别着迷，一见到我就会和我聊他的虫子王国的故事。他告诉我，他就是虫之国的国王，而我是他手下最受重用的一个大臣。海希是一个特别聪明的孩子,对科学有极敏锐的触觉,他能照着科学书自己做一些实验。让我非常吃惊的是他自己做了一个热气球的实验,而且他还能用中文把整个实验步骤讲得非常清楚。虽然他还是会发脾气,虽然他还待学在家,但他已能开始自学,而且还能与我一起学中文。

今天,我决定要做一个计划,因为他已经进入正轨,需要有一个计划。

"海希,从今天开始的365天中,你最想做什么?"

"我想,我想上学。"海希一个字、一个字地往外冒。

我见过农村孩子没钱不能上学,而这想上学的念头从一个八岁混血儿嘴里说出来,还是给了我很大的冲击力。

"想上学,还有呢?"

"我想掉牙,他们说如果掉牙了,我就长大了,然后我就可以上学了。"海希冲我一笑,洁白整齐的牙齿暴露在外面。

"我问你,如果我们夏令营玩破案,你愿意参加吗?"我想把刚才的讨论结果做个前期调查。

"什么是破案?"我忘了他中文词汇量有限。

"破案就是我们一起去找坏人,用各种方法去找坏人。"

"是和很多小朋友吗?"海希忽然站了起来。

"当然,会和好多小朋友一起破案,你可以吗?"

海希点头的频率,足以让我头昏眼花……

一想到"侦破"成为夏令营的主题,我全身就控制不住兴奋起来。"侦破天下"作为夏令营的名字也孕育而生了。围绕"侦破"这个主题,可以延展的内容太多了,比如说需要利用数学才能破解密码,这可以让孩子们使用平时学到的知识;那些需要使用各国文化知识才能侦破的案件,则可以刺激孩子们对外面世界的好奇心;那些需要仔细观察和耐心才能找到答案的现象,都足以挑战孩子们的耐心和坚持力。这一切,让我的每根神经都在跳动,激动地期待着。

虽然夏令营即将开始,但我必须让晓寒先渡过她的难关,暂时我要把大脑所有空间都留给她。

第三部分 视野有多宽,世界就有多大

昨天,我收到晓寒妈妈的电子邮件,得到一些让我欣慰的消息。晓寒上周回去之后,开始笑了,不再像以前那样叫嚷着报复了。但有时还是自己一个人静静地在一边望着窗外发呆。

今天上午,晓寒如约而至。她看上去整个人都轻松了,脸上泛着笑容,脸色也红润了。

"你一直看我什么呀?我脸上脏啊?"晓寒被我看得有些不好意思。

"没有啊,我觉得你好漂亮。来跟我说说,上周回去怎样啊?最开心的事情是什么?"[关心孩子的心情才是真正的关心。]

"上周?我回去很好啊!开始过一种正常人的生活了。"

"哦?什么正常人的生活?和我一样忙吗?晓寒小姐?"我逗着她。

"正常就是按时起床睡觉,虽然没有上学,但我还是按日常时间表生活。只是觉得无聊,干什么都没劲。最开心的事嘛,有一件,就是上周我一共想了那个人六次。"晓寒等着我的反应。

"六次,我给你规定了不能超过六次,你倒是听话,就想了六次。不错!"[给孩子提出的要求应该是阶段性的,而不能一步到位。]

"你上次说的还真有用,我不开心的时候,就握紧拳头,想着你说的话,然后就好了。"

"那为什么无聊呢?是不是想回去上学了?"

"我当然想了,我成绩这么好,而且本来就不是我不想上学,而是学校不要我啊!"

"还真巧了,我这也有一个小朋友,他八岁,也是没有地方上学。要不你和他比比,看谁能更早上学啊?"

"真的?"孩子般的童真再次从她的脸庞流露出来。

"你上次说你想上美院附中?听说很难考,还有专业课的考试,很多人考,对吗?"

"是啊,我专业课应该没问题。可文化考试,本来没事的,但这段时间我一个多月都没有安心学习,我都不知道怎么办了,我妈妈也挺着急,你说我怎么办?"晓寒说完后,我才明白她发呆的原因是在想着自己的前途呢!

这样看来,晓寒妈妈也太不了解自己女儿了,或者是信任度不够吧。[父母对于孩子总是缺乏信任度,不信任他们的自信,不信任他们

169

的能力，这样的不信任最容易让孩子疏远自己。］晓寒还是很棒的，一旦想明白了，这聪明女孩绝对知道自己的目标在哪里。

"我们试试自学行吗？或者请个家教？"

"不去学校行吗？而且我不去学校，不是让那人更得意吗？她以为把我打垮了。"晓寒又恢复了激动。

我摇了摇头："你还在较劲，有意思吗？这可不是你这高智商孩子应该做的事，太辜负我了啊！"

"怎么了？你怎么这么看呢？"她声音忽然小了起来。

"你看，你又成那个运动员了。你自己好好把学校考上，然后就成了最后的胜利者，否则，我就要看你的笑话了。"我故意刁钻，这样她准能听我的话。

"倒也有道理，可是我怎么办呢？你能帮我吗？我刚听说你们的夏令营快开始了，你还有时间管我吗？"

"当然了，我不就是你的助手吗？你可别辜负了我，你看我都老了。"我倚老卖老起来。

看着晓寒认真做计划的样子，我无论怎样也无法把那三天精神病院生活和她联系起来，靠在沙发上，我看着她，心里有个声音：晓寒，谢谢你，你的改变也给了我信心。

看着她的变化，我体会着这来自信任的力量。人与人之间最难做到的就是相互信任。孩子们和成年人之间仿佛有这样一道鸿沟，双方站在鸿沟两边，我们是选择站在一边焦急等待，还是选择主动跨出第一步对那边的孩子伸手呢？当我们把信任交给了他们，我相信他们一定会在我们的信任支持下，沿着正确道路坚定地走下去。

11. 当孩子集结到夏令营

在孩子们准备期末考试的同时，"侦破天下"的夏令营也进入了最后的倒计时。拖着疲惫的身体，我回到家，准备到小区里先透透气，缓解一下最近过于紧张的情绪。

小区绿化非常不错，每逢夏天的夜晚，花园里、水池边散步乘凉的

第三部分　视野有多宽，世界就有多大

人都很多，我也难得悠闲地在小石子路上漫步，呼吸着飘散着芙蓉花香的空气，很是惬意。

此时，电话响了。

"兰海吗？我是章鱼，你在干吗呢？"

"散步呢！"这小孩，找我干吗呢？

"对了，你属什么的？多高啊？喜欢什么啊？"章鱼严肃地发了一连串的问题。

"问我这个干吗？属龙，1米62，体重保密。我喜欢什么难道你们不知道吗？凭这个，能当我学生吗？"我恶狠狠地说。

"哈哈，保密，等到夏令营的时候你就知道了，你就等着被我们折磨吧！"

电话立即挂断了。

我早就准备好被孩子折磨了。一直以来，我非常羡慕春秋时期的孔子，能带着弟子周游列国，我也非常喜欢和孩子们一起到一个陌生的地方。简单来说，就是一起流浪，走到哪儿算哪儿，而且我们之间没有老师和学生的关系，大家都是团员。我想去大草原、去中国的北极村！但，这个想法我还不敢和常松、小白沟通，我准备策划好之后再给大家一个惊喜！

开营当日虽然通知9点集合，但章鱼、向真、豪豪、冉冉很早就到了，提前到的孩子们已经开始帮我们运道具。

经历了上次招聘的余震，孩子们纷纷给我们写了求职报告，希望能在这次夏令营中担任营地特别助理。经过我们讨论，上濒聘用了年仅十三岁的叶幻和壮壮担任了特别行政助理。我还和这两个小家伙正式签署了一份合同呢！我们可是要付工酬劳的，这可能是这两个孩子平生第一份劳动所得吧。

远远地，我看见豪豪朝我跑来。

"兰，兰海。"他一边喘气一边说。

"怎么了？又出事了？"

"没有没有，你还记得我给你说的'三虎'吗？"豪豪急速地发问。

"'三虎'？"我大脑突然断电。

"就是冬令营的时候，我告诉你比我厉害多了的那个，这回夏令营他们也来了。"豪豪脸上既有得意又有一丝害怕。

"来了就来了吧，有什么啊？"我试图从陌生面孔中寻找"三虎"的影子。

"那你就等着吧！我可告诉你，有你受的了，我还没告诉常松呢！"他有些幸灾乐祸。

"那就先告诉我名字吧，都叫什么名字啊？"我装作不经意的样子开始打探敌情。

"哦，你不是说你不关心吗？"豪豪小眉毛上扬着看着我，居然调侃起我，"好，那我告诉你：孟家、张辰和陈健。"说完，他就迅猛消失了。

好奇心如我，怎能忍住不先去探个究竟呢？

我打开名单，孟家、张辰、陈健，三个人的名字果然在名单上，分属不同营队，其中两个在桐桐的营队。

于是我先登上大车开始点名，实际是为了看看这"三虎"长啥样。

"孟家。"

"到！"这个家伙连头都没有抬一下，一直盯着手上的游戏机。

"张辰。"

"到！"嘴唇红红的男孩像弹簧一样从座位上起来，精力旺盛。

还有一个呢？不用说，肯定就是在他俩旁边的那个。

"陈健。"

"到！老师，你看我回答得多快啊！"果然是旁边那个帅哥，虽然才上五年级，身高却已过1米70，一开始就主动和老师套近乎，果然有一手。

我暗暗观察，直到现在，那被称作"大虎"的孟家始终都没有抬头，好像自己独自待在一座高峰上。

我看向窗外，冉冉的头发好像梳理得不错，海希怯生生地站在车下面，可能很久没有见到过如此热闹的场合了，还有才八岁的小家伙子庄，还有一个最特殊的孩子：毅然的妹妹雁儿。

第三部分 视野有多宽，世界就有多大

我深呼吸了一口气，不知道这回要接受怎样的折磨和挑战呢。

出发前在营地准备会议上，我们已经分配了具体任务，我主要负责观察每个孩子，无具体细致之分。除我之外，常松和小白是最累的，因为在学校里的女老师已经够多了，在这里男老师的榜样需要充分得以体现。媛媛、凯音和小鹿则带领各自队伍进行竞争。

车上，我们临时进行了调整。决定让"三虎"归到一个营队中，这样有利于管理，至少可以让"大虎"管理其他"二虎"。而且我们决定将他们归到桐桐营队之下，趁机考验桐桐，女营长能够以柔克刚，对此我充满信心。

可没想到，刚到营地就出事了，并且还是海希出事了。

由于海希自己独处时间长了，他已经习惯让所有人的行为、习惯跟着他改变。大家还在等候安排时，他就开始不耐烦了，焦躁不安地一个人往外冲。媛媛看见后，立刻叫住他并让他开始检查所有房间的卫生，才安抚了这紧锁眉头的小情绪。可他那一吼一叫确实把很多孩子吓了一跳。大家异样的目光让海希更加不适应了，不知如何是好。

我站在远处，从一个全面角度来观察孩子们的反应。

所有孩子脸上都出现了各种表情变化，而只有两个人不为所动，一个是孟家，另一个就是一直超脱的语凡。冉冉冲到海希旁边，竭尽所能地帮着媛媛，桐桐拉着几个小女孩的手朝这边张望着，子庄在一边偷着乐，而雁儿脸上露出了害怕的表情，躲在了哥哥毅然后面。

按照计划，我们要进行一个"接力比赛"，实际上就是常规的跑步比赛，这能让孩子们在短时间内建立团队概念。

所有孩子都在营长的带领下走到比赛地点，只有海希一个人孤零零地在一根大柱子下站着，手抱在胸前，惊恐地看着这么多唧唧喳喳的孩子们，他慢慢地把头转向我，眼中露出乞求。

这孩子只认识我，我已经成为了他走向人群的途径。[孩子永远会接受他所信任的朋友的帮助，希望父母是他所信任的人。]

我慢慢地朝海希走过去，每走近一步，我就能看见他眼中乞求增多一分。当我靠近他身边时，他的双手已从胸前放下了。我把手伸出去，什么话都没说，他把手递给了我。我们俩一起朝前走去，可就在要走到人群中时，突然，海希一下子把我的手甩开。

"我不要去，我不要！"海希开始往路边上跑，声嘶力竭地大吼。

我大步上前，想拉住他的手。不过，狂怒下的海希根本没有停下来的意思，此时由于害怕融入集体的他，开始各种语言的拼凑，纵使我这懂几国语言的人也都听不懂他的话。

突然，一个身影挡在海希的面前。

怎么会是他？

"别闹了，我们一起比赛了。"

惊呆了！海希居然停下来了。

我在一边被震撼了，居然会是孟家？居然海希还停了下来？

可好景不长，就在大家还在排队准备开始比赛时，只见排在第一个的海希突然像箭一样朝终点冲过去，所有的人都傻了，不知道他要干什么。等他跑到终点后，他双脚顿地，大声嘶喊着："你们怎么还不跑？"

等我到他面前时，他泪流满面，嘴里嚷着："都等这么久了，为什么还不跑，我不等了，我要拿第一！"

那一刻，我的心都疼了。

这个孩子已经远离人群很久了。由于自己的担心害怕，他对团体有一种本能恐惧，害怕自己不被接纳。所以孟家的话比我管用，因为孟家来自于那个他想要融入的团体，孟家在海希眼中是一个代表，代表了团队的接受。

海希又回到了刚才那根柱子下，我回头一看，所有孩子都看着我，我拉着海希的手什么都没说。这个孩子，太没有安全感了，他自认为在很多活动中他会落在后面，骄傲而敏感的他不能允许自己再次因为落后而不受重视。［孩子总是会认为之所以自己不被接受，是因为自己不好。］所以，只要排队，他一定要站第一！只要比赛，他就一定要是第一！

牵着他的小手，我突然想到海希妈妈送别时对我说的话："海希跟着你们，我就放心了，兰海你们不会和其他学校一样让我把他带走吧？"

霎时间，我心生坚定。不管如何，在这里，除了我以外，还有很多

第三部分　视野有多宽，世界就有多大

孩子们，他们都会用一颗最真诚的心接纳海希。因为在这里，我们是一家人，我们能够互相包容。

"三虎"所在营队果然在接力比赛中获胜了。可因为过于嚣张，在晚饭集合时候晚到，常松猛扣了他们 200 分。

在第一天让大家重视规则的方法就是扩大规则的影响力。例如扣分行为，所以常松的外号就是"常扣"。晚饭时，看着第一天就被打压的"三虎，"我决定给他们一次机会，也让我有更多时间接触他们："这样吧，因为是首次扣分，我认为可以给三营一个弥补机会，晚上联欢会需要用 60 个气球，晚会前你们到我那儿把气球吹好，分数可以再考虑。"[惩罚的方式有很多种，而让孩子有机会补救，是创造了又一个教育机会。]

"我们肯定完成。"营长桐桐说这话时，完全没有看到那"三只老虎"横眉冷对的看她。

晚饭后，我特意把整个营地里最具亲和力的昂昂安排和海希同一屋，希望他们能够和平共处。昂昂是来自深圳的孩子，每次寒暑假他都会到北京来参加营地活动。这孩子最大的特点就是和任何人都能相处，并总能看到别人的优点。让他和海希在一起不仅让海希的安全系数增强，也给昂昂创造了一个挑战沟通能力的机会。

其实，每个孩子都是另一个孩子成长的机会。我能理解父母们希望自己孩子能和更优秀的孩子或更平和的孩子在一起，因为这样自己孩子的机会就不会被剥夺，就能从优秀孩子身上得到正面影响。但父母们忽略了一点，我们生活在一个真实的社会，孩子们长大后肯定要独立面对各种环境，人群中自然有优秀和平庸的人，也总会有平和的、自我的、控制欲强的人，我们不应在孩子们成长过程中人为地放弃这些成长机会，孩子们应该学会与不同的人们相处，学会去判断其他人，学会保护自己应有的权利。

我视察完所有房间，手机就响了起来，"三只老虎"已经到了我房间。

"这里有多少个气球我不知道，但你们需要吹60个，开始吧！"我从道具房拿出三包气球。

还没等我说完，陈健就上前搭讪："老师，听说您是从德国留学回来的，是吗？我去过德国。"

"他们都叫我兰海，没人叫我老师。你别多说了，吹气球去。"我充耳不闻地搭讪。

"好嘞！不就是吹气球吗？看我的吧！"陈健笑嘻嘻道。

张辰一边向孟家请教如何把吹好的气球扎好，一边和我逗乐："兰海，你说今天这样扣我们的分公平吗？一下子还扣这么多？"

"就是啊！一点都不公平。"陈健放下手上的气球，又走到我身边，"我也觉得是这样，兰海，你在德国时都去过哪些地方呢？"

"陈健，你懂什么啊，德国当然都走遍了，关键是除了德国还去过哪里？"张辰一边捆着气球一边说着。

"你们啊，都别问这些了，还差20分钟就到点了，60个气球没有吹好的话，那200分无论如何也要扣掉了！"孟家从头到尾都背对着我，只有这两个家伙不断在闹腾，我不得不发话。

"我们肯定能完成的，你看这是我吹的。"张辰拿着气球炫耀起来。

"你？不就这么几个吗？这活我做起来有难度，还是你们吹好了，我来扎线吧。"陈健笑眯眯地对着张辰说。

张辰看了一眼陈健，用手指了指孟家的后背。陈健无可奈何地拿起一个气球，开始吹，气球还没鼓起来，他又开始说了："今天晚会有什么节目呢？听豪豪说，你们这个地方玩的东西都是我们从来没有玩过的，有这么玄吗？不太可能吧？"

"是吗？不相信，那晚上你就老老实实在下面坐着，任何一个游戏都别上来玩。"我故意没好气地说。

陈健一看我搭话了，立刻凑了上来："兰海，你们老师这么辛苦，有任何需要我帮忙的地方，告诉我，只要有我们在，没有什么事情搞不定。"

"得，你还是先把这60个气球搞定吧！"我推开陈健，我算是已基本明白陈建的风格了，就是和老师不断套近乎，只说不做。[我们都是心软的，一定不能被孩子们的"甜言蜜语"攻破，父母一定要注意。]

"这是60个气球,已经完成了。"这是"大虎"孟家说的第一句话,也是唯一的一句话。我终于有机会直视这个寡言少语的男孩了。孟家有一张严肃的圆脸,眉清目秀的他眼神中却有着一种和这年龄不符的成熟味道。

"三只老虎"的特点通过这60个气球已让我摸着头绪了。孟家绝对是三个人当中有影响力的人物,很有责任感;张辰是一个比较合群、有执行力的家伙;只有陈健靠拉近和老师之间的关系来打自己的小算盘。

"来,兰海,我来帮你把气球拿到教室里去。"陈健一个健步冲过来,把气球都夺了过去。

我暗笑,这些花花肠子,我们小时候都用过了的,你们就等着吧!

12. 认真的孩子最动人

"兰海,向你报告,大事不好了。"叶幻跑得气喘吁吁。

"什么事情?稳住,行吗?"我放下手里的活,看着他。

"好,好,我慢慢说。豪豪生病了,不舒服。"叶幻拿着手上的温度计。

"你怎么会有这个?"我挑着眉毛问。

"我不是营地特别助理吗?为了更好地为大家服务,为了能获得全额工资,我自己带的。刚才他说不舒服,我给他量了体温,就像医院急诊室里量体温那样……"叶幻骄傲地说。

奇怪了,这应该是女孩喜欢干的事情啊。我立即吩咐叶幻:"你快去通知一下媛媛,让她迅速到豪豪房间。"

随后我也到了豪豪房间。医学方面的知识,我几乎不懂,不过媛媛却非常清楚。这也是她的主要工作之一:具备医学常识,能简单处理病状。

"38.8摄氏度。我们有儿童退烧药,先吃点儿吧!"媛媛拿出了药。

"那好,媛媛,你照顾一下豪豪。晚会要开始了,我先过去看看。"我用手摸着豪豪的头,"豪豪,可惜上濒招牌活动'我们放假了'你没法参加了。不过，我会派遣常松每隔一小时就过来一次，还有我现在要通知你的家人。"

"不，不，我一会儿就好了，你可别告诉我姥姥，她知道了肯定会把我接走的，那我不就完了吗？我都盼了一个学期了，这次还考这么好的成绩，你千万别说。"豪豪哀求起来。

我和媛媛交流了一下眼神，决定观察一下再说。

常松这时也上来了，就连小白也发了条彩信过来慰问，看来豪豪虽不能参加晚会，但却接受到了这么多意想不到的慰问。

"我们放假了"晚会是上濒的招牌，每次营地活动的第一天都会有这个让所有人疯狂的晚会。除了固定的活动以外，每年我们都会把孩子们的信息涵盖在谜语中，比如说我们会提前用照相机采集四个孩子的脑门，然后让大家猜他们是谁。我们还复制自己当年的成绩单，让孩子们辨别是谁，等等。

晚会中所设计的游戏精彩得简直让我发疯，有比柔韧性的"过杆"项目，也有上濒独创的特殊抢椅子和声线大挑战，每次我都会举手申请和孩子们一起玩，但每次都被小白和凯音恶狠狠的目光震慑回去。

酣畅淋漓的游戏让每个人都痛快了，就连海希也没有再出现下午的情况，让我颇感欣慰。可这整个期间最让我吃惊的仍然是冉冉。与其说是吃惊，不如说是对冉冉的尊敬。

很多人喜欢在晚上有所表现，纷纷进行个人才艺表演。小时候，我也因为唱歌优秀，而经常登台表演。但十岁时进行扁桃体手术，嗓子坏了。现在，我连唱卡拉OK的信心都没有，生怕他人嘲笑。可这次冉冉却给我上了人生中非常重要的一课。

在才艺表演的环节，冉冉代表他们营上场。在此之前，我们都没有听过冉冉唱歌。

"下面，我给大家唱一首《塔里木河》。"冉冉声音有一种特殊的穿透力，就算平日她那普通说话的声音，也能让每个人都感受到这穿透力。

坦白说，冉冉在孩子们中的亲和度并不高，因为她太"正"了，

第三部分 视野有多宽，世界就有多大

给人感觉"正"得有点像政工委员。孩子们平时所喜欢的东西，她都没太大兴趣。流行歌曲、动画片等，这些她都不看，她只喜欢看历史方面的书籍，很认真地学习，基本上不犯错误。一般这个年龄段的孩子都会有的毛病，她却一概没有。正由于她的与众不同，她和其他孩子之间自然缺乏共同语言。只要在活动中任何正确的要求，她都会自觉执行，并且还会要求别人执行，但要命的是毫无让步地让别人执行。因为她的"正"，有时一些人际交往当中的默认规则，我需要好好向她解释一番。但我还是从心里喜欢这个当下社会中比较罕见的小女孩。

这次唱歌，也毫不例外的正式。

一上台，先报歌名，然后开始唱。说实话，歌声有点走调。台下的孩子都不喜欢听民歌，更别说是走调的，大家纷纷说话聊天。就算是冉冉如此高频的声音，也几乎淹没在众多话语声中。可冉冉一点都没有惊慌，该停顿的地方停顿，该唱四拍绝对不会唱三拍。

这样的镇定和认真，让站在后排和媛媛耳语的我都意识到自己行为的不恰当。

第一段唱完后的副歌部分，我开始和媛媛、小白一起为冉冉打着节拍，但我们并没有要求孩子们都跟着我们做。然而，我们的行为却引起了一些说话孩子们的注意力，他们也开始真正"听"歌了。虽然走调，可大家都发现冉冉的认真绝对是一件可爱可敬的事情。[我们的行为随时都影响着孩子，好的行为如此，坏的也一样。]

按照常规，演唱一遍已足够。但认真的冉冉开始顶着压力唱第二遍，仍然一丝不苟。慢慢地，整个喧哗的场地安静了，全场仅剩下了冉冉的歌声。仔细听，我们都发现了她的美。那认真的态度是世上最美的事情，我仔细环顾四周，所有孩子都目不转睛地看着冉冉，就连海希居然也能在他最不熟悉的民歌状态中安静下来。

5分20秒，冉冉的《塔里木河》唱完了，我们都站起来给冉冉鼓掌，掌声中更多的是尊重，大家对冉冉的尊重。

谢谢冉冉，给我们上了特殊的一课。孩子们拥有的力量在一天天加强，让我心生安慰和佩服！[孩子是我们的老师，我尊重我的老师。]

晚会结束了，我去看望豪豪，小家伙的温度也降了下来。按照惯例，安排所有孩子洗完澡之后，就开始最负盛名的"聊天"了。这也

是上濒的传统了，晚上查房时，总要和每个孩子说说话，让他们总结一下今天的生活，也会和他们谈谈各自的私事。［聊天的内容绝对不是"学习"，这才是真正的互相了解的"聊天"。］不过，我还是认为男人有时的细心是值得女人认可的，譬如说小白，每次活动他都会拿着相机给每个孩子拍照，而且是每天。［行为上的坚持也能加深孩子和教育者之间的感情。］

我想起了小白常说的那句话："这是我的孩子，我喜欢他们每个人的样子。"

13. 孩子们打起来了

回到房里，耳边虽然安静了下来，可心里却一直在翻腾，想想这个孩子，又想想那个孩子，最后在冉冉的歌声回忆中，我迷迷糊糊地睡着了。

感觉才入睡了一会儿，就被这帮小孩吵醒了。我看了看手机，才6点半啊！昨天不是还对他们采用了疲劳战术吗？每次第一天晚会的另一个目的就是把他们玩累，可他们还能这么早起床，真是精力充沛啊！

"兰海是懒鬼！懒鬼，现在还不起床！"房外响起了有节奏的呼喊，让我不得不从被窝里抓狂地爬了起来。

半梦半醒中，我回顾了一下今天需要特别关注的孩子。昨晚开会和常松再次分工，他负责"三虎"，我负责那几个小家伙，特别是海希，不知他今天又要做出什么惊天动地的事情。

我在心里默念：关注海希、雁儿和子庄。

引导这三个最小的孩子是我这次的主要任务，目的只有一个——让他们能够融入到团队中、能够和别人有交流、能通过自我表达而交朋友！

7点30分，我需要在十分钟内完成对海希、雁儿和子庄的第一次探望。

首先，我去一楼看望海希。悄悄推开房门，不错，正在和昂昂看电

第三部分 视野有多宽,世界就有多大

视。我什么都没有多说,丢下一句"把床铺好"随即离开。

然后,我来到二楼子庄的房间。房间里一片狼藉,浴巾、袜子、衣服全部掉在地上,奇怪的是房间里面没人,但从洗手间里传来毅然和子庄那"浪奔浪流"的歌声!这杂乱让我止步。同样丢下一句"把床铺好"后我离开了。

最后,我需要去看看雁儿。

我把脚步稍稍放慢了,看着窗外的阳光,今天天气不错,不知"三虎"那边如何了。希望他们可以好好品尝一下常松的严厉和小白的苛刻。

女孩的房间果然不一样,推门就闻到了香味。

"兰海,你来了真好。"桐桐看见我就像看到救星一样,把我拉进房间。

雁儿一个人安静地坐在床上,所有物品整整齐齐地摆放着,她已经做好随时集合的准备了。

"兰海,雁儿怎么回事?我怎么和她说话,她就只听,没有反应啊?连摇头和点头的表示都没有。"桐桐低声说。

我回头看了看雁儿,雁儿显然听见了桐桐的话,可仍然没有做出任何反应。

"你看,就连昨天我照顾她洗澡,我也只看见她嘴唇在动,非常小声,我必须要靠在她耳边才能听见呢!"桐桐继续诉苦道。

"这有什么啊?这不就是锻炼你的听力吗?这点苦都受不了,还能加入上濒?"我看向桐桐那张要变绿的脸。

"雁儿,我告诉你,对于桐桐,你就要这样折磨她,就要锻炼她的听力!这个任务我就交给你了。"我大声地向雁儿提出要求,以化解她内心的尴尬。看来雁儿的心理关还没被突破。不过我有五天的时间。
[对一个极度敏感的孩子,让她放松是第一步。]

雁儿是一个很聪明的女孩,知道用心去看世界、体会世界。由于先天原因,虽然她已经八岁了,但个子非常矮,以至于所有孩子在初次与她见面时,都不会认为她是二年级的学生。

对雁儿来说,这是一个极大的考验,在营地里她遇到最多的提问就

是:"你怎么这么小?你多大了?怎么还有这么小的孩子来上濒呢?"

每次遇到提问或者听到议论,我都不会制止孩子们。毕竟,雁儿要面对的就是这样一个生长环境,如果她现在不学习如何面对,就如同生活在一个真空里。等她长大了,必须面对真实世界的时候,又如何应对呢?我们没法给雁儿虚拟一个她所需要的环境,而只能让她适应现实的环境。每当有这种提问时,我都走到她面前,拉着她的小手,用力在手心使劲捏几下,问:"雁儿,你说怎么回答呢?"[用不同的鼓励方法能加深孩子的印象。]

上午的课是"密码"课,我们从简单的移位密码分析到二进制密码。在密码分析的基础上,我们进行了一个策划能力的任务,内容就是如果孩子们所在营队突然空降在一片热带雨林中,他们如何在提供的20件物品中选择10件物品带走。

接受任务之后,孩子们立刻围绕在各自营长身边开始讨论。我穿梭在各营中听他们的讨论。每个队员都在带队老师的鼓励下畅所欲言,海希知道自己表达不够好,于是开始用画画儿的方式表达着自己,子庄也一直托着下巴认真地听大家发言。叶幻和壮壮拿着评价表对照上面的每条标准对各营队讨论情况进行评分,这时,一个不协调的声音冒了出来。

"你干什么?"声音很大,但也带着一丝胆怯。

我看向左边,只见孟家抓起毅然的领子把他推到墙角,毅然在极力反抗。张辰、陈建在孟家后面跟着,试图挡住大家的视线。

我暗笑,哟,还挺有打架经验?

孟家目光凶狠地看着毅然,手上动作已经停止。

我径直走了过去:"你干什么呢?"我目光同样凶狠,眼看毅然从孟家手中解救出来。

居然,孟家试图用力挣脱我。

我也用力了,将自己隔在他们俩之间。

"让他们打!别拦着!"小白的声音突兀地透过麦克风在大教室里传来。

"现在给三营扣分,100分。"

第三部分 视野有多宽，世界就有多大

孟家还在挣扎，毅然也依旧一脸不在乎。站在一边的营长桐桐和其他"二虎"却看呆了。

"200分，300分，400分！"小白无情而镇定地把分数一点一点往上加。

终于，在500分这个数字从小白嘴里蹦出来时，他们两人停了下来，全场肃静。

课程的进度并不能因他们俩的战争而延迟。

毅然一脸不爽、一副申冤的神情。孟家是一脸倔犟，脸上写着：我就这样了，反正我没错。

看来，这混乱的场面必须由我出面了，我一脸严肃地让孟家跟我到外面。就在我朝教室外面走去时，听到这样的声音：

"看来兰海也搞不定了。"

"毅然简直自不量力，怎么可以和孟家打？"

"他简直不知道孟家的厉害。"

不过，当孟家自觉地走到外面时，身后还是留下一片惊愕。［对一个骄傲的孩子来说，不择方式地就在众人面前批评他无疑是毫无效果的。］

在门口，我看着面无表情的孟家。

"你刚才的选择是什么？"［不要首先批评孩子，而是回到事情的本身。］

"我一定要挑选收音机。"

"为什么呢？"

"收音机可以接收到一定频率，如果有什么为难的事情是可以联络的。"

"那毅然的意见呢？"

"他们？"孟家不屑地哼了一声，"他们什么都不懂。"

"那你有没有想过要解释给他们听？"

"我解释了，就连桐桐也支持他们的想法。"孟家有些激动起来。

看来桐桐在他心中还是有点分量，我厉声："那你就能动手？"

"不用点蛮力他们就不会服气，他们再不听我的，我们营肯定就落后了。"孟家再次握紧了拳头，朝教室里张望。

"在我看来，这还是你的问题，你怎么就不能说服他们呢？"［对于骄傲的孩子，一定说出他们的"不能"，这样能够激发他们。］

孟家低头沉默。

"我想，当你的答案是正确的时候，你的确应该坚持，而且为了团队荣誉，不管遇到多大困难，不管有多少人反对你，你也需要坚持！所以，我支持你！"［其次，找到他们的优点，并且给予肯定。］

某种程度上来说，一个能坚持自己想法的人是难得的，更难得的是他不是为了自己的利益，而是为了集体荣誉而坚持。

孟家眼神温柔了一些，开始专心地听我说话。

"你看，现在仅有你一个人意识到答案的正确性。我们想想，怎么才能让别人听懂呢？"［最后和孩子一起找到解决问题的方法，注意力放在如何提高上，而不是刚才的错误上，无论是表扬还是批评都是为了让孩子进步。］

"你怎么都没有说我刚才打人的事呢？"他忽然打断了我的话。

"说了有用吗？估计在学校的时候，你这脾气应该不只一次了，所以不用我说，已经有太多人说你了，我就不凑这热闹了。重点在于怎么能让别人更好地接受你的观点呢？"

孟家显然对我此番话语感到意外，一直看着我。

"看什么？我脸上有东西吗？"我被他过长时间的直视弄得有些不自在，"让我们正式认识一下吧！我是兰海。"我微笑着伸手。

孟家像个大人一样正式地和我握手，有力而且持久，我们之间以这种方式传递相互的认可。

再回到教室时，我看见海希望向孟家的眼光中有一丝佩服。我心里暗想：嗯，看来孟家可以帮我搞定海希了。孩子们之间的微妙关系被我尽收眼底。老师就像一个导演，需要发现不同角色之间的需要和相互影响，而在这诸多影响之中，孩子们相互之间的影响是最宝贵的。［给孩子创造一个他们自己互相影响的环境是教育者最重要的工作之一。］

孟家一踏进教室，毅然就冲过来激动地说："真不错啊！刚才你的建议给我们营加分了。"

孩子们之间果然不记仇，我心里顿感欣慰。

第三部分　视野有多宽，世界就有多大

"站住！你倒是原谅他了。可你们俩知不知道，因为你们的冲突我们已经被扣了500分了，现在是最后一名了！"营长桐桐有些生气。

"下次加油不就行了，桐桐营长，不要这么着急啊！对我们要有信心。"张辰上来打圆场。

"是啊！你看，现在连兰海都站在我们一边，还有什么搞不定啊？"陈健又来这一套。

夏令营就是这样，一定要发生些故事才有意思！[孩子的变化来自于他们的冲突和矛盾，而这种变化的走向，取决于父母和老师的引导。]

14. 雁儿，大家不再迁就你

营地每天活动都很精彩，每个孩子都激动万分。我也在想着如何揭秘"流浪之旅"和内波教授那封含义深刻的邮件。

这几日我频繁更新自己的博客，把近来孩子们的情况都详细记录下来。其中，我特别记录了雁儿的微笑。

每次雁儿在桐桐说完话之后，脸上都会露出一丝不易察觉的笑容。雁儿几乎是不出声的，但她懂得微笑，用微笑来回答这些提问。从面无表情到面露微笑，雁儿进步很大。

昨天下午需要动脑来完成游戏，雁儿出色地完成了。她虽然不说话，但总用眼神来表示她的看法和选择，或许因为桐桐和她已经住过了两晚，对她的表达方式桐桐也有了了解，总能明白雁儿的想法。每当有人问雁儿年龄时，桐桐总是大声地回答："怎么了，雁儿就是八岁，不许问了！"小时候的女孩总比男孩子凶悍一些，具有领导气质的桐桐就更不用说了，她简直就充当了雁儿的保镖。

可现在这顿要等着吃的午饭，对雁儿来说会是一种考验。

打饭是上濒的特色之一。我们冒着赔偿餐厅无数个碗的风险，坚持让每个孩子都要为他人服务，每天都会有一个营的孩子负责给排成一队的大伙盛饭、盛菜。

这对于雁儿来说是一个很大的难题，她的身高让她不能为大家服务——她根本够不着桌上的饭菜。

或许每个人都在想,那就算了,特殊情况就不用让雁儿参与了。但如果此时不平等地对待雁儿,不对她和其他人一样的要求,那就会让她认为自己和别人的确不一样了。对于雁儿来说,这更是一种自尊心的伤害。

"毅然,去给雁儿拿一把椅子,结实一点的。"我下了命令。

"好嘞!"毅然扭头就走,然后停住,"给雁儿拿椅子干什么?"

"拿来不就知道了,这么多话。"我不打算说完。

大家都一脸狐疑地看着我。

"去,把椅子放在饭桌后面,让雁儿站在上面为大家打饭。"豪豪立刻把凳子放在后面。雁儿一边回头看我一边走过去。

"兰海,我妹妹,能不能……"毅然犹豫着。

"不能,既然她和大家一样,那么我们能做的事情雁儿也一样能做,明白吗?"说这话时,我朝雁儿笑了笑。

很多时候就是这样,如果希望朋友得到尊重,我们就必须一视同仁,让她所承担的任务和其他人一样。我相信,雁儿比我还希望能和大家一样,这种尊重是她所需要的。[孩子最需要的不是同情,而是认可。年幼的他们不一定能表达自己的想法,但是父母却不能忽视他们需要的尊重。]

对待很多特殊情况的孩子,比如说单亲的孩子,天性中出现的怜悯会让我们忘掉他们真正需要什么。从目前的情况来说,周遭对雁儿的怜悯或同情能代替她暂时解决问题,但从一生来讲,让她能够真实面对现实,那才是最好的方法。

"兰海,我有些不懂,为什么你非要这样做呢?"凯音问。

"她是为了让雁儿获得所有人的尊重,获得平等的对待。"常松抢先回答了。

"是啊!雁儿需要大家的关心,但不需要大家的同情,她需要向大家证明她的能力。"豪豪突然在我们身后补充道。

本来觉得吃饭时说这问题就有点高调,不过比我还高调的人居然是豪豪,真让我吃惊。

"大家别着急,我们慢慢来。"豪豪开始帮助缓解队伍中的拥挤。

第三部分　视野有多宽，世界就有多大

"是啊，是啊，今天请看我们的特别嘉宾雁儿为每个人分汤。"陈健的口才终于有用武之地了。

雁儿站在椅子上，旁边站着的是孟家。他一直站在雁儿身后，虽然不说话但眼观四方，定是怕椅子出现问题，显然，他也在一旁充当保镖的角色呢。

孩子们在这短短的时间里就长大了。所以，教育就在每天的生活中，生活中处处都充满了学习！

这下，我终于可以安心吃顿饭了，唯一担心的就是吃下了一个馒头我会长胖。

咀嚼馒头时，我突然回忆起章鱼在农村时对馒头的喜爱，抬头环顾，这两天怎么在任何战场上都看不见美女章鱼？

下午再找她吧！我的大脑已经开始缺氧了，我和小白、媛媛请假准备睡午觉。路过章鱼的宿舍，居然看见子庄坐在她的床边，我脑子里出现了几个问号，但实在不能和大脑缺氧抗衡了，就乖乖地回去睡觉了。

13点50分，哨声准时响起。我坐在床上摇摇头，居然一点都不疼了，看来充足睡眠果然是缓解疲劳最好的良方。我出门时，再次经过章鱼房间，看见子庄站在她房门口。奇怪的是，子庄的房间并不在这一层啊！

"雁儿，拉着我的手走。"桐桐拉着雁儿来集合了。所有孩子都在给雁儿和桐桐让路。桐桐一脸得意，雁儿脸上也带着一丝笑容。

我在一旁沉默，怎样才能让雁儿主动说话呢？下午一定要在上课时用提问方法试一下。

"雁儿，你说我们该怎么办呢？"

"谁能告诉我，这个案件的线索是什么呢？雁儿知道吗？"

无论我提出怎样的问题，哪怕是她最喜欢的画画。

雁儿还是一言不发。

我真沮丧，三小时过去了，雁儿还是只有微笑，唯一的欣慰是除了动嘴唇以外，她还能点头或摇头。

"你怎么能这样呢？雁儿，你在家不是说话很大声吗？"我最后一个离开教室，听见毅然拉着雁儿在说话，我停下了脚步，想听听这兄妹

俩怎么交流。

"我，我……"雁儿低声嘟囔。

"你这样怎么行啊？你看，兰海给你提问了多少次？常松眼中都快只有你了！你必须要回答问题，否则，我就……"毅然一时找不到词了。

雁儿移动着她的脚步，应该有些害怕。

"你在干什么？"还没等我挺身而出，这个英雄角色就被豪豪抢了过去。

"我干什么？他是我妹妹，我愿意干什么就做什么，关你什么事？"毅然马上露出一副大家长的样子。

"她是你妹妹？我告诉你，任何人都是独立的，你别以为你是她哥，你就能怎么样！"豪豪还真有正义感。

毅然绝对认为自己当哥哥的权威受到挑战了，不断逼近豪豪。虽然豪豪不如"三虎"，可也算是学校一个厉害角色，哪会服输？

"好，那你是雁儿的谁呢？你倒是说啊！你又为什么能管呢？"毅然倒也吸取教训，开始智取了。

"他没有权利，我们总有吧！"桐桐营长出现了，"雁儿是我们营的，和一营的毅然同学好像没有什么关系！就算有关系，你也得让你们营长章鱼来找我。"

虽然有点儿官腔，但这番话也说得很在理。我在一旁看热闹看得挺带劲。[孩子们有自己解决问题的方式，如果他们能够解决，我们就不要出面，把机会留给他们。]

"走，雁儿！我们营在那边开会了。以后谁要再这样，你都有权保持沉默！"

桐桐营长带着雁儿拂袖而去……

"哇！你们猜我刚才看见什么了？"我冲进会议室。

"稳住！你是老师！"常松不屑地看向我的激动。

"刚才上演了一场精彩大片，毅然、雁儿、豪豪、桐桐出演，我为培养出这样一大帮好演员而感到开心！"我放慢了语速。

"是啊，你开心呢？我告诉你，你赶紧去看看子庄，那里上演的大片才叫精彩啊!"媛媛也卖弄起神秘。

"子庄?"脑子里瞬间回闪出几个今天的问号。

"我看章鱼都要疯了,子庄什么时候都跟着她。别上演一场什么大片啊!"媛媛自顾自地说了下去。

章鱼的确是一个有人格魅力的女孩,我们私下都不知道讨论了多少回关于她未来的感情生活。可对于一个八岁的小男孩,难道这魅力对他也有吸引力吗?

我一定要去探个究竟。

果然如媛媛所说,子庄就在章鱼房间里。可我并没有看见章鱼发愁,反而一脸得意,好像挺喜欢和这个比她小五岁的孩子谈话,而且流露出一丝不苟的认真。

"兰海,你看,我也能通过谈话帮助别人了。"章鱼一脸灿烂地对我说。

"是吗?子庄,我能参加你们的谈话吗?"首先要尊重孩子们的隐私,虽然我非常急切地希望知道他们的谈话内容。

"嗯。让我想想。"子庄自言自语。

"就让她参加吧!说不定还能给你出出主意呢?"章鱼紧接了下去。

"好吧!那可是你说的。"子庄微笑着点头。

居然还要靠章鱼的面子我才能获得这个机会:"好啊,有什么问题?"我脸上带着笑容,心里却复杂了起来。

"章鱼都为我解决了!她可厉害啊!"子庄激动地倾诉起来。

事情原委是因为子庄年龄小而且很可爱,所以他们营几个男孩都喜欢捏捏他,他对此不高兴,也反抗过,抗议过,但显然他的抗议没有受到重视。经过两天观察,他发现所有男孩都比较听章鱼的话,这机灵家伙就算找到关键人物了。于是,章鱼自然成了他的保护伞,只用了一个中午就制服了那些大孩子!

在战斗中学习战斗!子庄验证了这句名言。而章鱼也为自己能帮助子庄而感到无比开心,这就是人和人之间的快乐吧!

这几天各营队的积分都各有增长。战火硝烟的味道也越来越浓烈,我们也都非常谨慎地面对每个比赛环节，因为我们一定要让孩子们体验到真实社会的竞争。

海希随着进程，在昂昂的帮助下也开始进入了状态，这两天他已经能跟上大家的节奏，也知道不能放任自己的性子去做事情了。毅然对雁儿的监护也少了很多，我从雁儿的脸上看到了一点自信，但这进步是不够的，我必须要让雁儿有一个质变——时间不能等了，我希望雁儿能早日尝到"自己"的力量。

看着孩子们对待雁儿的表现，我知道他们都在慢慢地等待雁儿，都知道照顾雁儿的需要。看着孩子们的表现，有时我质问我们自己，我们是否给予了孩子们表达爱的机会呢？

但我必须狠心地做一些事情，因为营地留给我的时间不多了。[教育要循序渐进。我们要随时根据孩子的情况改变要求和方法。雁儿已经能够融入集体了，所以这个时候可以提出更高的要求了。]

好吧，从今天开始。

8点整，准时集合。营地的风景之一，桐桐和雁儿大手拉小手地过来集合。

"桐桐，你把手放开，让雁儿自己走！"我严厉的声音听上去冷冰冰的。

"哦，可是，为什么？"桐桐不解。

"因为雁儿是一个独立的人，她必须学会独立！"[给孩子提要求时需要注意在要求中肯定她。比如说"是一个独立的人"。这句话里体现了对雁儿的认可。]我看向雁儿，她眼圈一下子红了，她很不适应我这强硬的态度。

"兰海怎么了？"孩子们窃窃私语的议论并没有让我这个"导演"心软。

"雁儿，自己走过来！"我再次命令。

雁儿没动。

我等，谁不知道我是一个最能耐住等待的人？[很多时候，孩子在和我们较量。我们能多等一分钟就是多给孩子一分钟的机会。]

一分钟，雁儿开始迈步。

走到我面前，雁儿不敢看我，我单腿跪在地上，对她说："好，就在那儿。雁儿，现在我要告诉你，你不能再拉着别人的手走了，你必须要用语言让我们知道你的意思。我们谁都没有办法去猜你，没有办法的。"

雁儿原地看着我，眼睛眨巴眨巴。

"还有，雁儿，你记住，你必须勇敢！我支持你！"我坚定地看着雁儿。[在孩子完成任务的过程中一定要给予鼓励和支持，我们坚定的态度能提高孩子的自信。]

看着她那柔软的眼神，再多一秒，估计我就要心软了。

随着雁儿慢慢地向我走来，我在最后一秒把这个要求传递出去："从今天起，我们所有人都不能迁就雁儿了。这是命令！"

15. 决定胜负的最后一天

当我终于想好了如何让大家开启"流浪之旅"的时候，决定夏令营最终胜负的时刻也到来了。出乎意料的结果是，海希、子庄、语凡所属的营领先。虽然这个营队孩子的年龄小、个性强，但他们在每个项目上都积极参与、保持激昂斗志。虽然不一定每个比赛项目都是第一，但绝对不是最后。这种很强的平均实力让这个不醒目的营队稳扎稳打地最终在总分榜上名列前茅。

这积攒而来的竞争实力也让我悟到了很多。

与孩子们在一起的日子表面上打打闹闹，看上去每天都那么快乐。实际上，很多时候，他们都是我们的老师。

叶幻和壮壮，两个认真负责的营地助理，每晚都会和常松查房，每次活动的道具也会整理好，这些都减轻了我们很多的工作量。

好强的孟家，他有很强的逻辑思维能力和责任感，唯一缺乏的就是找到适合的沟通方式，他甚至都不太会表达自己的情绪。

章鱼，在人群中总有自己的独特魅力，总能吸引众人目光。

雁儿，她现在不仅有微笑还有大笑，也开口说话了，哪怕是一个字、一个字的，哪怕还是很小声的，但总归有了进步。

晚上,"三虎"组建的"猪号乐队"准备了一场睡前摇滚演唱会,吸引了很多人去他们房间观看,自然也包括我这个超级歌迷。

就在我陶醉在他们歌声中的时候,走廊上海希和凡凡发生了争执,哭声居然能透过歌声传进房间。我出门一看,海希满脸泪珠,正大口喘着气。凡凡坐在地上号啕大哭。而在他们旁边的子庄则露出标准性的冷静,一会摇头,一会点头。

"你有什么意见?"见海希和凡凡两人情绪激动,目前不宜回答问题,我首先询问子庄。

"活该!"子庄嘴里蹦出来两个字。

"什么意思?"我不解,看了看这三个年龄较小的孩子

"凡凡说海希不会讲中国话,海希就急了,我觉得凡凡不应该这样。"子庄冷静地说。

海希听见子庄的话之后,本来已停止哭泣的他又开始哭了,但凡凡的哭声却停了下来。

孩子,真的需要哭两次。这次海希是因为理解,所以哭了。[孩子情绪受到影响的时候,一般会哭两次。第一次因为事情本身,第二次是委屈。第二次哭泣时,我们的安慰很重要。]

"凡凡,你会说意大利语吗?你会说法语吗?"我问凡凡。

"不。"脸上还挂着泪花的凡凡小声地回答。

"那海希说不好中文,你能说'不好'的意大利语和法语吗?这次是你错了。"我又转向海希,"海希,我们可以不用打架的,比如你用意大利语告诉兰海,兰海能理解你。但你想想,凡凡并没有说你不好,只是说你中文不好,这也算是一个事实。我们加油,争取尽快学好中文好吗?"

我左手一个、右手一个把两个小家伙拉了起来。被打断的猪号乐队摇滚声又重新响起,大家再次重新沉醉在强有力的节奏中。

解决孩子们的矛盾,最重要的就是公平,让孩子们在解决矛盾过程中受益。其实,最有效的教育机会就蕴藏在各种矛盾中。我们不仅需要矛盾,还需要经常制造孩子们的矛盾,只有这样才能创造出孩子们成长所需要的机会。[解决矛盾的目的是为了让孩子有所提高,公平是确保

第三部分　视野有多宽，世界就有多大

孩子能够接受建议的基础。]

夏令营只剩下最后一天了。每次活动都如此，第一天过得缓慢，而后的日子逐渐加快，不知道永远坚持原则的时间先生，是不是也被孩子们的快乐所改变了，跑得越来越快？

最后一天是决定胜负的一天，所有人都严阵以待地站在场地，等待着最后的闯关任务。

第一关是"侦破天下"。通过一个事物来分析一个人的性格。小白非常过分地缴获了我的电动牙刷作为道具，所以每个营队都针对电动牙刷来分析使用者的性格。

令我感叹的是，居然大部分分析都很准确。

"该使用者不爱惜物品，很粗心。"

"该使用者日常生活比较懒，是一个怕麻烦的人。"

"该使用者平时工作时间很紧，牙刷头没换，估计时间已经超过半年了。"

我慢慢变红的脸掩饰不了内心对小白的痛恨，可还要故作镇定地作为裁判给孩子们评分。不过，小白最后并没有透露"该使用者"的真实身份。否则，我一定扣他工资！

第二关是"拯救人质"。每个营都要运用自己所学的破译密码、逻辑分析、审问等方法获得人质被关押的地点，而后需要确认最想营救的其他营队的队员。

这可以考验他们对非本营营员的认可，以及是否会考虑营救的原因和目的，是否能够公平，等等。这些恰是这几天他们的综合收获。

一营，章鱼的营。他们最想营救的人是语凡，原因是语凡是一个聪明人，而且年龄小目标不易被发现，他还可以做好后续通风报信的工作。

这答案让我非常满意，孩子们至少开始考虑更长远的事情。

二营，语凡的营。他们选择营救的人是雁儿。原因是雁儿的体力弱，需要重点保护。

答案不错，但原因说得不充分。

三营，桐桐的营。他们选择营救的人是子庄。原因是子庄小，他的人生路还长呢，发展前途很大。

答案虽然和二营类似，但这理由由一帮不到十二岁的孩子想出来，绝对有意想不到的效果。

四营，向真的营。他们选择营救的人是孟家。原因是孟家能力强，营救出一个有能力的小孩可以改变未来，这个时候机会最大的就是该选择的。

答案很好，知道考虑全局和长远性。

当第二关结束时，四个营的分数都非常接近。因此，最后一关绝对是胜负之战，我们提供了30分钟休息时间。

各营都在开会，有的在进行战术策划，有的在休息，还有的在鼓舞士气做最后的战前动员。

最后一关是对营队体力、智力和团结的大考验。各营都用了不同方法来解决问题，也想尽了诸多方法寻找规则中可利用的地方。我尾随着这环节中最后一名的营队回到集合地点，可还没进入集合地点，就听见里面传来阵阵吼声。

"你坐下！"居然是小白的声音，我第一次看见他发火，平日所有恶人形象都是由常松来担当的，这回怎么会是他呢？

"不公平！别以为你是老师，我就要听你的，凭什么啊？"原来是孟家激动的声音。

进去一看，小白在台上，台下的孟家暴跳如雷，指着一个女老师大骂。这位老师是受邀来体验上濒夏令营特色的。

孟家指着女老师破口大骂状让所有人都呆住了，我也算是第一次领教了他的狂躁和恶劣。

常松走到台前，试图把孟家拉到后台。可孟家哪里肯走，站在那里等着裁判。

"兰海，我告诉你，事情是这样的……"公正的冉冉出现在我身后，估计她是看出了我的迷茫，试图向我解释，"刚才孟家他们营应该是第一个回来的营。可是，他们一个营员陈建回来之后就去厕所了。结果负责裁判的老师没有看见陈建去厕所就以为他们人一直没有到齐，于是就把他们营算成最后一名。就因为这个就吵了起来。"

第三部分　视野有多宽，世界就有多大

原来如此，看来团队竞争容易让孩子们缺乏冷静来对待一些突发情况，而作为裁判的我们更要知道判罚结果是多么的重要！必须慎重！

孟家终于被常松带到后台去了，小白也开始了正式点评。我跟随到后台，孟家依然暴躁着，仍旧不断怒骂着那个已经手足无措的女老师。

"我告诉你，这样制止是为你好。你明白吗？你给我停！"常松一旁劝说。

"凭什么？就因为她是老师？她算老几啊？"孟家目露凶光。

啪！

常松一巴掌打在孟家的脸上。

刹那间，时间凝固。

我很平静，因为我太知道常松这一巴掌的用意——不为别的，只为了让孟家冷静。["打"在这个时候是让孟家冷静下来，而不是真正的体罚。]

孟家的叫骂声终于停了，但目光仍然凶巴巴的。

常松用手摸了摸他的头，什么也没说，扭头离去。转身瞬间，我清晰地看见常松眼中泛红。

孟家不说话，呆坐在原地，一动不动。

我走了过去，拉着孟家的手，和他一起沉默。

10秒，20秒，孟家的眼圈红了，眼神中似乎想告诉我什么。

我摇了摇头，把他搂在怀里。[孩子犯错后，一定不要直接用语言批评他错了，最佳方式是通过引导让孩子自己认错。这时候父母和老师的行动比语言更有效。]

孟家的泪水哗啦啦地流下来。

我心中也酸酸的。孩子，我知道你委屈。可不经过这样的成长，你怎能知道自己应该用怎样的态度去处理已经发生的事情？而且你也错了，不是错在为自己营队争取权利，而是错在用不适当的态度来解决问题。

"走，去向老师承认错误去。"我对着孟家轻柔地说。[因为急躁而犯错的孩子在冷静之后自己就能清醒，所以，父母不需要直接批评。直接批评会让关系紧张。]

孟家擦掉脸上的泪水，顺从地拉着我的手。我们一起来到前台，孟家走到女老师和小白面前鞠躬，道歉。最后，他走到靠在墙角的常松面前，看着常松。

"孟家，刚才，对不起。"常松先开口。

"我错，你对。"孟家用简单的方式向常松道歉。

台下一片安静。

我心里特别清楚，孟家今天之所以能这样，我和常松起了很大作用，我们不仅让他清醒过来，还让他自己去思考自己应做些什么。[很多孩子都能知道自己错在哪里。犯错后的孩子更需要理解。]孟家是一个相当出色的孩子，唯一的问题就是不知如何与别人沟通，还不知道自己有时候需要有服输的时候。

在孩子的教育过程中，抓住一个有效的教育机会和专门创建一个教育机会，就能最有效达到教育目的。如何让孟家释放心中压力，学会表达自己的情绪，今天这个冲突恰是最好的教育机会。虽然大家都付出了代价，但是收获更重要。[自然产生的教育机会比枯燥无味的刻意教育更行之有效。]

统计积分时，猪号乐队再次给我们唱了一首新歌，摇滚中我看到孟家那释放过后的快乐。我相信，他已经省悟了，长大了。

六天太短。在这仅有的六天中，我们见证了雁儿的独立、孟家的成长、昂昂的沟通挑战……虽然海希还会发脾气，虽然子庄话语依旧不多，虽然还有很多遗憾，但孩子们每天都在进步。只要孩子们有了一点点进步，都能让我们欢欣鼓舞起来。

第四部分　孩子进入世界的秘密通道

哈佛大学本科教育的培养目标是引导学生发现自己、认识世界。

让孩子们体验生活的万千景象,在认识和体验世界的过程中不断了解自己和突破自己的极限。

大人们总在抱怨孩子这不行、那不行。但孩子是教育的结果,当我们在抱怨孩子们不自信、不负责任、不大胆、不能吃苦时,我们是否考虑过作为父母的我们自己有没有给过孩子提高的机会?

1. 静静出国前的困惑

我经常会问孩子们三个问题：你想要什么、你现在的状况、你用什么方法得到。

最近，我也开始频繁地进行自我追问。于是我严肃地告知大家，除特殊咨询和周末我必到的课程，我需要自修三个月。

结果通知还没发放三天，就出现了"特殊情况"。最让我矛盾的是这个特殊情况恰是我非常乐意做的顾问工作，而且该人物是我无法拒绝的人：静静。

三年前，静静的感情问题得到平稳过渡之后，高中学习生活对她来说就比较得心应手了。虽然她偶尔还会迷失自己，但用她自己的话来说是，"每次，我都在迷失中找到自己，又都在清晰中迷失"。每一次这样的得失都会让她迈向下一个高度。现在的静静已经是一个很有魅力的女生了，头发长长地披在肩上。我喜欢这样的静静，有个性的静静。

静静马上要去加拿大读大学了，现在正准备各种申请材料。虽然申请工作在按部就班地进行着，但她对将要面临的新环境，内心却处于期待和彷徨的矛盾之中。

静静推门进来时，我正埋于群书中。我的书桌很大，但上面只留下了放笔记本电脑的空间，其余所有地方都被各种书、资料和图片占据了。

"兰海，你这儿，怎么这样啊？"静静十分惊讶。

"你先坐，我把这点资料整理好。"我忙得连抬头的时间都没有，以更快的速度敲打着键盘。

静静自己参观起来，她停留在一张相片前："兰海，这张相片是在哪里啊？"

"哪张？"我匆匆抬头瞄了一眼，"那是我去年去德国时，在我住过的地方的留影。"

"怎么会有这么多不同的房子呢？"

"哦，这个其实就是我们俩今天要谈的主要内容。"我放下手里的活，停顿片刻后决定让静静先为我工作，"我手上工作还得有段时间才完，你能帮我把桌子那边的资料按类整理一下吗？"

"这些都是全英文的？种类是什么呢？"静静站在我的桌前，身高和桌上堆的资料几乎一样高。

"下面摘要部分都有写的，你分类之后把结果输入电脑表格里。"我手还没有停下，嘴又赶紧布置起来。

静静立刻投入工作，键盘的声音开始响起来。好一阵，我似乎都忘记了这个房间里还有她的存在。

当我再次抬头时，静静告诉我资料都已整理完毕，我看向时钟，居然已经是19点了。我赶紧叫了两份外卖，挪挪身子，留足空间给自己和静静腾出个舒服位置。看着眼前的静静，还清晰地记得最初她走进来的样子："什么时候走啊？"

"明年六月，我不知道怎么搞的，总觉得不太对劲。有期待，但也很慌张。"静静慢慢地试图准确描述出她内心的状态。［面对新环境，任何人都需要我们的支持和帮助，特别需要切实可行的方法让他们建立到达新环境的通道。］

"好，你信任我吗？"我问。

"当然了，否则我就不会来了。"

"那好，我下面要告诉你一些事情，你耐心听着就好，不能打断我。"［通过对谈话的要求，让孩子对谈话内容认真对待。］

十分钟后，我的话匣子打开了。

第四部分　孩子进入世界的秘密通道

"出国读书，无疑是你人生当中非常重要的一件事情，可以说这个机会可以成就你，也可以让你败得一塌糊涂。"任何一个选择都有可能带来两个结果。或许是我的开场白让静静有些出乎意料，她有些紧张。

"成功和失败往往取决于两个要素：一是你能去怎样的学校；二是你去了之后怎么办。但很遗憾，大部分父母们只考虑了怎样送你们出国，而完全没有考虑你们出国之后怎样才能学有所成。似乎在我们传统意识中，国外的书就是好读，外国人就是没有中国人聪明。只要你们到了国外就万事大吉，其他都不用考虑。"

静静频频点头，我放慢了口吻，继续下去。

"我在德国看到很多出国者失败的例子，究其原因都是没有做好准备。所以，我今天要告诉你的是，如何准备出国。[面对即将出国的孩子，他们对外面的世界期望值很高，所以适当的负面信息是需要提供的。]

申请学校很重要，选择专业也很重要。你念国外的本科也好，研究生也罢，所选专业一定要结合自己的兴趣和能力特点。至于就业方向，需要看准世界发展的大趋势。如果只一味考虑就业，而不顾个人兴趣，你必然不能很好地发挥个人特点。你肯定也很好奇国外学校会喜欢怎样的学生吧？"

静静还没有开口回答，我做了一个制止的手势："首先，学业上当然需要符合国外学校的要求；其次是你的社会能力，简单来说，就是你的各种能力特点，以及在你成长过程中是否参与过社会活动，参与过程是否连续，是否有材料证明每一次的参与表现，等等。这些有关申请的事，我没有太多可说的，但重要的是我接下来要说的内容。"我翻了翻日历，"从现在开始，你还有不到八个月的时间来准备。首先你需要对自己的生活有一个全新认识。[不仅在学习上对孩子有明确要求，更重要的是生活适应性要求，这在很大程度上决定了学习效果。]

"在国内，你只需一心读书就行，但到国外之后，你需要面对的是生活的全部。我并不是指在国内学会做饭、打扫房间之类的，而是对时间的控制，你会发现在时间管理中会出现许多从未有过的元素，你要分出精力来面对它们。"

我转过椅子，指向那张照片："这是我PS出来的，上面的房子都是我曾住过的地方,我在慕尼黑两年半,住过11个地方,最短的只有三天。一想到找房子和搬家,我就头痛,因为那意味着原有计划会被完全打乱,这混乱会让你发狂。而在生活中你也会遇到很多人,这些人的构成不再仅仅是你的同学,会是多方面的角色。你的社交、沟通能力都会面临新挑战,你可能会面对很多人对你的不屑和误解。更重要的是学习方面的转变,你开始一个人学习了。最初,你会遇到语言问题,你会在新环境中感到自卑,甚至对自己产生极大的不自信。随后,你的语言问题解决了,你又会发现自己没有朋友,想要进入本地主流群体很困难,你会有疏离感,然后你想极力证明自己。"

我拍了拍成堆的材料问静静:"知道为什么要你帮我整理那么久的材料吗?"

静静迷惑地摇头。

"这整理资料的工作,也是我做助教时的工作任务之一。所以,我现在给你的建议是,用八个月的时间把自己的语言提到一个力所能及的高度,还要多看一些书籍,认真和用心地去了解你要去的国家的地理、历史、文化习俗等。要知道,一个不了解自己所在国家的民族历史和文化的人,是绝对进入不了他国主流社会的,也是得不到尊重的。最后,你要开始尝试接触各种不同的人,让自己适应与各种人交流。静静,你还有8个月的时间,不要害怕困难,勇敢一点。"

"那我现在可以提问了吗?"静静终于按捺不住了。

"当然,但想好了,只能提一个问题,因为我饿了。"我故意以饥饿作为幌子,因为有选择的提问才是她目前最需考虑的。[限制性的要求让我们能够充分了解什么是孩子核心关注的问题。]

"到底出国这件事好还是不好?"

"这完全在你控制之中,你能让它成为好事,也能让它变成坏事。人的一生中,能在另一个文化环境中学习和生活一段时间,对人生经历来说是一笔很好的财富。世界这么大,你不应该只停留在此!我相信,你能让它成为一件好事情!"[让孩子明白,事情的走向完全掌握在自己的手上,而不是别人。]

"兰海,你知道我最喜欢你什么,又最恨你什么吗?"静静一字一顿地问我。

这个问题轮到我好奇了，急切地想知道答案。

"你严肃点听我说，"静静认真地看着我，"我，现在不告诉你。你等着吧！我记得你告诉过我，学会等待是成长的必修课。"

我，骄傲地傻掉了。

2. 人生中的第一剑

上周出现了静静这个例外咨询，小白越发轻视我发布的公告了，就在我信誓旦旦表示下不为例时，又一个破例出现了。

因为我允诺楚然妈妈要去看楚然击剑，这对我来说绝对是一件不得不做的事情。

一年前，楚然成为我顾问的对象时才九岁，可他的思考力不容小视，而且是一个非常有原则的孩子。但他对自己的评价总低于实际情况，以他的能力绝对能达到100分，但他永远只认为自己只能得90分。而且他生性胆小，永远不敢与别人发生正面冲突，遇到问题时他总是用迂回的方法解决问题。

针对楚然的性格，我特别为他选择了击剑这个体育项目。因为站在击剑场上，你不得不和你的对手有正面冲突，不得不挥舞你手中的剑，刺向你的对手。

楚然在三个月前开始了击剑训练。[孩子的成长过程中，需要动用一切有可能的方式帮助孩子达到成长的目的，有目的地选择体育项目会起到非常重要的促进作用。]在夏令营里的他仍害怕与别人产生冲突，但我能随着他的进步而感受到他眼中的光芒，只可惜那稍纵即逝。后来击剑教练给我打电话，我才得知这三个月的训练中，他还是没有刺出第一剑，只是不断防守。[作为孩子的成长顾问，我们保持与相关人员的联系，以达到最佳配合。]最初防守得到了教练的肯定，认为他拥有难得的沉稳，可时间一长就发现他总是防守，剑法如此，步法也如此。

九月的第一个周末，在楚然上课时，我把他叫到门外，严肃地要求他必须在一个月内刺出关键的第一剑，如果他做不了，我再也不理他了。之所以对楚然会比较严厉，因为他是一个能把人和事分开的孩子，他不会因这严厉而认为我不喜欢他，所以几乎每次我和他谈话，都以一句"狠话"结束，却每次都能有很好的效果。[面对不同性格特点和自己关系远近不同的孩子，我们采用不同的沟通方式和语言习惯。]

前两周，楚然一直没有给我打电话，我开始担心这一剑能否顺利刺出。不过楚然妈妈是我的卧底，她经常为我提供情报，因此我得知楚然已经开始准备刺出这第一剑了。果然，楚然邀请我周六下午去看他击剑，面对这个邀请，我毅然在小白的嘲笑之下无原则地来到这家位于北三环的击剑馆。

这家击剑馆属于一家俱乐部，在里面学剑的不仅有孩子，还有很多成年人。馆内飘扬着各国国旗，地面上铺好了专业剑道，成人和孩子们都煞有介事地穿上白色击剑服和网状头盔。在这一片金属碰撞声中，我的神经开始紧绷，在这些白色中怎么也没法找到楚然，还好我看到了楚然妈妈。

我径直走向最后的剑道，从身高上我已能初步判断出谁是楚然了，他的对手比他高出一个头。我走过去时，教练正在训练他们的步伐，只见两个孩子正一前一后地挪动脚步。教练看见我，示意他们停下来，说："邀请的观众来了。你们休息一下，我们准备开始了。"

楚然慢慢地把头盔取下来，用力一甩头发，汗水随着头发洒落，白皙稚嫩的脸庞上，保持着严肃神情，让我忍不住感慨，这孩子还真帅！

我没有和楚然妈妈站在一起，而是独自站在一旁，仔细观察这即将发生的一切。楚然在戴上头盔之前，装作不经意地看了我一眼，然后毅然走上剑道。[和父母保持一定距离，会让孩子感受到我对他看法的独立性，不会因为父母的因素受到干扰。在这个场合有助于他的专心而不用担心我会和他父母的交流内容。]

"今天共有三个回合，每个回合五分钟。现在第一个回合开始！"教练的手从半空中落了下来，大声宣布比赛开始。

随着"开始"的话音落下，我的心都提到了嗓子眼上。只见楚然立刻举剑，然后就开始了防守。五分钟内，我能看见他的步伐有少许向前的冲动，可很快又恢复了防守和后退，居然有一瞬间他将对手逼回到了防线内，但突然场上出现了僵硬的停止。第一回合就在这一方永远防守和另一方永远进攻中，戛然而止。

休息时，我没有说话，也没有看楚然，[在孩子没有完成比赛之前，我们需要给他们独立思考的机会。]我在观察他的对手，那孩子可能已经习惯了楚然永远防守，对这一回合的结果有一种志在必得的表情。另一个角落的楚然也是一言不发，在重新戴上头盔之前，他一直保持着严肃的神情，并且长长地喘了口气。

第二回合开始了。时间一秒秒地过去了，局势没有任何改变，仍是一方防守、一方进攻。不过这持久的防守是有效的，楚然动作越来越迅猛，那挥舞的剑死死地防守了对方一轮又一轮的进攻。我能清楚感受到对方已厌倦了这毫无变化的局面，对一个十岁的小孩来说，耐心已到了极限。

可作为防守的楚然却没有任何松懈，他还在一招一式地抵抗着对方的进攻，这局面也吸引了其他观众，我所听见的都是对楚然的赞誉，大家认为孩子能如此坚定防守是件非常难得的事。于是，这一局在一片掌声中结束了。几个成人忍不住走过去拍拍楚然的头，楚然依旧面无表情，这反应更加引发了成人们的一片赞赏，大家都认为楚然简直是难得的稳重。

这赞许让楚然面红耳赤，楚然妈妈陪笑站在一旁。我也在一旁偷笑，暗想果然每个人行为背后的原因都是很难明了的。楚然看向我时，面露尴尬，我很快把他拉出来，直勾勾地看着他，就说了一句话："还有最后五分钟，我看着你呢！"[简单明确地表达自己的要求和希望，在关键时刻往往是给孩子的一剂强心针。]

第三局开场很是激烈，或许是刚才众人对楚然的那些赞誉深深地刺激了对方已熄灭的斗志，开局三剑刺得非常精彩，而楚然仍在防守中。我的双手不禁放到了胸前，心跳加速，默念：加油！

教练大喊一声："最后60秒！"

此时，我看到楚然的脚步明显改变了后退方向，手上的剑挥舞得越来越快。还有最后20秒，突然之间，楚然猛然退后了一步，然后急速上前，用尽全力——刺出了第一剑！对手始料未及，根本没想过会有这一剑，猝不及防。

哨声响起，时间到了。

楚然瘫软倒地定格了。我却激动地跑上去，把瘫在地上的楚然抱了起来，绕了几个圈，大声高喊："太棒了！太牛了！"

我如此夸张的动作让楚然措手不及，我把他的头盔取了下来，对着他满是汗水的小脸亲了三下。

"知道吗？"我把楚然放在地上，"这可是你人生第一剑！你知道这有多重要吗？"

此时，楚然妈妈走了过来，眼睛红红的。我们都知道，这主动进攻的第一剑对楚然性格某些缺失部分会有一个积极的作用。

由于楚然的优秀表现，我答应带他去吃比萨饼，看着菜单上的比萨，我实在没有任何食欲，可楚然已手忙脚乱地去自助他的水果沙拉了。此刻，我便有了几分难得的悠闲。

只要一悠闲，职业病就犯了。我喜欢观察人，根据他们的各种状态去猜测和分析他们，我乐于用这方法打发时间。

很快，坐在我侧后方的一对母女引起了我的注意。因为从我进门到现在的20分钟内，这个妈妈没有和女儿说一句话，而是一直在看手上的书，桌上摆满了食物，可妈妈的脸却完全被书遮住了。我费半天劲才看清楚，书皮上写着"三年级奥数"。随即，妈妈拿出笔，开始勾勾画画，小女孩一个人孤独地切着比萨。

楚然拿着沙拉回来了，当他发现我不时回头看向桌后，很好奇地询问："怎么了，兰海？"

"他们都不说话，这不奇怪吗？哪有吃饭不说话的，气氛真怪！"我充满了遗憾。

"专心吃饭！"楚然像个小大人似的命令起我，不过马上话锋一转，"天哪，还在学奥数呢？现在可是周末啊！也不用吃饭时学吧！"

"你妈妈这样做吗？"

"我妈？她比我话还多。再说了，如果她这样，我才不愿和她一起吃饭呢！"

我笑了笑，开始陷入思考之中。

我明白妈妈总想抓紧一切时间来让孩子学习，但学习并不只是学习书本上的知识,在一个亲近的氛围下吃饭,和自己的孩子聊聊天,同样也让孩子学到了如何交流和沟通。看着那小女孩孤单的神情,我多么希望父母们能好好和自己孩子一起吃饭。

家庭冷暴力,说的是夫妻之间因感情不和而彼此(或一方)长期冷落对方。不知道父母和孩子们之间是否也有此种说法?每个父母都爱自己的孩子,但又都在无意识中伤害着孩子们,像眼前的这个母亲此时冷落了孩子,它带来的伤害有多少人注意到了呢?

我一个好友的孩子五岁了,各方面都发展得不错,唯一奇怪的表现就是对自己的玩具严防死守,不愿和任何人分享。好朋友非常不喜欢孩子的抠门。可孩子任何行为都不是与生俱来的,背后肯定大有原因。我反复询问朋友,是否之前孩子的东西被别人拿走过,或者被别人损坏过,好朋友斩钉截铁地告诉我:没有!

可就在不久前的一次聊天中,好友的调侃足足震惊了我:"兰海,你说为什么小孩的记忆力那么好?去年,我看见他有很多不经常玩的玩具,就拿了一些送给了一个朋友,他在家根本没有发现玩具少了。后来我们去朋友家玩时,他居然一眼就认出了那些玩具,大叫起来。他爸不知道我送玩具的事,就责备他不懂礼貌,要他认错。孩子不从,就是大哭。幸好后来我从厨房出来,才解释清楚。你说这么多玩具,他怎么就能确认那玩具是他的呢?记忆力真好!"

这无意的一次"玩具赠送"事件足以让一个不到四岁的孩子建筑起"抠门"的壁垒。玩具是我的,你们怎能送人呢?不仅送人,还不告诉我!不仅不告诉我,还错怪我?以后,谁也别想碰我的东西!

这伤害何时才能停止?

"兰海,来,这个先给你!"楚然给了我一个蜗牛,把我的思绪拉回到现实中。

"楚然,我要非常认真地告诉你,今天比赛你完成得非常好,你知道吗?这是非常重要的一剑,我敬佩你!"[选择用正式的表达方式抒发对孩子的赞叹会让孩子留下深刻的印象。这样的正面反馈对巩固孩子的成功会有相当大的作用。随之提出的要求会让孩子有信心完成。]楚然的小脸红了起来,"我们下次能早点刺出这第一剑吗?"

"嗯，我考虑一下。不过我想告诉你，我为什么要在最后一秒才出剑。"楚然那冷静的神情第一次出现了得意，他非常神秘地说，"因为，那是最后一秒，我刺出去了，他就没有时间反击了！"

才十岁的孩子！每个人都是海面的一座冰山。[每个行为的背后都有无数原因，一个行为的改变对于孩子来说都是困难的事情。我们需要理解这后面的艰难，以便更好地理解孩子。]

3. 建筑把世界打开

"兰海，接电话！兰海，接电话！"手机响了，嘻嘻哈哈的铃声在我耳边响起，这些个性铃声都是孩子们给我特意录制的，每次在公共场合总能赢得不少注意力。

"你好，我是兰海，哪位？"

"文雨妈妈。"电话那头温柔的声音。

"领导，有什么指示？"

"想问问你们'十一'有没有什么活动？"

我笑了，怎么都是急性子的妈妈？这已经不是第一个询问电话了。

其实，我早就想好了。世界通识课上的中国历史板块一定要配合实践，而这也是"翅膀世界"的重点活动。我准备带着孩子们去西安，来一个"古都探秘"！到这个历史上著名的都城中去体验中国历史的辉煌！

刚挂了电话，又响了！

"你好，我是兰海。"

"兰老师，我是《成长在线》的编导琪琪。我想问一下，你们'十一'的活动我们能参加吗？我们想配合着做一些相关节目。"

我当然非常乐意，他们能如实地帮我们记录孩子们的成长。我似乎一直都挺有媒体缘，在我身边总围绕着很多青年才俊，比如拍电影的肖洋和室内设计的戴泽钧。

小戴是个古怪之人，毕业于中国建筑设计研究院，读书时走遍大江南北，这期间参加创作了很多著名作品。如果说只单是一个设计师也就罢了，关键是他酷爱哲学，每次开口必提哲学。虽然哲学也是我很喜欢的一个话题，但能从房子谈到哲学的人，恐怕还不多见。

与我一样，戴泽钧也喜欢孩子，他本人看上去就非常孩子气。一笑起来，嘴角自然上扬，那表情如同一个孩子正在享受着自己恶作剧的成果。

"兰海，我听说你那儿有个特别不靠谱的课程？"小戴问得毫不客气。

"什么叫'不靠谱'？那是通识课程，世界一流名牌大学在新生刚进校时都要先上一个学年的课程。是为了让每个人都有机会去接触各学科，而后再选择自己的专业方向。不过这课程非常贵，因为都是各专业的牛人来给大家上课。"我对他的毫不客气也给予还击。

"是不是就是为了让学生们多了解世界？"

"也不仅仅如此！我们需要了解世界的过去和现在，然后一起创造未来。"我倍感自豪。

"兰海，你应该让孩子们多看看世界各地的建筑，建筑是会说话的。"他神采奕奕起来。

"我们也有建筑课程啊！让孩子看到世上不同的建筑，更重要的是通过建筑让孩子们建立一种思维模式，理解大师们在设计建筑时所考虑的因素，学会如何欣赏建筑。"

"建筑是有语言的，建筑的本质就是哲学。"一提哲学，他很快两眼发光。

"怎么？想挑战下自己，给孩子上课？"

"没问题，但你得给我一些空间，我能用30分钟时间讲我想讲的内容吗？"

我点头默许。

我希望孩子们可以多接触一些各类专业人士，能多角度地去理解世界、去接触各种知识、对各类职业有所感受。[让孩子接触各种不同行业的人，也能有效地帮助孩子认识世界。]

9点整，课程准时开始，可直到8点45分我还没看见小戴的身影。

孩子们已经坐在自己的座位上，左顾右盼："兰海，今天的建筑课程，我听说换了个牛人上课？"李达一脸好奇。

"当然了，上濒的设计就是他做的！不过暂时保持神秘。"小鹿打趣道。

那个双眼迷离、走路匆匆的人终于出现在我面前，他两眼红红地看着我："不好意思，我一直在做这堂课的幻灯片，早上5点才睡！"

小戴一时还不适应孩子们的大方，呆呆地走进教室。我窃笑，拿着记录本坐在后排。

"今天，我要和大家一起讨论一下什么是'建筑的本质'。开课前，我要先申明一点，对于美和建筑，每个人都有自己不同的看法。所以今天我所说的都只是我自己的看法，肯定不是绝对的，欢迎大家和我讨论。"小戴缓缓地开始了这30分钟的课程。

"老师，本质是什么意思？"果然，李达第一个发问。

"本质是指事物本身所固有的属性、面貌和发展的根本性质。事物的本质是隐蔽的，是通过现象来表现的。"小戴扶了扶眼镜，一字一句认真地回答问题。

"我们是不是会通过一些特有建筑现象来了解它的本质呢？"章鱼进一步问。

"看来大家对于本质都挺有兴趣的，我先说几个词，看看大家是否能够理解。"后排的我通过反光，能清楚地看到小戴额头上泛出的细汗。

"功能性、地域性、历史性、精神性。"小戴精神百倍，"好的建筑随时都能体现这四性。现在谁能说说这四个名词都是什么意思。"

十分钟的讨论结束后，孩子们对每个词都有了比较准确的理解，不过在"精神性"这个词上遇到了困难，他们认为精神太抽象了，一句话概括不了。

小戴说："好，我们把这个问题留在最后。下面我们会看到世界各地非常有趣、有独创性的建筑，我要求你们用刚才我所提到的五个特质，带着一种全新眼光去看身边的建筑。"

我们在图片的带领下，分析了公厕、报刊亭、宫殿、居住楼和世界各地不同时期的建筑。从提香教堂的光学设计到稀奇古怪的藏酒建筑，从犹太人纪念馆到故宫里的半间房，纷繁的图片和精致的设计让孩子们穿梭于全球历史的各时间段之中。

孩子们不断地点头、摇头、提问。在这提问与回答过程中,孩子们与小戴一次次享受着思想的碰撞。小戴那惯有的迷离眼神也开始熠熠生辉起来,兴奋得手舞足蹈。

"现在谁能告诉我'精神性'?"小戴抛出了最后一个问题。

"我认为就是设计师的想法。"章鱼眯着眼睛,"比如柏林的犹太人博物馆,那些弯弯曲曲的通道不就是说明他们的曲折吗?"

"是不是我想设计一个像汽车一样的大楼,就是我喜欢大楼了?"语凡脑中什么都能和汽车联系起来。

"兰海,你的答案呢?"小戴突然把我卷入了讨论圈。

"在我心中,精神就是体现每个人的想法。画家用色彩和图案表达自己的想法,音乐家用声音和节奏抒发自己的情绪,而建筑师用材料和结构展现了他对这个世界的想法,我觉得这就是精神。"

"我们有一天也能体现精神吗?"李达问,"我们能行吗?"

"只要你们相信,你们也会用自己从事的职业体现属于你们的东西。"小戴高亢地说道。

孩子们忽然有了一种责任感似的,教室里安静极了。

"现在,我要给大家介绍一位世界上最著名的建筑师……"小戴高昂的声音突然中断,原来有人举手提问,此刻怎会有人举手?

"老师,您刚才说每个人对建筑都有自己的看法,那么您介绍这位设计师时,应不应该说这是'您认为的最著名的建筑师'呢?"可可振振有词。

"对!你说的很对,就是'我认为的最著名的设计师'。"

哈哈,多么敏锐的孩子们啊!

这是一堂精彩的课程,大家不断被世界的奇妙冲击着,也一再为建筑大师们的巧夺天工而赞叹着。

孩子们就像海绵一样,能吸收各种各样的知识。如果我们希望他们站在世界的起跑线上,希望他们具备全球竞争力,我们就要让他们视野开阔,通过各种渠道了解这个世界。[让孩子接触高素质的人能够激发他们的创造力和求知欲。]

了解这个世界不仅仅需要科技，人文科学和社会科学同样重要。当孩子们的视界被扩充了，他们就能在这个世界上充分地体会属于自己的人生。

4. 孩子们的潜力让人吃惊

国庆节的北京火车站人群熙攘，而我们也是这中间的一员。哈佛大学本科教育的培养目标是引导学生发现自己，认识世界。这个长假，我们就要出发到西安，进行一次探秘行动——让我们在认识世界的过程中不断了解自己和突破自己的极限。

清晨6点，成群的"翅膀"们拖着各式装备出现在西安火车站广场，兴奋劲儿早已把睡意驱赶。可小白还是让冲出人群重围的孩子们对着天空大声说："西安，你早！""西安，你吃了吗？"

在人山人海的火车站广场上，孩子们的呼喊声引来无数人围观。

此次任务分配中，孩子们被分成了"轰隆隆"、"挖地虎"和"声波"三个组。这些变形金刚名字的组名让孩子们激动不已，而此次分组也完全由他们自己抽签决定。

轰隆隆：听上去气势宏大，实际上由最小的成员们构成。李达一个大孩子，带着语凡、周文雨、雅梦和翰坤4个孩子，平均年龄才九岁。

挖地虎：由可可和天宇带队，队伍的特点就是队员明显较懒散。

声波：相对而言看上去略有优势，平均年龄十二岁，由4个男孩和唯一的女队长冉冉组成。

这三个风格迥异的队伍，将会发生什么故事呢？

活动前两天，导游带我们参观各个著名古迹，但我们可不是像一般旅游团那么简单，在参观时我们还要进行讨论，后面几天就需要通过让孩子们完成各种难度不同的城市任务来真正了解这座城市。

与我们同行的导游很年轻，一路上给孩子们介绍了许多秦朝故事，可他的很多观点不断引发孩子们的争议。譬如他认为秦始皇有了权力就可任意杀人，而正因如此，所以大家才都想当皇帝。我坐在车的最后一

第四部分　孩子进入世界的秘密通道

排，听后一言不发，而导游则陶醉在自己上述精彩言论中。媛媛听完那些言论后，正准备起身，我拍了拍她的肩膀，示意她先别动。孩子们总会长大，他们总要接受各种各样的信息，他们也需要学会自己判断。［我们会过滤孩子需要的信息给他们，但是让他们学会判断信息的方法是最重要的。］我反倒在内心中感激导游给了孩子们这个机会，让他们自己学会独立思考，判断分析所接收到的信息。

唾沫横飞中，导游从对秦始皇掌握生死大权，谈到了"北京"与"西安"的差别，小伙子羡慕地看着这帮孩子，感慨："北京都是高楼大厦，西安就没有那么多了，我们挺穷的，工资低啊！不像你们北京，小朋友们，你们每家都有车吧？"

突然间，我内心很同情这个导游。我无法想象他是否对每一个旅行团都说出这样的话，在西安这个历史悠久、人杰地灵的城市，难道他作为一个导游，都没有感受到这个城市的富裕吗？遗憾的是他没有发现自己的价值。如果一个人无法发现自己的价值，又怎能找到自己在这世上的位置？妄自菲薄就是这个道理吧！

我们的价值又在哪儿？孩子们是否能发现自己的价值呢？我陷入了思考，可还没有答案就被稚嫩的声音打断了。

"导游哥哥，我觉得你说的不对。我们不能仅用金钱来衡量贫富。"冉冉率先打破了导游的滔滔不绝。

导游的脸瞬间红了："你们这些孩子懂什么，你们都不知道自己花多少钱。如果你们没有钱，你们怎么能到西安玩？所以，金钱还是很重要的。"导游开始辩解。

晚上开会，我终于找到机会可以和孩子们一起讨论今天发生的"导游"问题，他们的看法和态度客观公平得让我有些意外。［对所发生的事情进行讨论是最好的学习方法，得到孩子的想法同时也可以引导孩子。］

媛媛忍不住先发表了对导游观点的驳斥，很快李达持相反态度："媛媛，难道你不认为如果你强求他同意你的观点，不也变成不客观吗？每个人都可以有自己的看法，我们不能强求人家与你一致。"

"对，你说的很对，我说的不一定对。因为有了网络，你们会接触到各种信息，谁都无法永远保证所接受的信息是正确的，所以你们学会独立判断信息、理性辩证的方法很重要。"媛媛严肃起来。

"用个过滤设备不就可以了,就像我们家水龙头一样!"语凡突如其来的插话让严肃气氛得到了缓解,这个小家伙。

"但我还是要说,我不同意他说的'穷富'关系。"冉冉坚持,"我觉得只有钱是不够的。"

房间里的讨论热火朝天。编导琪琪忍不住对我说:"他们的思维方式非常独特。"

"其实,并不是他们和其他孩子有什么区别,只是他们在这种环境里找准了自己的位置,他们有安全感,所以畅所欲言。"

我看向孩子们,内心非常欣慰,能找到安全感,找准自己的位置,这多么难能可贵啊!四周闹哄哄,我却心生安宁。

"安静一下!这次活动有三个要点:勇气、团结、发现自我价值。我认为最后一点最重要,能否发现自我价值决定自己能否快乐。"[让孩子发现自己的价值,会让孩子找到一生都能打开幸福之门的钥匙。]孩子们还在品味小白的那些话语,小白继续说,"大家听好了,明天正式开始'翅膀世界'的城市任务!另外,在这次任务完成之后,我们会有三个会员直接晋升为'绿手绢'!"

"绿手绢"是"翅膀世界"的荣誉象征,现在所有孩子都还只能手持"橙色手绢"——这是最基础级别。至今,他们中间还没有出现过"绿手绢"呢。现在机会终于出现了,谁能不一试身手呢?

我作为代表打开信封,宣布比赛第一项内容:"请组建每个队伍的口号,需要以'以……为荣,以……为耻'的形式组建,并配合动作来表达口号。"宣布完之后,我暗笑,没想到小白还挺能跟进时代潮流。

"当你们完成每个任务时,需要在完成地点做一个动作,喊一遍口号!现在开始准备,十分钟后,我们首次展示各队标识。"

令声一下,三组孩子分别占领了房间的三个角落。虽然我们也在房间里,看着他们忙碌和积极的样子,内心却根本不明白他们到底在想什么。

就在我们费心猜测中,十分钟后口号终于诞生了:

轰隆隆组:以战胜强者为荣,以欺负弱者为耻!

挖地虎组:以团结合作为荣,以自私自利为耻!

第四部分　孩子进入世界的秘密通道

声波组：以做好小秘书为荣，以巴结领导为耻！

"好了，在各位安心睡觉之前，我给你们说一条刚看到的新闻。"我收起笑脸，"美国教育部发布了21世纪衡量优秀人才的标准。第一条：具备正确判断信息的能力。"孩子们互相看了看，腰板挺得直直的，脸上露出骄傲的笑容。

我继续："第二条：了解整个世界。第三条：有创造力的思考。最后一条就是团队合作。这次的西安之行，我们提供了达到以上各项标准的机会。下面就要看你们了！机会放在你们面前，我们期待着！"

西安的天气显然没有与孩子们如此高昂的情绪相吻合，一副灰蒙蒙的脸看着我们。我们住在离城墙不远的地方，所以城墙也就是我们的出发点。三个组根据昨天的不同表现，分成三个时间段出发了。陪同孩子们的不仅有编导琪琪，还邀请了三个西安当地摄影记者随机拍摄。[把学习历史知识、提高能力贯穿在游戏中是最有效的提高能力的方式，家庭中同样可以尝试这样的旅行方法。]

第一天的任务是让孩子们寻找书院门前一条街、大雁塔、小雁塔和大清真寺，然后在每个地点前喊出各组口号、做出配套动作，并且还要有相片为证。所有地点的找寻工作必须在14点前完成，这样才有下午的比赛资格。晚上时间，老师们会提问这些著名景点的相关知识。[提问是检验孩子学习效果的最好方式，早要求能让他们知道任务的重点。]

所有这一切并不算大挑战，真正的挑战是孩子们没有一分钱，只能选择步行或其他方式来完成全部任务。老师们分别跟随各组，但不能说话或给出任何意见，只是保护孩子们的安全，最多充当一个判断任务是否违规、是否完成的裁判。

我选择跟随"挖地虎组"出发了。

孩子们首先向酒店服务员询问了这几个地点的位置，或许是没有听清楚，他们实际出发方向和我所听到的方向是南辕北辙，可既然不能说话，我就只好保持沉默，我负责安全，悻悻然地跟在他们后面。

在我们步行了20分钟后，组长可可终于开始了新一轮问路工作，这才使得方向有了一个正确调整。

"我们没钱,只有靠走了。大家要加油啊!"可可不断地鼓励大伙。

国庆节时节,天气依旧炎热,再加之前两日的阴雨连绵,天气更加闷热,孩子们最初的大步流星也逐渐变得步伐沉重起来。或许是吸取了之前方向错误的教训,可可每到一个十字路口都会询问路人,以确保方向的准确性。可目的地分散在不同方向,真够远的,光靠走是绝对不可能在规定时间内完成任务的。但我不能提醒,只能在心中干着急。

就在我们步行了近两小时后,接到了小白的电话,他们"声波组"已找到了第一个地点,正在朝第二个地点出发。当我们组队员得知这个消息时,所有人几乎都要崩溃了……

"停!我们需要研究一下他们组的路线。"天宇趴在地上,拿出通过他人描述而绘制完成的地图研究起来。

"我知道了,他们肯定先到大清真寺,这个地点离我们出发地最近。没关系,这个地点是我们最后的集合地。没问题,我们千万别被他们吓住了!"天宇已经知道主动研究对手的情况了。

看着这边孩子们的忙碌,我心里还惦记着那帮年龄最小的"轰隆隆组"组员们,心神不安地给媛媛发了条短信,但收到的回信却让我大吃一惊:"李达在麦当劳拿到了免费的姚明明信片,成功地和一个卖地图的老大爷换取了一张免费城市地图。"[孩子们已经学会了利用资源解决问题了,值得表扬。]

我把这边的情况也向媛媛通报了,我们之间的信息交换主要是为了了解各组情况,但更重要的是利用其他队伍的进展情况在孩子们之间来创造竞争,制造机会。

小白那边"挖地虎组"的孩子们坚定不移朝前冲,我暂时没有公布这条信息,不然孩子们崩溃后就选择放弃了,还是等到他们到第一个集合地点之后再说吧!

30分钟后,我们终于到达第一个地点:著名的书院门前一条街。

孩子们兴奋得手舞足蹈,高兴之余赶紧收集所有资料。在孩子们完成口号和姿势时,我终于有机会和摄像大哥在路边坐了几分钟。

"你抓紧时间休息一下吧!这帮孩子体力太好,还没有钱,连累你也没法喝水,真是受苦了啊!"我苦笑道。

第四部分 孩子进入世界的秘密通道

"千万别这样说,孩子们太可爱了,我都想有这样的任务玩玩。"摄像大哥气喘吁吁。

就在我们都还在休息的时候,我看见可可突然把孩子们招呼过去集合,我悄悄跟随过去。

"大家看见前面的车了吗?"可可的口吻语重心长。

"看见了,还有好几辆呢!"夏静踮起脚尖观望。

"难道我们可以坐车吗?都没有钱呢!"七嘴八舌,喧闹起来。

"为什么不行?我们要创造出和钱一样的价值,你们看我的!"可可狡猾地露出一脸怪笑,走向出租车。

"叔叔,我们是从北京来的,想从这到小雁塔,可是我们没有钱,您能送我们吗?"可可甜美的声音并没有打动司机,出租车飞一般地逃走了。

我在一边暗笑,又害怕我的笑声会扼杀掉他们的创造力。

"你看,我说不行吧……"夏静有些沮丧。

"我要继续试一下,如果我们继续这样走,步伐再快也无法在规定时间里到达!再说,你们看兰海,她走不动了。"天宇朝向了我,眨巴眼睛。

无奈,我只能配合天宇的意见:"是啊,我快不行了。"

"大家快救救兰海吧,她不行了!"孩子们朝我围过来,就在我尽力配合孩子们时,才发现摄像大哥的镜头正对着我,太可恶了,还得继续演戏下去。

"是啊,"我只有配合了,"不行了,腿酸极了!"

"让你平时锻炼,你不听,你看,这下完了吧!"可可小大人似地摸着我的头,怜惜起来,"怎么办?大家看,谁让我们和兰海一个组呢?大家为了她,也要弄辆车啊!"

话音未落,孩子们就散开不见了。

结果是什么呢?他们不仅让一位司机师傅免费送我们到小雁塔,而且还是两部车——因为座位不够,好心师傅主动又找来了同伴。

摄像大哥一路上摇头感慨:"没有想到啊!没有想到啊!"

"有什么没有想到的,任何事情都有可能发生。"坐在车上,天宇又骄傲又冷静地说，还带着一丝得意神情。

任何人都要为忘乎所以付出代价的。就在我们的车驶出路口时，小白带领的"声波组"到达了，所有人忍不住得意地向他们招手欢呼，向他们炫耀。

炫耀不到三秒，夏静第一个反应过来："糟糕，如果他们看到我们坐车，抄袭我们怎么办？"

沉默，所有人开始后悔起自己的显摆行为来。

经历了第一次成功求助，后面的行动就更加顺理成章了。可可安排每个组员都有主动向出租车司机求助的机会，连最胆小的夏静也成功地说服了一位司机。于是，孩子们非常顺利地在14点到达了集合地点。

"声波组"也顺利完成了任务，可最早拿到地图的"轰隆隆组"却迟到了15分钟。

上午三个组无偿使用了四次出租车，这样的经历让孩子们对西安人民赞不绝口。可这却是我平生首次无偿使用公众资源，心里有点不安……小白更是对这行为持有非议，认为这会让孩子们日后也有机可乘。

"你们不用这样想啊！我今天觉得特自豪，让你们看到特真实的西安老百姓。说实话，我也非常吃惊，不怎么相信所发生的。人性的淳朴需要一些事情才让大家看到，这些孩子太棒了！"摄像大哥放下机器，打消了我们的重重疑虑。

这边还在讨论行为的合理性，另一边"轰隆隆组"却因为没有准时完成任务，组长李达的心情非常不好。他们的组员除了文雨十岁了，其他人全都是小不点儿。

"怎么了？李达？"我走到他身边。

"没劲！就是找地方，都没有技术含量。"

"这么没有技术含量的东西你都不如他们，我再加点有技术含量的活儿，你可怎么办呢？"这孩子，中了圈套了吧？

文雨冲到我面前："兰海，我告诉你，'李爸'太棒了！居然用明信片换地图，我太服气了。"

"'李爸'？你们这样称呼他？"我的眼珠都要掉出来了。

"'李妈'，你怎么了？"语凡也挤了过来。[孩子们之间的相互鼓励往往能发挥意想不到的效果。父母应该学会利用孩子的"同学资源"。]

"什么,还'李妈'?"我哭笑不得。

"他做什么事情都照顾我们,我们觉得这个称呼特别亲切。"文雨一脸得意地解释。

"那好,'李妈'、'李爸'?赶紧,十分钟后出发了!"我表面上严肃,内心忍住大笑。如此男人气十足的李达居然被这样称呼?

下午的任务就更难了,需要各组在18点之前学习一个西安的地方戏剧片段,比如说"秦腔"或"碗碗腔",而后在当晚总结会上进行表演。除此之外,每人还需要学说十句西安话。

按照名次先后,"声波组"作为冠军组首先出发了,剩下的"挖地虎组"和"轰隆隆组"在一边等候出发时间。

"兰海,我们两个组能合并吗?"天宇热得小脸红红的,找到我。

"怎么想到要合并呢?"我好奇地问。

"我们要联合才能打败'声波'啊,难道不行吗?"可可凑过来投赞成票。

"我再说一遍我们的作用:只保证你们的安全。其余任何事,你们自己做决定。"我重申了任务规则,不替他们出任何主意做任何判断。

孩子的表情中出现了短暂彷徨。如果合并是违反规则的,那即便完成了任务也是不能得分的。而总裁判是小白,我们在过程中只记录他们违规的地方,却不指出。所有判断就得靠孩子们自己,看着他们彷徨的神情,我能感觉到他们内心的无助。

很快,孩子们行动起来。几个大孩子率先统一意见,随后征求其他组员看法,他们当即宣布两组合并。显然,他们尽可能地分析了任务要求,并做了正确选择。于是,我和媛媛也终于合并了。

两组合并之后,开始讨论如何寻找到师傅学习"戏剧"。经过激烈讨论,他们决定到最繁华的"回民一条街"寻找学艺师傅。

这个决定做出之后,我内心认为这决定简直是太糟糕了,那可是一条小吃街,都是游客集中的地方,找吃的还行,但学习戏剧就太没谱了。

正在此时，我收到小白的短信，他们组方向果然明确，孩子们经过分析，在街边找到了一家表演秦腔的戏剧社。因为戏剧社晚上才有表演，所以白天演员们正在准备。在孩子们巧言之下，一个跑龙套的演员开始教孩子们。当合并的两组还在马路上继续寻找回民一条街时，那边的"声波组"已经安静地学习正宗的"秦腔"戏剧了。一边无目标地狂奔，一边潜心学习，鲜明对比可见一斑。

就在我们狂奔的路途上，我们路过了一所大学。孩子们突然灵机一动，认为学校里很可能有戏剧专业的学生，可在校园里徒劳寻找了40分钟，仍然一无所获。这尝试不仅没有收获，反倒耽误了宝贵的时间。当我们到达回民街时，小白那边已经开始了第一遍复习。

孩子们决定在街口休息一下，再继续前进。我的注意力则被回民街上的热闹吸引了。整条街大概有300米长，街面上人头攒动，充斥着各种叫卖声，当地特色手工艺品店、小吃店门口更是熙熙攘攘。

"'李妈'，快起来，我们不能放弃啊！"文雨忽然出现在我身后。

回头一看，李达几乎躺在了路边石礅上。我看了看手表，现在离任务结束只有50分钟了，估计李达觉得完成任务无望，体力也透支了，有些想放弃。

四个小孩围在他身边进行劝说工作。翰坤九岁，外号"摇滚青年"——他居然能唱好多崔健、黑豹的早期作品。还有漂亮小姑娘雅梦，用手拉扯着李达的衣服，尽力说服着他。我偷偷地靠近，可还是面朝回民街，背对着他们。

"你看，我们是最小的一个组，我们都努力了，为什么要放弃呢？""摇滚青年"激情飞扬。

李达没有反应。

"'李妈'，我觉得我们挺棒的！你看，我们完成任务了，而且我们都在不断地证明自己啊！"

没有想到这话能从雅梦嘴里说出来。

"这样啊，那我们继续。"李达显然被这帮小不点儿触动了，实在无法停下来。

看着他们起身行走，我很感动。

只要给孩子们创建一个环境氛围，孩子们的成长是互动的。老师的作用就是创建氛围,真正能影响孩子们的力量是来自于孩子们的,而这种伙伴间的信任,能让他们更加勇敢直面日后的困难,这才是最有价值的![孩子们在有效的环境中各方面能力得到了提高,他们的合作和互相鼓励是最大的收获。]

这些刚才还一脸疲惫的孩子又开始精神百倍,从 14 点 30 分出发到现在已经快三个小时,一路奔波。不过也因为这奔走,让每个人对西安反倒有了更直观的印象。

"大家手上都有笔吗?"李达开始布置任务,"看见了吗?我现在手里这个大纸箱,我在上面写了字,一会儿大家都在上面描粗!"

我弯腰一看,上面写着几个大字:谁会唱秦腔?

十个孩子趴在地上描字的行为很是壮观,立刻就围上了很多人观看。接下来他们的行动更让人瞠目结舌。他们手举着这个大牌子,走在主干道上,使出吃奶的劲儿高喊:"谁会唱秦腔?"

这番景致实在是太壮观了,回民街上所有人都在关注这群孩子,人们自觉地给他们让路,上前来招呼。孩子们义无反顾地朝前走着,我默默跟随其后,就像是跟在一群勇士之后。[孩子们的力量,让我们感到震撼!]

最后,在一位老奶奶的指引下,孩子们终于找到了回民街旁边的莲湖公园——据说那里有常年唱秦腔的老年人。18 点差一刻,孩子们终于找到一位白发苍苍的老者学习秦腔,而此时时间已晚了。

5. 让孩子体会自己的强大

临到晚饭时间,大家显然心思已不在晚饭上了,各组都在复习白天在各地点所收集到的历史资料图片,好不容易理顺了就开始练习秦腔。"声波组"不仅学会唱了,还顺带把唱词也记录了下来,看上去的确很专业。我们这两组历经波折的孩子们,反反复复也就只会唱那两句在 15 分钟内学会的曲调,唱词还不怎么熟呢。

晚上集体会议上，孩子们对于院门前一条街大雁塔、小雁塔、大清真寺等景点的历史描述非常准确，对我们的提问也对答如流。让孩子们寻找地点并亲身了解历史，从而主动消化了这看似枯燥的信息，这也正是我们活动的目的。

不过，对我来说，最值得期待的还是秦腔表演。由于"声波组"赢得了时间，所以他们演唱得相当不错，不仅唱腔像模像样，就连走台都很有戏曲演员的台风。"轰隆隆组"和"挖地虎组"奔波了一个下午，上台时很勉强地翻唱了刚刚学会的那两句戏词，而且显得不那么地道。

"我们想来一段别样风味的表演，行吗？"李达或许是觉得自己组在秦腔上表现得的确一般，赶紧拿别的办法弥补。

"好，可以。不过秦腔你们输了。"小白依旧客观评判。

"没关系，过程比结果重要，我们也就是娱乐大众。"李达忽然洒脱起来。

两组成员，一共十个孩子，重新走上台。他们把秦腔选段改成了"RAP"版本，一遍不过瘾，在大家强烈要求下，这"RAP"表演反复了两遍，所有人都笑得前仰后合。

表演结束，孩子们拖着疲惫的步子回到房间休息。而我们还得继续在疲惫中进行晚上的例会。

小白眉头紧锁，提出一个非常严肃的问题："今天我们组出问题了，估计明天情况会激化。"

"怎么，冠军组？"每次看到小白的严肃，我总忍不住调侃。

"我们今天出现'政变'了，而且'政变'成功了。"

"这么精彩的片段？快说来听听。"我冲了杯咖啡，正愁没有故事听。

"这组四个男孩，一个女孩，可偏偏女孩冉冉做组长。她的性格，你们也了解，她和男孩几乎没有任何共同的兴趣点。今天男孩们交头接耳，讨论着如何颠覆'政权'……"

"这还挺有意思的。你当时怎么做的？"

"我能做什么！按规矩在这种情况下，什么都不能说，我肯定保持

沉默啊！"［我们是在引导孩子们，让他们完成游戏。有教育目的引导很重要，所以需要控制自己的情绪，需要"置之度外"。］

小白的做法是正确的，我一直都认为要让孩子看到一个真实的社会，他们必须明白自己的行为会带来怎样真实的反应，然后把事情控制在一定范围之内，让大家都能在事件中受益。

"明天这个事情如何处理？"小白的提问打断了我的思考。

"静观其变！让冉冉学会用别人能够接受的语言进行交流，也要让其他人明白，任何人都可以提出不满意的意见，但不能私下采取行动。"［让事情在孩子们之间自然发生，不要加入成年人的因素，做好观察和引导工作最为重要。］

我们刚回到房间正准备洗澡休息，"声波组"的男孩们就来敲门。他们希望更换组长，理由是冉冉过于教条，他们抱怨冉冉每小时都要开会，无论什么事情都要讨论。

"她为什么要和你们讨论？"媛媛问。

"她总说要和我们商量如何完成任务。"伟宇回答。

"那是尊重你们，如果她一个人决定呢？如果她不和你们商量呢？"［孩子发生矛盾的时候，帮助孩子发现别人的优点至关重要。］

男孩们傻眼了，停留在原地。

"哈哈，傻眼了？你们太没有本事了，你们一定要很好地辅佐你们组长管理好团队才行。你们啊，回去好好想想吧！"［让孩子先从自己身上找原因。］说完这句话，我扬长而去。

孩子们的矛盾我从不直接插手，我需要保持客观中立的态度。把矛盾中的各方的对与错放在他们面前，让他们有一个清晰的头脑，自己去选择，并对自己的选择负责。

这个晚上，我睡得很香很甜，因为这是在西安的最后一晚。

清早起来，我们再次迎接西安的太阳。

又一次集合在城墙下，又一次宣布任务，但此刻每个人的心情早已不同。如果说初来乍到时对西安这个陌生的城市还充满了陌生和好奇，三天后的现在，我们已身处在这亲切而喜爱的城市。

离别前夕，孩子们的任务依旧具有挑战性：完成一张不简单的照相任务。

"邀请来自十个不同城市的人照一张集体离开地面的相片，这十个人当中至少还需要有两个外国人。"文雨念着任务纸条。

"全体离开地面？还不能有人直接用手接触照相机？这也太变态了吧！"宇轩嘀咕着。

"我就说他们不可能放过我们的！"可可也跟着喊叫。

"慢着，怎么任务里还有一条？找到西安最高建筑？找到唐朝时最宽的一条街？找到西安最古老的天主教堂？……"

孩子们一听还有这么多任务，开始烦躁不安起来，抱怨声此起彼伏。

"你们一定要完成任务啊！否则，各位火车票就要作废了。"我装着很软弱，这使孩子们拥有动力，"火车18点离开西安，必须在16点前完成所有任务才能赶上。拜托了！"

"好，我们今天肯定完成任务！"孩子们其实特别渴望能保护我们，一定要学会在孩子们面前示弱！这也是让孩子们迅猛成长的法宝之一。[让孩子体会自己比成年人还要强大，能够帮助他们建立自信并激发潜能。]

当孩子面对一个无所不能的人时，他只有两个选择：一个是向这无所不能的人学习，于是追求完美，不能容忍自己的缺点；另一个就是什么都不做了，因为这个能人什么都能做！反过来，如果能在孩子们面前有那么一点不完美，有那么一点软弱，孩子们就会变得宽容，变得坚强，主动肩负起挡风遮雨的责任。

由于昨天的成功合作，"轰隆隆组"和"声波组"决定再次携手！

今天每组都有经费，要考虑的就是如何合理使用经费和时间统筹问题了。

寻找最宽的街道和天主教堂，这两项任务完成得非常顺利，可就在"西安最高的建筑"这一任务上，孩子们被难住了。我手里有小白给出的标准答案，但这答案和孩子们不断询问得到的结果却不一样。有意思的是，这两个建筑所在街道还紧邻着。

面对孩子们的迷茫,我也有些狐疑。因为我站在原地,清楚看到那最高建筑和手里标准答案不是同一个。

"兰海,我们说的地方对吗?"天宇已经不止三遍在问我这个问题了。

"不对,我手里答案不是这个。"我终于没忍住道。

突然,天宇冲向路边!这小子居然拦下了一辆警车,但却依旧不明朗,警察也不知道到底哪个答案才对。

"我们打旅游热线问问?"可可和天宇再次冲到路边公用电话亭,无奈电话不通!语凡则开始寻找路人借手机询问114,还是没能得到具体结果。

"兰海,你那个答案对吗?"

"那是小白提前给我的。"

"兰海,我觉得我们是对的,你那答案肯定有问题!"

"那就证明给我看,你们的答案是对的!"

"好,给我们20分钟时间,哪里也别去!"天宇发出命令。

我们乖乖停在原地等待着天宇。这20分钟,我心里骂了上百次小白,怎么给我一个不够准确的答案呢?但心里又觉得有点不妥,小白一贯的认真和仔细绝对不会出错!

"我回来了!我告诉你,兰海。"天宇跑得气喘吁吁,小眼睛亮闪闪的,"我们找到的地方是对的,答案错了!我刚到前面网吧查了,我们找到的这高楼是今年新修的,西安第一高!我们坚信答案错了,小白这次肯定错了!"

孩子们给天宇如同英雄般的掌声,孩子们战胜"权威"所带来的兴奋,让他们的小脸都在发光,闪亮的光芒!

"兰海,有短信啊!兰海,有短信啊!"搞怪彩铃,上面赫然一条短信:兰海,答案被孩子推翻了吗?祝贺他们!

这个小白,为了达到真实效果居然把我也骗了!孩子们击掌欢呼起来。

李达嚷嚷:"兰海该发言了!"

就在路边,我给孩子们念了小白的短信:你们知道吗?相比你们完成的任务，我更为你们今天敢于质疑，提出答案错误的想法感到自豪！质疑精神就是科学精神！挑战权威并用自己的行为来证明自己，这是你们最伟大的地方，谢谢大家！

大家沉浸在刚才的喜悦之中，忘却了一路疲惫，很快来到了大雁塔广场，在这里他们需要完成最有挑战性的"全体离地"的照相任务。

由于"轰隆隆组"和"挖地虎组"合并，两组只需找到十人即可，这次终于显示出人多力量大的优势了。来到广场后，两组组长安排分工，年龄小的孩子去找人照相，年龄大的孩子则开始研究对策。

找到来自十个不同城市的游客并不难，但要让他们配合一块照相就难了，更别说要全体双脚离开地面合影了。跳一次可以，跳两次别人可能也会配合，但多次重复的话，谁愿意？

天宇和可可也开始出动寻找了，只有李达坐在地上，手上拿着照相机反复摆弄。

"你怎么又坐着不动了？"我走过去询问。

"如果我出动了，任务一下就完成了，那他们做什么啊？其实，我这次就想好了，不要拿第一了。"

"噢？为什么呢？"争强好胜的李达这回居然打算放弃，我非常意外。

"你不是经常说要认清每次活动目标吗？这次，如果我们要想拿第一，可能所有事情都得我做了，但如果这样，那语凡、雅梦他们还能做什么呢？他们就不能得到锻炼了，我要让他们有机会。"李达漫不经心地回答，眼睛一直没离开他那相机。

"你早就设计好所有环节，包括你的'放弃'？"我惊呆了。

"为什么不是呢？你们不也经常这样？你说过，一个真正的领导者是要让其他人享受成功，而不是自己一个人去完成。"

我还没来得及细细体会这惊喜，就看见他们已经召集好所有人，包括两个来自挪威的年轻人。

可照相方法却和我想象的大不一样，只见所有人在李达的指挥下站成三排。然后，李达晃晃悠悠地把相机放在地上，拿着手中圆珠笔按了一下键，再大摇大摆地走回队伍中，嘴里念着五、四、三、二、一！

第四部分　孩子进入世界的秘密通道

咔嚓！相机闪光灯一闪！

孩子们朝他们邀请来的人鞠躬致谢。

难道一次就能保证所有人的脚都同时离地了吗？看见李达胸有成竹的样子，我迷惑了。

"你们去哪里？"李达和可可朝着广场另一方向走去，媛媛赶紧追问。

"时间还没到，不过广场被游人弄得有点脏，我们安排他们几个收拾一下垃圾。我们去去就回，很快就能拿相片给你们看了。这边天宇会负责他们的安全。别担心。"李达头也不回，走了。

这个时候，"声波组"也回来了，开始进行找人工作。

"小白，你那个照相有什么诀窍吗？"媛媛问。

"没有啊，怎么了？"小白有些摸不着头脑。

"我就是觉得奇怪，为什么李达他们跳一次就能肯定他们的相片是全体离地呢？"

"声波组"的孩子们今天的表现和昨天大不一样，看来昨晚他们重新思考了自己和冉冉的关系，冉冉今天也没有频繁开会，而是小事自己决策，大事参考各位的意见。

冉冉合理地进行了人员分工：在美国生活了三年的伟宇同学得到重用，他独自负责邀请外国人参与照相。在他极热情的邀请下，居然邀请到一个美国旅行团的所有人，而伟宇只从中挑选了几个年轻的，因为肯定要跳很多次，怕年龄大的受不了。

果然，冉冉他们组进行了一次又一次的起跳，参与拍照的老外们都已经跳出一身热汗，忙着脱衣服，可见要拍全体跳离开地面的镜头也并不容易呀。

就在他们进行第九次起跳时，李达拿着两张打印好的相片回来了。

我一看，还真是所有人都离开地面了！

"快告诉我，到底怎么弄好的？"

"你刚才不是责怪我不去找人吗？其实我是在研究照相机的功能，照相机都有录像功能，我们先把整个过程录制下来，然后到旁边数码

227

店，请他用电脑给我们慢放，帮我们找到大家都离地的那一瞬间，再打印出来……我们两个组就是两张相片，我们的任务完成了！"

"声波组"在跳到第 16 次时，终于完成了拍摄。

两组表现大不一样，"轰隆隆组"和"挖地虎组"显示了他们对于资源的灵活使用和创造力，而"声波组"也展示了他们超人般的坚持力，也算各有所长！

奔波了整整一日，我们终于可以吃饭了，饭后却成了所有人最紧张的时刻，因为要进行所有人关注的"绿手绢"选举。

选举规则是每组推选出两人参加最后 PK，然后对六人无记名投票最终选出三人获得"绿手绢"。每个人都渴望获得这个荣誉，但当竞选真正开始时，很多孩子却不好意思来表达渴望。比如语凡，大家认为他年龄最小，但从不叫累，还主动承担任务，于是一致推选他作为"轰隆隆组"的代表。可最后六人一争高低时，语凡紧张到只是在沉默。

当宣布李达、天宇和可可获得"绿手绢"时，很多落选孩子都哭了。语凡眼泪哗哗直流，但就是不承认自己在哭泣，右手不断摸着左胳膊上不知多久前留下的伤疤喃喃自语："我怎么就碰着了？怎么这么疼！"

"是啊，碰着了吧？"我轻拍着他。孩子，我又怎会不知你的难过呢？

看来，我要让孩子们理解别人对自己情绪的反应，我立刻在随身记事本上记录下来这一点。哭，是一种很正常的情绪表达。[我从来不吝惜孩子的眼泪，让他们学会表达情绪。]尊重孩子的情绪表达方式，我喜欢孩子们的眼泪，当一个人在你面前掉泪时，代表了他对你的信任。

天宇作为"绿手绢"的代表发言道："路就是让人走的，困难就是让人克服的，生活就是让人享受的！成功的经验、失败的教训都会成为生活中宝贵的财富。但成功和失败，只有在比拼中才能体会到。这笔巨大的财富会使我们在激烈的社会竞争中占一点点优势，也许因为这一点点优势而改变了我们的一生。准确地说，不断积累的精神财富会改变一生，改变命运。"

掌声响起，孩子们纷纷点头。

"兰老师，我一直有个问题，为什么要组织这样的活动呢？你到底怎么想的？"摄像大哥主动发问。

"这个原因很多，现在大家都在兴奋，没时间听我长篇大论。"我并非推脱，的确我心中有万语千言。

"我们要听！我们有知情权！"孩子们开始敲碗抗议。

"好吧，下面我要说一段很长、很严肃的话，你们要认真听！"我清了清嗓子，"在成人印象中，孩子就是孩子，你们能做什么呀？你们还小，能力有限，不能承担责任，不能解决问题；在成人印象中，中国孩子都是小皇帝，你们不能吃苦。而今天，你们用行动向大家证明了你们的力量，成长的力量！这力量令人不能忽视。另外，你们也认识到了自我价值。到今天，我相信没有人会认为自己是一个无能的人！"

很多时候我们会听到大人们抱怨自己孩子这不行、那不行。但孩子是教育的结果，当我们在抱怨孩子们不自信、不负责任、不大胆、不能吃苦时，我们是否反思过，作为父母的我们有没有为孩子们提供过成长的机会？我们是否信任孩子？是否足够尊重孩子的独立性？现代社会的发展，人才越来越国际化，这已不仅是个人成长的要求，这是家庭的希望，更是祖国的要求。我们需要证明，当今中国孩子完全有能力承担这责任。

6. 必须承担的后果

国庆节最后的返程毫无疑问是在交通运输的高峰期，拥挤的人流再次将我们推向了西安火车站。

这时最担心的就是孩子丢失或出现意外情况，所有人都严阵以待，就连摄像大哥也前来送站。汽车上，我又重申了一遍安全注意事项，孩子们一再点头，可就算如此，我还是担心，因为我们的孩子年龄小，行李又多。在这茫茫人海中一旦走失，就很难重新找到队伍了。

大家开始有秩序地下汽车，准备整队集合，我听见一段对话。

"文雨,一会儿我和你换铺位行不行?求你了,好吗?"可可说。

"可是刚才分配车厢时,你们'挖地虎'不是在九号车厢吗?我们在1号啊!"文雨只顾拉着行李朝前走。

神经紧张的我此时就像一颗炸弹被引爆:"你说什么呢?你到底在干什么?现在是什么时候?你居然说这个,你就为了和你喜欢的朋友在一起,就可以抛掉你的队员吗?"

用咆哮、大发雷霆这些词来形容当时的我一点都不过分。在这样一个混乱场合中,居然这个组长、刚刚获得"绿手绢"的可可会提出这样的要求,这让我非常恼火,她需要学会珍惜组员对她的信任,否则她将失去来之不易的信任。

我的愤怒爆发后,所有人都没有说话,加快着自己的脚步,队伍气氛显得有些沉闷。直到上了火车之后,孩子们才又恢复原本的活跃。

火车准点开动了,看着这一个都不能少的孩子们,我的心稍许轻松了一些,孩子们都在各自的铺位上整理物品,小声嬉笑。

"兰海,我去帮你叫媛媛过来把物品还给大家。"可可从中铺跳下来,小心翼翼地说。

到西安后,我们统一没收了孩子们的通信工具,现在要回去了,所以应该把东西还给大家。"好!快去快回。不要去其他车厢!"我看了一眼可可手上系好的漂亮的绿手绢。

十分钟过去了,媛媛拿着杂物袋走了过来。

"可可没有和你一起?"我似乎预料到了什么。

"她不是早就回来了?"媛媛有些疑惑。

这家伙,还是忍不住去找小白那节车厢的大孩子了。

我靠在车厢走廊的车窗旁,等可可。十分钟又过去了,可可终于出现在车厢那头,她刚迈进这节车厢就看见了我,于是极不情愿地朝我走来,从车头到车尾这十几步路对她来说,相当艰难。

"你去哪儿了?"我黑着脸闷声问。

"没去哪儿?"可可声音中透着明显的心虚。

"说实话。"我看着可可,而她盯着自己的脚尖。

"我,我去李达他们车厢看了一下。"可可的声音几乎淹没在周围的噪音之中。

我什么都没说，用手指了指可可手上的绿色手绢！

鲜艳的绿色，此时有些刺眼。可可的泪水无声地流过脸颊。

"你因为一些事情得到了绿手绢，但同样的今天，你因为一些事情而失去了它。"

"我，我以后不会了。"可可小声抽泣。

看着她满脸泪水，我的心也很疼，但还是不能不继续我的惩罚："可可，当大家为你投票，你的组员为你投票时，你获得了他们很大的信任。但是，你却在最后一刻想抛弃你的组员，这让我很失望。你现在把手绢还给我，我当然没有权力没收，我帮你保管。等下一次聚会时，我们一起让大家做裁判。"

说完后，我慢慢地将两小时前我亲手给可可戴上的绿手绢取了下来。[处理触犯原则的事情，一定不能心软。让孩子挑战一次，她就将无视规则的存在。说了就要做到，无论是奖励还是惩罚。]

此时的可可泪流满面，站在车厢走道上。我回到车厢卧铺上，看着窗外。

我现在只能选择狠心，让可可记住这一刻。

窗外黑黑的，孩子们都上床休息了。天宇也不和其他人嬉闹了，最早爬回上铺。夏静也不说话了。我有些内疚起来，这最后一刻还让大家看到我生气。

我要让他们知道，我也有生气的权利。在孩子面前控制自己的情绪，但是也要给他们正常的情绪反应，这才是最真实的。

车轮有节奏的撞击声似乎配合着我的思绪，当我拿回可可绿手绢的那一刻，我的心也很疼，因为我知道她对绿手绢是多么渴望，也知道她付出了多少努力才在今天选举中获得这个荣誉。由此我想到了很多人都在提倡的"挫折教育"。

挫折教育就是当孩子真正遇到挫折时，我们要能够狠下心来，让他们面对挫折，体会挫折。在我看来，挫折是一种情绪，是当事人在经历某事时，自己所拥有的一种情绪。而把这情绪上的感受作为一种教育方式，我并不赞同。

我更愿意把类似失败的经历看作是一种困难。人面对困难时有两种可能：一是你战胜了困难，另一种就是困难打败了你。结果如何，都会让经历者有所收获。

每个人都一样，无论是孩子还是成人，在人生道路上总会遇到无数困难，而我们对待困难的态度和勇气才是最重要的。

在成长过程中，没有孩子不被石头磕碰的，但我所看见的是，只要孩子一摔跤，大人们就一拥而上对着石头说："你这坏石头，怎么碰伤了我的宝贝呢？"然后对着孩子一阵安慰。至此之后，孩子一旦又摔跤，就知道那准是石头的问题，是它绊倒了我，而不去思考今后我如何做才不至于摔跤。

生活中我们的父母偏要把这些正常的困难拒之门外，而千辛万苦地去刻意找寻那些"挫折"，而那些制造出的挫折都不是生活中经常看到的，孩子们在面对时也心知肚明：这不就是大人们故意弄的"玩意儿"吗？没关系，你们会作秀我们也不差。孩子们也能在那人工环境中表现得勇猛不惧。只可惜当父母们认为短时间集中的"挫折教育"已达到效果时，回到现实生活中一切又恢复了常态，当孩子遇到问题时做家长的仍然主动去为孩子解决，让他们一次次地失去接受"挫折教育"的机会了……

火车马上就要进一个大站了，城市灯光仿佛一根火柴点燃了这黑色的夜空。

我来到走道上，拥抱了仍然在流泪的可可，她也回应我一个拥抱。

7. 章鱼交给我的超级任务

十一假期过去了，大家又回到了各自生活之中，约会的约会，看电影的看电影……此时，我看出了自己的孤独。

时间一天天过去，平日里不存在的孤独，只有在一个人时才跳跃而出。一个人去超市、一个人折腾天然气和水电、一个人把家里所有能吃的都吃完、一个人看话剧、一个人体会北京的四季变化，谁又想一个人呢？但是，谁让我偏偏就是一个人呢？

清晨 6 点 35 分，收到章鱼的短信：兰海，生日快乐。

睡眼惺忪的我有些伤感地笑了，又一个翻身享受着这美好的祝福睡去。

今天，是我最后一个"二"字头的生日。似乎也是从今年开始，我才逐渐意识到自己老了，才开始在别人询问年龄时下意识地不愿意回答，才意识到自己不再年少。

每年生日，我都会写一篇日记，今年也不例外，我越发感受到和孩子们在一起，所有快乐幸福、痛苦失落都是他们带给我的。

大清早，我比平时更早来到办公室，一楼的面包店和药店，居然都没有开门，路边有了难得的安静。

三楼，我站在黑暗空旷的大厅里定了定神，从包里拿出钥匙，打开了这扇写着"上濒"二字的玻璃门，办公室里漆黑一片。我如同仪式一般把所有灯打开，然后绕着办公室转了一圈。7 点，这里只有我。

伴随着挂钟的滴答声，我打开电脑写下今年的生日日记：

知道吗？每天我们都会谈论和工作有关的所有事情，但是，我必须坦白地告诉你们，当工作带给我们更多压力时，你们的故事，或者说我们之间的故事就成了我们的调味品，成了让我眼角增添鱼尾的罪魁祸首。

今天，我要做的事情很多：按时上班，按时参加会议，回家吃饭……但有一件事情是我必须做的，就是写下这篇公开日记，因为我有太多感谢要告诉你们。

感谢你们让我被很多人羡慕。因为有了你们，他们羡慕我能最直接真实地触摸到世上年少者的笑话；因为有了你们，他们羡慕我的单纯；因为有了你们的喜欢和信任，他们羡慕我能够得到世上最纯粹的感情；更因为有了你们，他们羡慕我能最直接创造出社会价值，能证明自己的存在与价值！

在这所有感谢中，我最想说，感谢你们让我印证了成长！让我们继续勇敢地让自己成为对方成长的印证！

当我敲完最后一个字，满脸泪水。

按照平日习惯，我又一次登陆了上濒网站论坛，孩子们通常会在上面发言，还没来得及想象孩子们的留言，第一篇文章就让我半天回不过神来。

8. 孩子也会有深刻的思想

在 MSN 上遇上在德国读书时的同学，我向他们发问：你希望培养怎样的孩子？虽然我们曾大规模讨论过各种教育问题，但现在每个人都回到了自己的国家，通过这几年的工作，感受肯定大不一样了。

美国同学："孩子对于我们来说，是希望。我们希望能把他们培养成为'国际化'的人才。我们是一个移民国家，所以希望孩子们能更好地融入整个社会。我们不会刻意强调爱国观，但孩子所接受课程中会体会到国家的重要性。我们在课堂上教会孩子们解决问题的方法，让他们自己去尝试就好。"

德国同学："我特别希望孩子们能够去感受生活、快乐生活。这是生命中最重要的，当然这也是我们的社会特点，所以我们会用爱去和孩子交流，让他们去欣赏生命。所以，我们的课程不会给孩子们带来太多压力，教会他们如何生活才是最重要的！"

尼日利亚同学："我们现在的目标是生存，让每个人都接受教育。所以我们的目标是让每个孩子都能知道教育的意义和如何生存，我们希望孩子健康活着，然后再不断进步。"

日本同学很严肃地告诉我："日本是一个几乎没有资源的国家。我们整个国家的危机意识特别强，所以我们把这压力转嫁到各个角落，当然包括教育。我们教育的目标是'报国型'，国家的状况和前途决定了教育的根本目标。"

在中国，我们到底希望培养怎样的孩子？

孩子们进入大学之前，我们培养的几乎是只会考试的孩子。但当孩子从大学毕业之后，我们却又需要有社会能力的孩子。可孩子的成长不能分段，就如同一个运动员，在奥运会比赛前我们要求他练长跑，可比赛时他却被要求参加体操比赛。

说实话，我非常理解中国父母的迷茫。他们明知对孩子来说最重要的是什么，但却不得不把孩子们的时间交给各学科的补习。但我认为这些家长完全可以做得更好，很多人容易把素质教育与应试教育对立起来，但我认为父母完全可以更好地将素质教育与应试教育结合起来。我一直告诉孩子们：学习很重要，考试很重要，自己的成长也很重要。

我希望孩子们能够幸福，能够发现自己的兴趣，能够寻找属于自己的世界，能够更好地了解自己，能够准确地确定自己与世界的位置。那这一切需要什么呢？需要更加宽广的知识领域，需要更强大的社会能力，需要更优秀的学习力。只有拥有了这些，他们才能在日后找到属于自己的幸福和快乐。

在我心中，教育的力量就是让每个人都充满希望！教育的极致就是让每个人都能抓住实现希望的机会！

夜晚的微风轻拂脸庞，思考就像不能停下的火车，一站又一站地开往下一个站台。

"王导，这就是上濒。"我把导演请进了门。

王导是一位年近五十岁的长者，一套中式衣服穿在身上显得非常潇洒，下巴留着山羊胡子，慈眉善目的样子让人很有亲切感。我带着王导参观工作室和孩子们的活动场所，王导一边赞叹一边问："这儿就像个迷宫，这里到底有多大呢？"

"王导，您是不是感觉这里犹如一个游戏场所？我们会自然跟随这路线流动，看上去似乎很小，但又感觉空间很大？"我反问王导。

王导捋捋山羊胡子，频频点头。

"这就是设计师的想法，他认为孩子应该在游戏空间里，这小面积被他设计得很开阔。"我自豪地回答。

"我很喜欢这白色，为什么全部都是白色呢？"他的不解也是很多人的不解。

"设计师认为孩子是五颜六色的,世界的颜色是由人添加的,所以将空间设定为白色。"我带导演来到教室门口,"因为开学了,所以没法像您期待的那样让您和孩子们去玩。不过今天我们正好有一个关于捐款的讨论,您有兴趣听听吗?"

"好,我就想看看真实的孩子。可他们看见这些摄像机,会不会就不自然起来?"

"您放心,他们会当这些不存在。"我把王导和助手们请进透明屋,孩子们和陌生人礼貌地打完招呼,就坐了下来。孩子们的注意力丝毫没被摄像机吸引,一如既往地准备着今天的话题,我能清楚地看见角落里王导面露喜色,我自己心中也暗自得意。

"好了,我们今天用一个小时来进行讨论,主题内容是'捐款'。"[讨论发生在自己身上的事特别有助于拓展孩子们的思维能力,并且能够帮助他们解决内心的疑惑。]我照例开场白,"最近很多学校号召给穷困地区的孩子们捐款,可我得知很多人因此而产生了苦恼。谁先来说说?"

著名的"话痨"森森争取到第一个发言的机会,气鼓鼓地发言:"我们学校发动大家捐款,我捐了100多元钱呢!可我不知道为什么回家之后我妈说我这样做不对。我想不通。"

"我来说我的。我们上周也捐款,我准备拿出下个月自己所有的零花钱20元参加捐款。因为是我下个月的零花钱,所以还在爸爸口袋里,但由于时间匆忙,上学时爸爸忘记给我了。结果我只能拿出了全身上下所有的钱,一共1块1!我们老师很不满意,那眼神让我现在想起来还有点怕。你说老师会不会怀恨在心呢?"语凡发言。

最后苦恼的子庄发言了:"我觉得他们很需要帮助,可我只能出几十块钱,我觉得自己做得还不够,可又不知怎么办?"

"森森,你捐的钱是你自己的吗?"我准备从森森的问题开始讨论。

"不是。正好那天学校要捐款,妈妈给我100元,然后我加上自己的钱,就一起捐出去了。"森森倒也坦白。

"首先,森森,你想帮助别人,这热情是非常值得表扬的。可你用的并不是属于你自己的钱,你没有事先得到父母同意。如果长大后在没有得到他人同意的情况下，你自由使用了别人的钱，你知道那意味着什么吗？"

"我知道，这属于'贪污'！"语凡抢着回答，小家伙的词汇还真多。

"所以，我建议你和妈妈商量，你用一些家务劳动来补偿这笔钱，行吗？"

森森频频点头，舒心的笑容将那小小的愁苦带走了。

"语凡，你大可放心，我真为你开心。你捐出的是自己的全部钱，而你要付出的代价是下月将没法花一分钱。可因为你没有提前做好准备，你没有完成你所期待的捐款数额。但1块1也代表你当时的能力，我希望下次你会考虑得更全面些。"

语凡吐了吐舌头： "我第二天拿了20元去补缴，可老师说过期了。"

我笑了笑，摸了摸语凡的头。

最后剩下的是子庄的烦恼了："子庄，你要知道，每个人都只能在自己能力范围内办事情。你虽然只捐了几十块钱，但你一共才有多少钱呢？你的钱不多，这些钱是你平时零花钱积累起来的，是你所有的钱吗？"

子庄点头承认。

"你看，你捐出了你所有的钱。这相当了不起，你在帮助别人时是全部付出。如果一个百万富翁他捐出十万，那也只占到他财产的10%。但你却捐出了所有，所以是100%。"

"那，兰海，你有金钱的苦恼吗？"孩子开始反向提问。

"当然，我也有。但我更明白自己需要什么，一个人要懂得如何理性地赚钱，还要知道如何理性地花钱。更要知道除了钱以外，我们最重要的是什么？"我站了起身，环顾四周道，"知道吗？你们也是我的老师。如果我们什么都没有，就无法给予别人。如果我们要想让一个人变得善良，我们自己就要善良；如果我们要教导别人坚强，我们首先需要坚强。看着你们，我常想自己童年时是否也是和你们一样勇敢地面对这一切。"

"哦，原来你是在'利用'我们呢！"孩子们调皮起来。

"我在你们身上重温着自己的童年!"［千万不要轻视孩子们的思考能力,一定要把他们放在与自己平等的位置上进行对话。］

讨论结束后,孩子们疯跑着出去玩了,丝毫没有理会教室里的导演和摄像师们。

王导若有所思地坐在角落,助手们正准备关摄像机,王导示意他们别停机:"去拍拍他们都在外面干什么。我要和兰海谈谈。"

我搬来凳子坐在王导旁边等着他的提问。漫长的沉默对视,可王导仍然一言不发。

"兰海,"王导终于开口,"我想问一下,这些孩子今天还会在这儿吗?我还能和他们待一会吗?"

"他们下午还有一堂世界通识课,主要内容是从宗教角度看巴以问题,您有兴趣吗?"

"如果我没有参加刚才的讨论,我不认为他们能参与巴以讨论。可我现在信了,我需要和你好好谈谈,但不是现在,在我听完课后还有时间吗?"

我点头同意,从王导的眼睛里我看到他潜藏的兴奋。孩子们的魅力真是无限!看向窗外,嬉戏的孩子们如此投入,丝毫没有被陌生来者打搅。我在想:这不以为然不会让这些电视工作者们感到些许失落吧?

9. 语惊四座的巴以问题讨论

30分钟后,在外面尖叫疯跑的孩子开始了宗教课程最后一堂课。我带着导演一行人来到课堂内,悄声坐在最后一排。

当今世界所发生的冲突,大多都与宗教相关。只有了解得越多才能越宽容地看待问题,因为只有了解才能理解,理解之后才能宽容,宽容之后才能接纳。因此对宗教的了解是必须的。

这次课程带给孩子们的新鲜感是前所未有的。从各个宗教起源、基本教义到宗教场所和传播,再从宗教自身影响到对世界格局的影响,等等。孩子们的认真表情和精彩发言让我激动不已。

第四部分　孩子进入世界的秘密通道

这是宗教的最后一堂课，孩子们需要比较总结课程中所涉及的佛教、基督教和伊斯兰教，并从宗教角度去思考巴以问题，从而对解决问题的方法进行讨论［创造机会让孩子使用自己所学到的知识，有助于激发他们进一步的学习兴趣。］

小鹿进行了总结部分之后，随即介绍了巴以问题的相关资料。看着他们一张张认真的小脸，想着他们一次次思想火花的碰撞，我不由感叹生命的惊奇。他们大脑中活跃的思考细胞被一个个问题击活，这些问题看上去深奥，但却一点也没有难倒他们。

孩子们把众多文字资料按时间段分成了几组，然后把地图资料都摊在地上。每组组长安排每个人的阅读任务之后，孩子们开始了各自的任务。10分钟后，他们将桌子拼在一起，叽叽喳喳地讨论起来。紧张的节奏让他们在讨论中挥舞着小拳头，不时还能听见敲打桌面的声音。

当我沉醉在孩子们一派繁忙景象中时，他们找到了解决巴以冲突的方法，这不禁有些让我瞠目结舌。

首先，孩子们解释了为什么要把两组桌子拼在一起并组成了共同队伍。因为他们要想法解决团结问题，所以不能有分裂，需要更广泛的团结。其次，因为这个讨论题实在太难了，他们需要互相支持。

在解释了合并理由之后，他们开始提出了自己的解决方案：

方案一：为巴勒斯坦和以色列建立一个共同"对手"。因为当人们面对共同敌人时就能团结起来。所以，如果巴以双方能面对一个共同困难，他们肯定能够团结起来。

方案二：在巴勒斯坦和以色列之间建立一个"和平带"，在这和平带中禁止一切武力冲突。

方案三：让双方学习对方的历史和文化，学得多就能理解别人了。

谁能想到这些方案的设计者都只是十岁到十二岁的孩子呢？他们对于世界的了解已在很大程度上超越了一些成人。难能可贵的是他们不仅了解了世界，还在作为世界的主人认真思考解决问题的方法。

课堂上我彻底忽视了王导，因为我的注意力完全被孩子们吸引了。他们所迸发出的弥足珍贵的思想才是创造这个世界的原动力。

铃声响起，孩子们再次成为一群飞奔得最快的精灵。我站起身，王导在一旁发呆。我们回到办公室，沏上一壶好茶。

"王导，我们现在可以谈谈了吗？"

"好，兰海。我只有两个问题，也可以说是一个问题。"王导缓缓地开口。

"希望我的回答让您满意，请说。"

"第一个问题是：为什么在这里，孩子们与在学校时的表现差别如此大？是环境的改变让我们看到了孩子完全不同的另一面吗？第二个问题：到这儿来的孩子很特殊吗？他们到底能代表哪种孩子。"

"刚才在课上，我看到您面露兴奋，对这些孩子们的思考力和知识面以及他们的沟通能力是不是有些吃惊？"

王导点头。

"可是，"我停了一下，"您知道吗？在他们之中，有在学校同样备受称赞的孩子，也有在学校让老师万分头疼的孩子。原因很简单，因为标准不一样。[单一的评价标准让孩子们都成为了流水线上的产品，而不是充满独特思想的个体，这是教育的悲哀。]

"学校受欢迎的孩子需要听话，所以思维活跃的孩子会因不断提问老师或不会简单遵循老师的要求，而不被欢迎。其实，孩子都是一样的孩子。你今天所见的孩子到了学校之后和你以前所见的也一样。因为他们知道不同环境下需要不同表现，所以，他们在进行表演，为了取悦那些评判他们的人。如果他们有安全感，他们就会放松，思维也会异常活跃起来。他们并不特殊，他们只是在展现真我，也展现出了力量。"

"那是什么让他们不一样呢？"王导追问道。

"王导，这算是第三个问题了！"我打趣，"因为，我们拥有一支魔法棒！"

"愿闻其详。"

"理解和信任，希望和机会。当我们能够真正理解孩子时，就能走进他们的内心；当我们信任孩子时，就能得到他们的支持。将世界打开在孩子面前时，就给了他们希望；再帮助他们抓住机会，就能让他们拥有力量！这就是我们的魔法棒！"

看见王导的迷茫，我讲了一个故事："您知道特莱津集中营的故事吗？"

王导摇摇头，我继续说："在捷克首都布拉格西北方向60公里的一个小镇，当年有一群孩子在那里留下了很多画作，一直保存至今，这些画作的颜色鲜艳地展示着孩子们对世界的渴望和对生活的向往。他们还连续出版了杂志《我们也是平常的孩子》。而他们，就是在特莱津的集中营的孩子。

"他们能做到这些，只因为在这个集中营有很多热爱教育、懂得教育的人，他们让孩子们了解集中营以外的世界，让孩子们用画笔描述自己的想法。只要他们的思想自由地飞翔，就能跨越身体的限制，哪怕在高墙内，孩子们的思想也飞翔在天空中。"

10. 玩，就是一种教育

冬天已悄然来到，百般无聊的我坐在车上，思索着最近的活动安排。顺手拿出手机翻看通讯录，一直以来的忙碌让我许久没有和朋友聚会了，最近的闲暇总算给了我一个主动出击的机会。

一如既往，我的幻想总是被突如其来的电话打断。我不由叹气："你好，我是兰海。"

"兰海，下周录制节目啊！"编导琪琪如此直接的发令让我有些困惑。

"什么？说清楚点。"我半天回不过神。

"就是那次西安的活动，我们栏目希望邀请所有孩子参加节目录制，想征求一下你们的时间安排。可你要帮我一个忙。"琪琪这快嘴，说话从不带停。

"什么忙？"虽然我为此活动兴奋不已，但也要考虑到公众形象。

"你能不能帮我采访一下孩子的父母？我们希望知道活动中孩子们哪些表现是父母所没有想到的。"

"向组织保证坚决完成任务！"

该诅咒的交通，我一路疯跑，踩着点到了三楼，冲进办公室，我调整好座位，准备开始挨个打电话，先联系谁呢？雅梦！有些日子没有联系了,不知这小姑娘如何了。

"您好,我是兰海。我想问问,雅梦回来之后有没有和您谈到西安之行?"

"回来之后孩子变化挺大的。原来她对自己没把握拿第一的比赛从不敢参加,现在还主动参加英语比赛呢。她总说她连免费出租车都能坐,还有什么不能的……"

放下雅梦妈妈的电话后,我继续照着通讯录打电话。

"黎飞的胆大让我特别吃惊!我们原来参加一个英语培训,最后的汇报演出,所有孩子都特兴奋地拼命展示自己。只有黎飞,从头到尾都不敢把面具取下来,整个演出都站在角落,就像耗子一样躲避。而且他从来都不敢主动买东西,他那么爱吃麦当劳,但宁愿自己不吃都不会单独去买。"

"你知道吗?伟宇在美国读书时,他嘴里经常出现三个词:unbelievable(难以置信)、impossible(不可能)、incredible(难以描述)。这三个词总在老师给他布置任务时一再出现。他外公做了无数动员工作,都不能让伟宇忘掉这三个词。就算他拿到了美国学校的校长奖,他还是无法自信起来。可他从西安回来之后告诉我所发生的一切时,只有轮到我说 unbelievable!impossible!incredible!"

"兰海,李达现在读中学了,他开始学会对别人宽容,学会全面考虑问题,这些对他来说都将是一笔财富!"

"张浩这次去西安后,我希望他回来后写篇作文,可他坐了好几个小时也就写了几行。他还义正辞言地说,这次所学到的东西是无法用文字和言语表达的。"

……

玩,就是一种教育。

我们愿意创造出无数个可以让孩子们在玩的过程中成长的游戏!我们所带给孩子心灵上的撞击,是抽象的,是无法用量化标准来衡量的。

就像那本风靡50年的《小王子》里所写一样,孩子告诉爸爸,朋友家有一所很美丽的房子,还有很美的花园。可爸爸实在无法想象那是一所什么样的美丽房子,直到孩子告诉他,那房子价值25000美元。爸爸突然知道了，那确实是一所好房子。

孩子们知道，我更坚信这一点。

终于等到节目录制了，节目现场异常热闹，孩子们和我都是第一次看到西安之行的影像资料，现场每个人都笑翻天了。现场还展示了当时写有"谁会唱秦腔"的大破纸箱板和一次拍摄成功的集体离地相片，最后冉冉现场表演的那段"秦腔"，一招一式，还蛮像那么回事。

"为什么你们能做到这些呢？"鞠萍老师站在看台中间，向孩子们提问。

"让李达代表我们发言吧！"大家把话筒交给了李达。

李达非常镇定地接过话筒："其实，最开始我们也没想到自己能做到。不过，这些'可恨'的大人总不帮我们，所以我们只能相信自己可以做到。"

台下的父母也开始提问："兰海老师，我是一个八岁孩子的妈妈，我们第一次看到中国也有这样的活动，这样的玩法有什么不同呢？"

"《华尔街日报》把雇主对商学院毕业生的素质期望进行了排列，88%的雇主认为沟通和人际关系的能力最为重要；87%的雇主认为合作能力最为重要；85%的雇主认为个人的道德和品性最为重要；分析和解决问题的能力占了83%。"我停了停，"这些能力的培养不是等到孩子们从大学毕业了之后才进行的，这些能力需要从小就植入他们的成长，让它们能有机会在孩子身上慢慢成长。我向来不相信强化，教育是一件需要耐心等待的事情，所以，为孩子们提供能够提高这些能力的机会，是我们给孩子成长的礼物。"

鞠萍老师立刻追问："兰海老师，为什么你每次都确信他们能完成呢？"

"策划、分析他们的能力和性格特点，我想这些都是技术上的事，抛开这些不说。我想是因为我内心中信任他们，我不从一个老师的身份去信任他们，而只是从人的角度去相信他们。信任，是最重要的事。"我诚恳地说，"这个世界充满了奇迹，也充满了无数可能，只要我们相信，任何奇迹都会发生。"

当我回答完后，孩子们纷纷看向我，我们的眼神在此刻汇聚在一起，彼此的信任在这一刻融合在一起。

此时，鞠萍老师提出了最后一个问题："你们每个人现在可以说一句最想说的话。"

话筒在孩子们的手里传递着，他们的每一句话都让我感到前所未有的欣慰。

文雨：在这里，每个人都是自由的。

雅梦：希望大家都能加入我们的大家庭！

夏静：在这里，我们什么都有可能。

语凡：兰海特别好玩。我们这里就是"话痨"培训地！大家都来吧！

翰坤：坚持不懈就一定能成功！

天宇：他们不是老师，他们就像朋友！

李达：一个人要相信自己，并且坚持不懈地努力，才能成功！

黎飞：努力、坚持、团结。

宇轩：在这里，你可以发现一个不同的自己。

伟宇：每次参加活动我都有不同的感受和收获。

可可：在这里，我们能够发现自己的优点和弱点，我们能发现每个人的价值。

录制结束之后，我坐在沙发上，看着孩子们纷纷和鞠萍老师合影，我仿佛在欣赏一幅画，一幅美丽而真实的画，我是如此的心旷神怡。

11. 关于海啸的一堂讨论课

录制节目带来的兴奋并没有改变我们上课的主题，反倒是一篇报道让我重新修改了课堂内容——我要给孩子们加一节讨论课，和他们谈谈时事。因为对于孩子来说，他们需要更紧密地接触这个世界。

"今天我想和你们讨论一个重大事件——海啸！不久前，亚洲发生了一起特大灾害。我想就所看报道来和你们探讨一下，在事件发生过程

第四部分　孩子进入世界的秘密通道

中，我们可以学到什么、得到什么启示。我们从这个案例开始，最后共同总结案例带给我们的新观点。"

"难道同一个事情我们能总结出比记者还棒的内容？"伟宇提问。

"当然，反正我已经总结出来了，就看你们是不是可以和我一样棒了！"向孩子们挑战，是一个永不落伍的法宝。

"目前，海啸已有超过 15 万人的死亡，如果一些疾病传播和医疗问题也算入，那么死亡人数将会达到 40 万人以上。就在中国救援队刚进入的斯里兰卡，已经发现了两起霍乱——这是一种恐怖传染病。这种疾病的传播只是因为居民们饮用了没有烧开的水和吃了一些细菌污染的食品造成的。好，我的问题是，当我们遇到这样的传染病时，我们首先应该做什么？"[永远不要直接告诉孩子答案。]

"找到病源，然后切断啊！"宇轩反应快到我话音都还没落下。

"对！"我在黑板上给他们加了一个大大的 10 分。

孩子们脸上露出了一丝得意，却又不敢放松。

"这是最简单的案例分析了。现在我们看另一个案例：有一个十岁孩子，在学校时她参加了一个科学实践小组，正好赶在海啸发生前，他们进行了相关现象的试验。当她发现自己的实验与海啸前的预兆一致时，连忙告诉母亲，并配合海滩工作人员，让当时在海滩的 100 多人及时离开，避免了损失。"[列举一个同龄人的经历会激发他们的积极性。]

"我知道！这个就是说在学校里要好好学习。"语凡连蹦带跳地抢答。

"别说，这是显而易见的，不是兰海的要求。"章鱼倒是很会分析。

孩子们在教室里开始讨论起来，但却没有形成统一意见。为了掌控时间，我不得不打断他们："看来，这第二个 10 分很难拿到了？那我公布答案了。在这个案例中，我希望你们能体会三点：首先，要把自己平时学习到的知识和实际生活联系起来。其次，相信自己的判断，你们作为世界的一员，有责任和义务让他人知道你们所发现的现象。所以，当你们发现现象会带来的后果时，要勇敢地相信自己。如果判断错了，只要出发点是对的，没有人会指责和嘲笑你们。相反，你会得到尊敬。第三，信任是双方的，这个孩子让她妈妈信任她的判断，这是相互间长期以来信任的结果。所以,只要你们履行自己的诺言,只要你们用自身实力向成人们证明你们的能力,你们就会获得信任。"

孩子们频频点头。

"下一个案例,你们还有信心吗?"[激发他们的斗志往往会有强刺激作用。]我再次加强刺激效果,"当海啸来临时,一个澳大利亚的妈妈身边有两个儿子,一个五岁,一个三岁,但当时她只能救助一个孩子,她毅然选择了弟弟。当他们脱离危险之后,开始寻找哥哥,结果哥哥也获救了。作为母亲,她肯定希望能够救出两个孩子,但在那危难时刻,如果她都想救,结果会是孩子们都会被海水冲走。在不得不做出选择时,你应该怎么做?"

"这个时候最需要冷静,还有就是小白常说起的'迅猛'。"李达回答。

"很对!危难时刻,你们一定要冷静,要争取到最多时间去做决定。只有这样,你们才能执行。'两利相权取其重,两弊相权取其轻。'如何选择,这是我们一生都在进行的思考。所以,选择就是要舍得放弃,更要知道如何放弃。"

生命这个严肃话题,让孩子们仿佛置于那场海啸氛围之中,心情也沉重了许多。

"我们还有三个实例分析。我们看到有很多例子说,不少人困在树上靠喝水坚持了十天。他们都知道必须'坚持'才能存活下来,但谁总结一下'坚持'?"[之前的总结让孩子们有一个参考,这个时候的快速训练会让孩子印象深刻。]我环顾四周,孩子们没有料到我提高了回答难度。

"我试一下。"章鱼一贯轻易不出手,"当我们遇到困难时,当我们遇到前所未有的挑战时,决定我们是否能够生存和成功的就是坚持,就是永不放弃。因为这些,我们才充满勇气、充满阳光去面对一切。"

"对,我想当他们最痛苦的时候,唯一能做的除了坚持还是坚持。爱和生活让他们一再坚持下去。所以,孩子们,记住:坚持是信念,而爱和生活是信念的来源!

"接下来,故事主人公和你们一样大。一个美国孩子,自己去周边募集资金,一个下午便募集到 1800 多美元。另一个瑞士孩子,她把自己的旧衣服拿出来捐赠,可没有想到很多人都把自家东西捐了出来。后来,物品越来越多,最后瑞士只能包了一架飞机运送物资。"

"我想,每个人都应该相信个人的力量。"伟宇说。

"说得好!很多时候,我们很容易认为自身力量是渺小的,但当我们做一件正确事情时,他人都会因为你个体的影响力而来到你的周围。我们一个人力量不大,但我们的影响力却非凡,尤其是做一件正确的事情。所以,大家要相信自己的影响力会让所有人都来到你身边,你们都是最美的光线!"[让孩子认识自我价值和自己能够为世界造福的力量,就会在心中埋下理想的种子、会充满自信地面对生活。]

当我强调他们"个人力量"时,教室里的他们,小小的腰板都挺得很直。我相信,这带给他们的不只是自信的力量,更是责任担当的力量。

伴随沉重话题的讨论结束,下课铃声也响起了,孩子们冲出教室照常嬉戏去。

手机突然开始振动,肖洋的短信赫然跳入眼前:下周五 20 点准时观看宣传片《上濒的世界》。

我想,这"红烧肉肖洋"到底能拍成什么样的宣传片呢?

12. 成立剧组

终于,我们每个人都怀着七上八下、激动异常的心情盼来了 11 月份的最后一个周五。

还没到 19 点,教室里的电脑、投影仪和音响都已经调制好了。小鹿在门口东张西望,凯音虽在讲着笑话却明显已心不在焉,我那期待的内心更不用掩饰,在教室和办公室之间来回踱步。

19 点 45 分,肖洋慢慢悠悠地进来:"呦,大家都还没走?"走进教室后,他慢条斯理地拿出移动硬盘,"怎么大家都不说话?"

大家沉默地看着他。

关门,关灯,每个人都紧张地盯着屏幕。投影亮了,画面终于出现在眼前。蓝天白云、城市农村、各种音乐的混搭，15分钟的影像将这世界展现在我面前，过去的时光仿佛又回到了眼前。

大家唯一能感受到的就是力量，艺术的力量！

肖洋一直坐在旁边，不说话。

"我有一个想法。"平时很少发言的常松，居然第一个打破了沉默。

"说啊！"所有人都还沉浸在短片中，没人搭腔，我不得不推波助澜。

"兰海，我们能做一个大策划吗？"

"还能有哪个策划好过肖洋今天的作品？"

"说的就是这个！"常松走到我前面，"干脆，今年冬令营我们拍电视吧？"

"好啊！我赞成！"小白回头惊喜地看着我，难得他回答问题如此爽快。

一直安静沉默的肖洋抬起头："我没有问题。"

"等等，让我来记录一下。"我快速走到玻璃板前面，拿起笔写道："做演员的过程中可以让孩子们学会如何表达自己，可以让他们放松，让情绪得到释放。如果能有优秀的剧本，还可以向社会传递孩子们自己的声音。"

"对！我觉得兰海想的很对，虽然拍电影是一个方式，但我们必须要保证孩子们的教育收获。"媛媛冷静地思考。

"'翅膀'世界的方法本来就是'体验教育'，就是让孩子们体验生活的万千景象，让他们体会各行业的艰辛。拍电影的过程恰恰能帮助孩子们很好地体验这些。"我激动地说，"而且，除了导演和摄像以外，孩子们要担任所有任务，他们需做道具、灯光，还有什么是他们可以参与的？"

"这就多了，比如说音响、场记等。所有角色对他们来说参与度要求都是非常高的。"

"我知道了，我们可以安排一个胆小的孩子去扮演一个高大威猛的孩子，让他感受勇敢也没有什么可怕。还可以用这个机会让雁儿大声说话！天哪，太棒了！这简直是一个超级体验项目啊！"我激动的声音越来越大。[角色扮演会给孩子一个扮演一个不同自己的机会。家庭活动中也可以用这样的方法更好地了解孩子内心中的另外一个自己。]

"好像成本很高啊……"常松终于回到了他的正常思维轨道上,"肖洋,是不是需要请灯光、摄像,还要有后期剪辑?"

"当然,这活动的确需要很多的投入。"

"还有一个问题,父母报名是冲着拍电视来的,而不是冲着教育来的。但如果他们每个人都要求做主角,那场面如何控制?另外,一次冬令营的时间只有5天,这些孩子们能在有限的时间内演好吗?天气太冷了,大家能坚持下来吗?"媛媛的连环发问,将我们的激情打得落花流水,回到现实问题之上。

"孩子们能演好吗?这是一个很重要的问题。如果要完成一个优秀的演出,他们必须有很强的理解能力和表达能力。他们需要不害怕镜头,需要自信。因为角色的关系,他们还需要和不同人合作,这是团队合作的体现。"我像机关枪一样将问题全部扫射出去。

"拍戏非常辛苦,这对孩子来说,也是一个考验。"肖洋紧随其后。

"他们不是都喜欢明星吗?让他们自己演出一次,就明白当演员不是件轻松的事情了。"媛媛之前就准备过和孩子们讨论明星问题。

"我希望这是一个可以观看的作品,对孩子们来说,他们做了一件其他人在成长阶段不可能做的事情。"[成长中不断体会成就感能够帮助孩子树立自信心和自豪感。]我开始期待起来。

"前期都需要准备什么呢?道具、设备,演员招生?"常松拿着本子已经开始记录。

"剧本是什么呀,谁来弄?"媛媛好像发现了一个大问题。

"我们自己!"几乎是同时,肖洋和小白蹦出这几个字。

我说:"既然是作品,就一定要让孩子不仅体会到作为演员的辛苦,还要让他们在自己演出的作品中获得一些感触。还有,我们需要很多的宣传,我希望孩子们的作品能让更多人看到,让所有人能看到孩子们的力量。"[扩大孩子们完成任务的影响力会让效果发挥得更加充分。]

秉承"想到就做"的上濒一贯作风,我们很快进行了分工布置。

常松负责场地、设备、道具、招演员工作。而这次活动的教育策划则由小白主要负责,我协助完成。他需要保证通过前两天拍摄即可让孩子们体会什么是演戏，让孩子们的心理状况调整到进入角色的状态，并且还要配合导演让孩子们明白自己的任务角色。肖洋和小白需要完成四部短片的内容策划，还要和导演共同完成分镜头剧本的编写工作。

12月12日，上濒剧组正式成立了。

上濒的教室也在这一天正式成为剧组所在地。为了支持大家工作，更为了督促大家工作，常松直接买了很多方便食品放在教室里，摆出一副不完成任务誓不回家的架势。肖洋更是将他那一头长发剪了，颇有几分削发明志的意味。

我开始琢磨主角的问题："常松，你说，谁都希望能够当主角，可这不太现实啊？"我在一堆道具后面找到了常松。

"好多父母也都问过这问题。"

"父母都是怎么说的？"

"父母都说，这肯定是好事，可我们缴纳了一样的费用，为什么有人是主角，有人是配角呢？我昨天也和肖洋说了，但他说我们可以设定很多角色。但即便如此，每个人在镜头前面说的话也不一样啊！"

"但这件事，也不能太让肖洋考虑了。否则为了顾全所有人，剧本出来就是四不像了。父母们关心的是每个人得到的是否一样，是吗？"我的脑子忽然开窍了，"那你说参加这次冬令营的收获是什么？是每个人都能当主角吗？"

"不是啊，是体验！让孩子们体验。"

"那在生活中呢？"

"在生活中更是这样了，任何人都不可能是主角。但我觉得不管做任何事情，如果每个人都认真了，谁都是主角。"

"你再说一遍！刚才那句话。"我的声音提高八度。

"我说什么了？噢，每个人都认真了，谁都是主角。"常松好像也明白了，"对，我们能不能有一个短剧去体现我们每个人都是自己的主角呢？"

"快去找肖洋！把最后一句话告诉他！"

经过多次反复的讨论，终于确定了四个剧本。除了讲述兄妹感情的

《鞋子》和科幻剧《正义的故事》以外，还诞生了两部非常好的剧本：一个是讲述孩子们自己心愿的《愿望》，另一个就是《主角就是我》。

当这四部打印好的剧本放在我面前时，夏静爸爸赞助的各种灯光器材也运到了教室里。这时候，我才可以真实地告诉自己：我们真的要拍"电视"了！

13. 开拍——上濒的表情

一月的北京正式迎来寒冷，而我们的心却火热起来——我们终于进入了拍摄阶段。

看着大车上那八台摄像机、监视器、各种灯光器材，还有一堆我怎么也弄不明白的长短各异的连接线，我们和 52 个孩子一同进入到拍摄现场。

这是一个很大的度假村，环境多样，不仅有农家小院、大片森林、网球场，还有剧情所需要的跆拳道馆。

其实，我也不知道，这样的剧组到底会发生什么？

到达驻地后，第一件工作就是将所有设备分类堆放在库房，紧接着分组演员，确认每组道具、灯光和录音工作的负责人，然后再让他们去库房分别领取各自所需的材料。

孩子们和导演很快打成了一片，场面其乐融融。

第一天，孩子们学习了拍电视的流程。每个人开始熟悉自己的台词和剧本，导演们也帮助他们排戏。训练时，九岁的熊哥要表演哭戏，却怎么也哭不出来。当天下午，因为要要"男人"威风，他冲动之下欺负了女孩，结果被常松教育了一顿，熊哥的泪水瞬时往下掉。常松抓着熊哥的胳膊说："好，记住，明天表演'哭'就是这个状态，别忘了！"

第二天，各剧组就进入了试拍前的状态。大家充分理解剧情、默记台词。我们特意将雁儿和海希都安排在《愿望》的剧组中，设计出他们的本色角色。海希扮演一个因为说不好中国话总被别人欺负的混血儿，而他的愿望就是"能说一口流利的中国话"；雁儿扮演的是一个因为身体不好而不能在外面和其他小朋友玩耍的女孩,她的愿望就是"我想到外面和大家一起玩儿"。

通过这样的"扮演"方式,可以让孩子们说出自己平日想说但又不能说的话,对他们来说这正是一种突破和释放。李达则扮演了《正义的故事》中那个幻想自己成为超人的小小,最后他终于明白了只要拥有正义感的人就是超人。很多孩子在短片中扮演的只是一棵树、一堆草,可哪怕他们的角色只是道具,他们也还是在反复练习着。

试排一天之后,孩子们各自怀揣兴奋的心情上床睡觉了——明天等待着他们的将是真正的拍摄。我也早早回到房间,却难以入眠,不知明天是否顺利?如果出现太多的 NG 镜头会如何?

6 点,闹钟还没有响,我就以最快的速度从冰冷的被窝里爬了起来。

6 点 30 分,我第一个来到会议厅。此刻空荡的场地上,只有安静地躺在地上的设备,我知道,一会儿这里将是何等的嘈杂。

终于开机了。每个剧组都设计了自己的开机仪式。我不属于任何剧组,所以穿梭在多个场地中。

无法避免的 NG 镜头,果然相继出现在各剧组中。

让人哭笑不得的是《主角就是我》的表演,当向真穿上一套中式衣服扮演一个跑龙套的演员时,她非要把"喜唰唰"的歌词进行改编,致使所有演员笑得演不下去,更严重的是连导演和摄像也没法控制自己。

如果说是孩子们自己的 NG 已经让人哭笑不得,那剧组中的重要道具一只公鸡和一只母鸡更是上演了一场黑色幽默——居然在众目睽睽之下逃窜了,并慌不择路地逃到了度假村的葡萄种植区。混乱中,常松和毅然一前一后,围追堵截。

而《鞋子》剧组也在好戏不断。跑道上需要拍摄一组长跑比赛镜头,众演员都拍摄了无数遍,可就在最后一个镜头即将结束时,镜头里突然出现了一辆驴车,在寒风中驴还不时嗷嗷叫着。不得不再次 NG。

虽然 NG 让大伙乐得不行,但也让拍摄进度陷入了困境。到中午 12

第四部分　孩子进入世界的秘密通道

点时，基本上没有一个剧组进度完成了上午的任务。工作人员直接将盒饭送到拍摄场地。吃饭问题容易解决，可这一月天的寒冷却让大伙无法长久忍受。于是在各组副导演带领下，没有镜头拍摄的孩子开始在操场跑步。

相比而言，《愿望》的场景大都在室内，所以他们可算是逃过了户外的寒风之苦。但我会比较担心雁儿和海希，雁儿的小声说话会不会给肖洋带来困难？而暴躁的海希是否能在肖洋挑剔的要求之下服从表演安排呢？

我迫不及待地赶到《愿望》现场，没有看到肖洋，也没有听见哭声。原来肖洋采用的方法是让每个人单独录。海希看见我来了，立刻起来，小声说："兰海，你知道吗？我的角色很重要，你要听一遍我的台词吗？"

于是，我坐下来听了一遍台词。此时我发现少了一个孩子："我怎么没有看见雁儿？"

一个孩子用手指指着紧闭的房门："现在她在里面呢！"

我焦急地等待着那扇房门被打开，更担心雁儿的柔弱是否能顺利完成任务。

房门开了，肖洋红着眼睛出来，对我竖起了大拇指。

我知道，一切顺利。[教育中担任旁观者也是一种有效的方式。]

孩子们的兴奋一直延续到晚上，在要求每个人都喝掉一杯热姜水之后，他们才不情愿地回到各自房间。副导演们和负责道具的孩子们留下来开了个小会，归还了当日的道具并领取第二天的道具。

"兰海，照现在这个进度，我很难保证最后两天完成拍摄，怎么办？"

"你是不是想延长拍摄时间？"

"嗯，但我不知道孩子们是否能受得了？"

"我想，可以的。"

压力好大！我突然想去看看这些孩子们。

现在已经是凌晨2点了。我拿着钥匙，轻轻地打开每一间房门，掖好孩子们蹬开的被子，感受着孩子们平衡均匀的呼吸。

静静的,静静的。

14. 我们坚持下来了

特别奇怪,看到孩子们睡得那样香甜,回来后我也睡得异常平稳,我似乎感受到孩子们传递给我的一种信息和能量。

果然,一大早,孩子们就精神饱满地投入到拍摄中。道具放置、灯光强弱、话筒远近都比昨天娴熟很多,就连天气他们也适应了,虽然小脸被北风吹得红红的,但腰板却比昨天更直了。

我却被《鞋子》剧组的导演叫到拍摄现场,因为他们出现了一个无法解决的难题。

张辰,《鞋子》戏的主角之一,无论如何他都演不了掉眼泪的戏。无奈之下,导演拿出了媛媛的眼药水滴在他的眼角。可是,这小子吸收能力太好了,没到5秒钟,连机位都没有找准,他那湿润的双眼就干涸了……导演无奈,希望我能让张辰自然落泪。

在来拍摄现场的途中,我已想到了一个妙计。

"张辰,昨晚上你干什么了?怎么不睡觉,你太让我失望了!"我厉声将张辰叫了过来。

"我,我没做什么啊……"张辰那大大的招风耳总容易逗我笑,但我必须忍住。

"你中午是不是把摄像机弄坏了?你还想解释,怎么可能不是你?所有人都看见了。"

"我没有,你听我说。"

"你太让我失望了!"我转身走了。"失望"这个词一旦从我的嘴里出来,就意味着这是一件严重的事情。

"好!"导演一声叫停!

我回头,张辰一脸委屈地站在那里,导演和摄像对我挥了挥手。

张辰看着我不断地说:"我没有。"

"我知道你没有。对不起,没有办法……"我紧紧抱住寒风中的他。他眼中的泪水止不住地流了下来。

我得意地离开《鞋子》剧组，准备去《主角就是我》剧组那里凑凑热闹，途中接到肖洋电话："兰海，今天完成情况都还不错，可晚上《正义的故事》剧组和《鞋子》剧组需要加戏。"

也许是白天体力有些透支，孩子们居然能如此安静地坐着吃饭，没人说话。

夜里加戏的两组人马继续进行夜间拍摄。我跟随《鞋子》剧组步行30分钟，终于到了《主角就是我》剧组的拍摄场地：一个四合院。

这个四合院是度假村的一个景点，平时没人居住，里面冷得像冰窖一般。大家娴熟地摆放好道具，准备开拍，可一堆问题慢慢出现了。

这场戏拍摄的是兄妹俩和父母吃饭的场景，可这四合院里炕边上的窗户没有窗帘，反光会直接影响拍摄质量，最后解决办法只有用床单代替窗帘，可可和桐桐两个女孩站在窗前把自己藏在床单后面举起床单挡在窗前，窗帘问题算是解决了。可灯光又不行，最后只有让伟宇高举纸板挡住部分灯光才能拍摄。看上去很简单的一个动作——"举"，可连续坚持两个小时绝对是件累人的事，而且还不能有动弹声。但这几个孩子没有丝毫怨言，认真地完成了各自的任务。

常松在这出戏里扮演的是兄妹俩的爸爸，拍吃饭场景让每个人都免不了开口吃饭，可拿过来的饭菜早已冰冷坚硬，他们还是一口一口地吃下去。让人觉得好笑的是，我们的成年男人太少，在这四部短片里，常松居然饰演了八个不同的爸爸，算是爸爸专业户了！

完成这出戏的拍摄时，已是22点了。走在回宿舍的路上，安静的环境，让我们的每一句对话都能听见回声，好像有人在等我们说话一般。

"看，兰海，他们还没拍完！"可可突然一声大叫，人们都看向有灯光亮起的楼房。

在宿舍三楼的平台上，支有三盏灯，两个话筒。

远远地，我们看见屹立在风中的两个身影。

如同魔力一般，每个人都加快了步伐。考虑到孩子们的身体状况，我勒令他们回去睡觉。而后，我怀着感动的心情爬上露台。室外夜戏是最难拍的，而最重要的就是灯光调节了，这对于担任灯光、录音的孩子们来说，在寒风中调整任何一个角度都是极大的挑战。而担任演员的李达和客串的小白，则在寒风中一遍又一遍地重复着动作和台词。寒风中，每一句话都带出一串串白气。

谁能想到，当这场戏拍完时已是凌晨2点了。极度兴奋中的我们却不能发出任何一点动静。我们只能按捺住兴奋，无声地互相拥抱了一下，蹑手蹑脚地回房了。

就这样，我们终于等到了最后一个镜头的拍摄。

52个演员齐刷刷地重新坐在会议厅里，身边和脚下整齐地摆放着所有的设备和道具。

对着摄像机，我作为制片人说了第一句话："《愿望》、《正义的故事》、《鞋子》、《主角就是我》剧组的最后一组镜头，开始拍摄！"

第五部分　未来——我们要去创造的地方

如果问我最想给孩子什么，我想那就是"希望"！我们走在希望的路上，并且会永远走在希望的路上。"未来"不是我们要去的地方，而是我们要去共同创造的地方！

1. 准备好了吗

　　这个春节我们都没有回家，而是把各自的家当搬到了公司。我贡献了两个睡袋和一切杂粮，而常松、小白和肖洋则贡献了自己。

　　因为电视的剪辑非常重要又相当耗时，为了能在规定时间内完成剪辑工作，我们只好全天24小时工作。

　　这三个男人开始没日没夜地工作起来。根据他们的规定——其他人不允许进剪辑室，所以我只好在门外偷听动静。

　　家住北京的同人隔三差五地前来探班，没有人知道剪辑的进度，只知道一个月的承诺是可以兑现的。每个人都惊讶这三个男人胡子疯长的速度。到后来，头发的长度也出乎我们的意料。

　　大年三十的晚上，功臣们强烈要求我亲自做饭来招待他们。

　　于是，三年没有下厨的我只好撸起袖子在厨房大干起来。酒足饭饱之后，在我的提议下我们重新回去继续工作。

　　时间一天天地过去，春节假期之后我们又恢复了常态。课程开始周而复始的预课、上课、回课，剪辑室里依然通宵工作。看着忙碌的同事们，一个埋藏在内心已久的想法又冒了出来——我想和孩子们一起去德国。

　　这个念头在我心里已经封存了四年。在德国的时候，我经常看见韩国、日本的孩子们和自己的老师一起游玩。如果说他们是游玩，还不如说他们是生活在这里。相比而言，中国孩子只能坐在大巴里穿梭于各景点之间,这不能不让我替这些孩子们感到遗憾。

要看到更大的世界就要开拓自己的视界,打开自己的"心界",所以到国外一定要让自己和这个国家联系起来,让自己生活在其中而不是经过,让孩子们能更多地感受那个国度以及那种文化下的一切。

夜晚,我还在办公室,剪辑室里的男人们也在继续奋斗着。似乎我的思绪也在这个沉寂的晚上跳动起来,于是在博客上我写道:

对于德国,我想说很多。

这是一个让我成长的地方。她的悠久文化、她的建筑与艺术、她的严谨,都在帮助我、激励我的成长。从我开始融入的那一刻起,我就决定:我会和我喜欢的人再次体会这个欧洲重地!

对于你们,我想说很多。

你们需要什么?可能是一部手机,可能是一部电影,可能是一套名牌服装,也可能是国外的一次旅游!这些,是你们需要的。

你们的成长需要什么?可能是快乐和成功,可能是痛苦与失败,可能是一次挑战,可能是面对困难时对自己的极限挑战,更可能是充满了挑战的国外经历!

在你们需要什么和你们的成长需要什么之间,我选择了后者作为送给你们的礼物!

对于和你们一起去德国,我想说的就更多了。

我不会让你们住酒店,因为那里不是青年人交流的地方。我要带你们住青年旅社,那里有来自世界各地的青少年,就像一个联合国。我在那里交了很多世界各地的朋友,直到现在我们依然保持着联络!

我不会让你们整天坐大巴,因为那样无法让你们真正了解一个国家,就像在野生动物园里坐安全车一样,除了看之外什么也做不了。我要让你们乘坐柏林的火车、慕尼黑的地铁和有轨汽车,这样你们可以亲自体会和了解一个国家的公共交通系统!

我不会让你们只吃中餐,每个地方都会有富有当地特色的饮食在等待你们!让你们真正体会当地的饮食习惯,品尝当地的菜品。我们还会一起去超市购物,一起做丰富的晚餐!

我不会让你们只是跟着导游参观,而是要和你们一起去经历德国。

第五部分　未来——我们要去创造的地方

在柏林，没有人能够像我们这样在博物馆岛上度过整整一天，在海德堡的桥上驻足停留，在特里尔两千多年的古罗马遗迹中想象……在慕尼黑，我们会在世界排名第 47 位的慕尼黑大学里做一名学生，还要到最大的图书馆亲手操作一下图书馆系统！

我要让你们挑战自己的极限！让你们在陌生国度使用英语，哪怕半生不熟、结结巴巴。让你们在陌生地方完成一个个的任务，无论有多艰难或经过多么漫长的时间。但最后的失败与成功都会让你们具有挑战任何困难的勇气！

我要让你们思考德国众多城市的区别，到底是什么让有些城市在战后迅速重振旗鼓，而有些却一蹶不振。对战争和经济的思考会让你们受益一生！

我要让你们一起战斗！这 15 天是你们成长的一个拐点，让你们看到更大的世界！让你们为自己的潜力而感到震惊！

那将是告别过去的自己，迎来无数挑战和艰巨使命的 15 天，塑造崭新自我的 15 天！

我准备好了。

你们呢？

2. 梦想成真

3 月 26 日，上濒的又一个生日。

这两个月来寄居在上濒的男人们给我们送上了一份生日礼物：《愿望》、《正义的故事》、《鞋子》、《主角就是我》。

我们正装出席。凯音难得穿上西装，媛媛和小鹿则穿着翻领毛衣，三个男人更是把脸打理得锃光瓦亮。

四部短片的放映让整个教室鸦雀无声。《愿望》里每个孩子都真实地说出了自己的希望,每个人都很认真地在别人的故事里表达着自己真实的想法;《主角就是我》里每一棵树都按照导演的要求随着剧情的进展而摇摆;李达在《正义的故事》中的表演让我想到了那个寒冷的身影;张辰在跑道上一次又一次的跌倒和爬起,还有脸上的那些泪痕……短短一个小时带给我的是震撼、惊喜、感激以及更多的感动。

感谢坐在开关前的小鹿没有立刻开灯,让我有时间能够在黑暗中悄悄地把眼泪擦干。灯开了,每个人都不知该说什么,表情都很奇怪。

"谢谢你,肖洋。这可是首次由孩子们完成的短片!我激动得无法形容,我认为它们不能只属于我们!如果我们无法让更多人看到、感受到孩子们的心声,我们就浪费了这部作品。干脆我们做一个首映式吧!"

"你可真是能想啊!首映式?要铺红地毯那种?我们能行吗?"常松有些疑惑。

一时,有人为这个想法激动,有人为资金发愁,有人为可能办不了而遗憾。

"五个月前,我们当中谁能想到我们能和孩子们一起拍摄短片?"

大家摇头。

"四个月前,我们当中谁会想到能有这么好的剧本?"

大家摇头。

"三个月前,我们当中谁会想到能有 52 个孩子参与到拍摄中?"

大家表情镇定。

"两个月前,我们当中谁会想到我们能用两天培训和三天实拍完成?"

大家面带自豪。

"一个月前,我们谁能想到短片真的能按时剪辑完成?"

大家都指着三个干净的男人,竖大拇指夸赞他们。

"既然这样,我们为什么不能在几个月后完成一次让孩子们参与的红地毯式的首映式呢?"连续的发问让我自己都有点双腿发软。

"任何事情都有解决方法,理想主义者们,我们行动起来!"我实在有些激动。

既然心中有梦,就要去做。

第五部分　未来——我们要去创造的地方

18个小时后，常松把基本预算交给我。

从那时起，我们就开始迅速转动起来。几乎每个人都用"跑"替代了"走"。我们分成了两组，我开始忙碌着做暑假去德国的计划，常松则张罗着首映式的一切。

我们总是幸运的，我们拥有了很多支持者，整个活动的报名工作在第一个星期内就完成了。同时，紧张细致的材料准备和签证工作也开始了，但这些仅仅是全部活动的一小部分。

看着这18个参与者的档案，我慢慢地研究着他们。

任何一个好的活动都需要具有针对性。而这次用这样的"玩"法在我心中已期盼了四年。我希望这次他们没有让我失望，也希望我不会让他们失望。

在我心中就是只有两个字——自由！

我希望能够给孩子们一次自由的旅行，去刺激他们每个人的细胞，希望这是一个充满想象力、富有收获的世界之旅。

所有的一切都是需要付出代价的。

首映式硬件上的准备包括场地、视听设备、各种制造气氛的灯光、彩带、花篮和气球；软件上的准备从邀请嘉宾名单、座位安排、首映式票面的设计和印刷发送，到现场播放短片的顺序、串场台词、孩子们的上场顺序……

这一切需要很多人准备，我每天看见凯音拿着各种工具在透明屋里设计功能一流的便宜手工道具，媛媛拿着厚厚的本子排着每天的日程，小鹿则在白板上把那上百条需要完成的事项一条条确认完成后划掉。

我自己，给我们每个人支持、鼓劲、加油！

这一切都是因为，我们想给孩子们一个永生难忘的首映式，让他们踏上属于他们自己的红地毯。

3. 未来——我们要去创造的地方

临出门时，我紧张地站在镜子前，上下左右地打量着自己：黑色长裤，条纹衬衣，长发垂肩，一双舒服又略有高度的鞋。向后退了一步，差点被地上的行李箱绊倒。

抬头看看墙上的钟：11 点 15 分。

拿上包，最后看了一眼镜子里自己的脸，走出家门。

坐上出租车后，我的心终于踏实了。从林萃路到大屯，经过正在建设的奥林匹克场馆，出租车驶向首都国际机场。

12 点 10 分，内波教授乘坐的飞机抵达北京。我和内波教授已有三年未见，但依然保持着邮件沟通。此时，我站在机场乘客出港口处等待着，准备迎接尊贵的客人。

没过多久，一个可爱的老头带着一脸顽皮的笑容迈着轻快的脚步出现在我的面前。

"兰海，我们终于又见面了！"

"欢迎来北京！"我拥抱着这个给予我无数帮助的德国老头。

"你的家乡在中国哪里？"

"贵州的贵阳！"

"我知道，在中国的西南，那里有很多的少数民族。"

"您去过吗？"

"没有，但我熟悉地图。"

一路上内波教授看着窗外的北京频频点头。

"教授，辛苦了，我们先到中国儿童中心去吧！"我略有些兴奋地说道。

"应该保持这样的工作速度，我已经急不可待了。"教授说，"我今天的西装达到了你的要求吗？"

"当然。我们马上就到了。"

第五部分 未来——我们要去创造的地方

我把教授请进儿童中心大院，空旷的院子里扎上了各种印有"翅膀"Logo 的气球，墙上和指示牌上张贴着各种海报。

"SHANGBIN，"内波教授停在海报前，"Your baby！"

"上濒！"我用中文翻译了一遍。

这个时候，很多孩子拿着气球冲我跑来。

"兰海，兰海，马上开始了！"孩子们催促着，我和内波教授也加快了脚步。

来到嘉宾签到处，李达、章鱼、静静正接待着诸位父母和各媒体记者，海希和语凡在入口处检票并担任领位工作。孩子们看见我，踮起脚尖挥了挥手，然后很有礼貌地用专门学的德语向内波教授问好。

女孩子们漂漂亮亮地穿上了各色礼服裙和发亮的小皮鞋，男孩子们则穿着深色小礼服，很是帅气——只可惜他们不太习惯脖子上的领结，居然都是把领结拉出来说话，仿佛神探柯南。他们克制着自己的激动没有向我奔来，因为我今天也和平时不太一样，而且旁边还有一位外国人。所有人，包括我在内，在礼服的包装下都放缓了速度，走路慢，说话也慢。

章鱼、向真、李达等是从昨天就过来帮忙了，所有气球都是他们吹的。他们威胁我说今天有可能看到一个个水肿嘴巴……今天，舞台也是他们在专业舞美的要求下一点点完成的，就连从大院门口到电影院之间长达上百米路途中需要的指路牌都是他们安放的。看着他们，我心里很感动。

突然，我的手被另外一双手触摸！我回头一看，雁儿站在我的身后，我们都很紧张！一双大手和一双小手握在了一起。

一条长长的红色地毯一直伸向中国儿童中心电影院。

14 点 30 分，在一阵阵欢呼声中首先是演员们和他们的爸爸妈妈走上了红地毯，然后是导演们、摄像师们，还有我们。

这是我第一次走红毯的经历，相信很多孩子们也是如此。

中国第一个由孩子们业余出演的电视短片首映式，在中国首都北京的中国儿童中心正式开始了！能容纳八百人的现场，座无虚席。专业音响、灯光把现场气氛烘托得格外热烈。

我的脉搏急速跳动，手心冰凉，几乎是僵硬地在主持人的带领下走向舞台。虽然是短短的十来步，可这些年的种种场景一并闪现在我的脑海。

看着场下黑压压的一片，我嘴里冒出来的居然是："能把灯打开吗？看不见你们，我有些害怕。"

灯光和笑声同时出现在影院里。

"2002年，在我回国的时候，所有人都好心地告诉我未来将会充满各种风险和失败，但我们义无反顾地走到了今天；半年前，没有人相信我们能完成这些短片，但我们做到了；三个月前，有很多人认为孩子们拍的电视片怎么可能会有一个首映式，但我们今天聚集到了这里……

"从2003年至今，我们和孩子们做了很多让彼此感到自豪的事情。这里是一个世界，也是一个家庭。我们一直在做的就是和孩子们一起体验这个世界，把不可能变成可能。因为只有我们做到了，孩子们才会相信世上的每一件事都有可能！

"如果问我最想给孩子什么，我想那就是'希望'！我们在路上，并且会永远在路上。未来不是我们要去的地方，而是我们要去共同创造的地方！"

一片掌声中，我把内波教授请到台上，内波教授整理了一下自己的西装，大步走到台前："大家好！我很荣幸今天能站在这里。这简直是太不可思议了！四年来，我一直关注着你们的发展。兰海是一个特别的人，在慕尼黑读书的时候就经常创新，今天我看她是在创造奇迹。孩子们，在你们的身上我看了一种力量，一种属于中国的力量！也希望能通过你们，把这种力量传递到世界各地！"

首映式的第二天，我又一次出现在首都国际机场——不是去接人，也不是送人，而是自己和孩子们的又一次远行。

我们的世界到底有多大？

在飞机起飞的一瞬间，我这样问着自己。

我长长舒了口气，缓慢地把安全带从腰前解了下来，身上的一叠文件也同时掉在地上。弯腰的时候，我和坐在后排的小白眼神相碰，两人

第五部分 未来——我们要去创造的地方

相视一笑，里面尽是疲惫和兴奋。

此时，我手里拿着 21 本护照，而这些护照的主人正坐在我的周围，我的耳边正充斥着他们叽叽喳喳的声音。

2007 年 7 月 29 日，在北京飞往德国慕尼黑的飞机上，我看着在身旁这群活蹦乱跳的孩子们，不得不停下笔——因为我们在路上……

原版后记：上濒——迎风的翅膀

一个动作，持续久了，就成为一种状态；一种状态，坚持长了，就成为了一种习惯。

上濒就是让我把动作变为状态再至习惯的地方。

2002年回国后，于2003年成立上濒教育成长机构到今天，在已经走过的六年岁月里，我们让一个动作变成一个状态，又把一个人的状态变成一群人的状态，再使一群人的状态转变为习惯，其间何其艰难，唯有这双一直"迎风的翅膀"才能深深体会，冷暖自知。

那天中午，雨鸿和我按照惯例在太阳园里进行呼吸空气的工作。阳光下，雨鸿说，孩子们长大的过程中都会有一种疼痛，生理学上，叫做成长痛。

阳光洒在脸上，我不由自主地抬手想要挡住眼前刺眼的光芒。透过手指的缝隙，我居然能看见那片嫩绿的树叶透亮透亮地朝我微笑。我对着树叶笑了，会心地想着"成长·痛。"

我想，不仅仅是孩子，其实我们每个人，都经历过或正在经历着这样的成长痛。

成长代表着一种改变，而这种变化要求我们必须脱离自己原来已经习惯了的生活模式或思维方式，从舒服的状态中脱离出来，挣扎着找到一种新的模式并去适应它。

所以，每一次伴随成长而来的痛会让我们习惯性地回到原来早已适应的安逸窝里，除非有更大的动力和目标，在推动你，引诱你。

2009年，如果要我挑选一些能够表达我感受的词，"成长·痛"必

后记：上濒——迎风的翅膀

然居其首位。

孩子们在2009年都长大了。幼儿园的小姑娘小小子们终于可以升班进入上濒了；即将成为中学生的语凡还处于离别小学的矛盾情绪中；那个叫桐桐的女孩以自己超凡的中考分数在展示成功的同时，也痛苦地体会着脸上痘痘的绚烂开放；国外读书的宜然、笑笑在经历了国际外交策略的磨合和学习体系的变化后，一定更加独立和成熟了。

上濒每个人的角色在工作中都有了变化，时间被越来越密集的讨论和会议挤得满满的，就连走路的速度在办公室里都越来越快，每人都在咬紧牙关突破早已养成的习惯去寻找更好的方法和创造新的规则。我能感受到伙伴们的痛苦挣扎，同时也为他们的每一个进步而欢欣雀跃暗自鼓掌叫好。

每个人都在长大，包括我。

每个人都在经历痛苦，包括我。

探寻一种方式让更多的父母了解真实的孩子们，让更多的人在故事中回忆自己曾经拥有的青春年少，让更多的人因为看到这些故事而相信教育原本可以更加美好。这个目标明目张胆地诱惑着我，我无法拒绝。

所以，我不知天高地厚地在大家的鼓励下毫无畏惧地选择了"小说"的方式，一路磕磕碰碰、头破血流也仍然义无反顾。

首先，小说的逻辑线索是一道难关。故事自然是以上濒六年的发展作为线索，我只能通过对时间的改造来尽可能地避免出现类似流水账的结果。

其次，就是人物关系。书中的很多事件并不是集中在某一个孩子身上发生的，可小说创作的需要和阅读的连贯性让我只能把几个孩子的故事集中在某一个孩子身上发生，对我来说，这是最大的精神分裂。

最让我头疼的却也是青豆书坊总策划苏元女士认为最可贵的地方，那就是素材太多太丰富。这么多生动的故事让我应接不暇，深陷于回忆中的我经常会忘记作为一个讲故事的人需要让读者明白，而不是自己的沉迷。

整个书稿在我手里就修改了七次，连我自己都不太明白为什么会经过如此多的重复，只是知道自己在挑剔每一个文字。每当对自己说"算了，就这样吧"的时候，总会想到自己常对孩子们说的"你们确定这是最好的结果了吗"。

于是，打开文档。硬着头皮，再来一次。

如果说《孩子需要什么》一书记录了我思考和经历的片段，那么《嘿，我知道你》则是我们上濒完整历程的记录，她包含着我对孩子成长教育问题的全部认识和实践。

感谢孩子们，我一直认为，精彩的是你们，而我仅仅是一个记录者。谢谢你们和你们的父母给了我能够参与你们成长的机会。

特别感谢青豆书坊，能大胆地同我一起冒险，用一种全新的方式完成一本家教类的作品。感谢苏元女士让我第一次知道了小说的写作方法，她让我知其然，并且尽量让我知其所以然。谢谢莎莎不厌其烦地接受我所提出的修改要求，我的麻烦在于不仅需要和我讨论修改内容，还需要添加各种颜色的标注，以便让我能够在调整中不断地学习进步。感谢中国妇女出版社李里女士的细心编辑和为出版所作的努力。

感谢上濒的人们，在这半年多的时间内经常需要忍受我的坏脾气，需要忍受从兰海同学的办公室里不时地发出的各种声音的干扰。

在这里，我要隆重地感谢我的每一位朋友：

何雨鸿、罗欣、王楠、王媛媛、杨艳、周凯音、陆春、张淑兰、闫雯兰、徐晶、谢春苑、张媛媛、徐立频、刘宁、刘柏、乔融、杨永蕾、谷立芳、任宏宇、王莉。

一如既往，感谢我的爸爸妈妈。很多年前，因为你们彼此选择了对方，才让我能有机会来到这个世界。你们无私的爱和对我的信任让我一直做着自己想做的事情。

最后，还要很郑重地感谢自己——因为，我自己也很重要哦。

谢谢你，兰海。

你还会继续痛着，因为你还会成长。

2009 年 7 月 12 日星期日

家长和孩子的心里话

家长：

当问及儿子"在上濒学习期间最大的感受和收获是什么",他回答:"自由!——思想的自由、讨论的自由、不必担心'说对'与'说错'的自由、不用猜测标准答案的自由。"

"思想的自由"——真是很宝贵的收获!想到孩子们平时在学校学习,上课的时候害怕答错,讨论的时候担心说错,作文的时候害怕跑题,考试的时候冥思苦想猜测出题老师的意图……"思想的自由"对于成长中的孩子更显得弥足珍贵!

和儿子一起回顾在上濒的学习记录,"思想自由"的气息扑面而来。"如果你是国家领袖,当中国面临外族的攻击和文化入侵,会怎么做?作为普通百姓,你又会怎么做?"、"你认为什么是'人文主义'?你自己所具备的'人文主义'精神是什么?"、"学习完中国古代的'文房四宝',你身上又具备哪些独有的'四宝'?"……这些开放性的问题激发孩子对自我的思考和探索。相信每个孩子的答案都会是独特的,答案没有更标准,只有更深入、更开放、更多可能性。

结束上濒的学习已经两年了,儿子"思想的自由"也越来越体现在他的思维模式中。用一个比较专业的说法就是 Critical Thinking（其实,我更愿意把它翻译成"思辨"而不是"批判性思考",因为"评判性思考"容易引起太多的误导)。对于"微博大V为什么会被抓?舆论都如何评论?透过他们的评论又能看出多少事实真相?"、"选秀相亲节目背后有什么样的利益分割?有多少是真实?多少是在演戏?他们为什么要演戏?为什么要选择这段情节来演?嘉宾为什么会选A不选B?他们的心理动机是什么？"……他会透过一条新闻或者一个节目展开自己的思考，并且有自己独特的观点和看法。而这些思考都得益于在上濒学习所得到的"思想自由"。

"思想的自由"不受时间和空间的牵制，不受生理与心理的局限。它给孩子们开放更多的可能性。他们最终的判断或许与我们直接想要告诉他们的答案相吻合，但这是"他们自己的思考"，是"他们自己经历纠结而得出的结论"。这思考和探索的经历也正是他们成长和蜕变的重要过程。

"思想的自由"，让孩子走得更远，飞得更高！

——子安妈妈，《如何说孩子才会听，怎么听孩子才肯说》译者

一个刚进入上濒时，每次回答完问题都要回头看一眼妈妈的男孩；一个参加完上濒夏令营，回家来说话就慢条斯理、轻言细语的男孩；一个平时看起来或许有些懒懒洋洋，但在上濒的课堂上却积极举手发言的男孩；一个有一天对我说"妈妈，我想退学，每天去上濒上课"的男孩；他，就是我的儿子玉米。

最喜欢定期收到玉米的周期成长报告，那里有他四周课程成长目标达成情况的详细记录、整体课程的情况介绍以及老师们悉心给予的教育建议，文字里见证着他每一步成长的足迹。

这份报告的可贵之处在于每个孩子设定的成长目标各不相同，老师们根据孩子的具体情况进行分析后，与父母共同商议制定。然后，由C. D. 在课堂上观察孩子的表现，比如课程投入程度、注意力集中情况、沟通表达意愿等进行记录，四期课程结束时进行内部讨论分析形成阶段性成长报告。这样的讨论，不仅检验上一阶段的成长目标实现的情况，又为下一阶段选定目标。在每一期的报告中，我都能体会到老师们的良苦用心，她们根据孩子的具体情况，在课堂上给予引导、启发，创造机会发展孩子的能力。

要感谢上濒，她们以专业、科学的理论为基础，这么用心、认真地对待孩子们；也要谢谢上濒，因为她们的存在，为孩子们打开了另一扇窗，原来上课可以这么有意思！

——玉米妈妈王健枥

附录：家长和孩子的心里话

知道上濒是从为女儿寻找通识开始的。当我读完《让我们一起读懂孩子》，我感到丫头很幸运，她将开始的不仅仅是一门通识课程。

女儿成为一个上濒孩子快两年了，看着她每周期盼着去上濒，回来兴奋地讲述"蒜苗炒冬瓜"老师如何，看着她逐步从被动接受到主动参与，从一个做游戏不得第一就拒绝再次参与的孩子，到坦然告诉我在上濒课上得了倒数第一，并和我讨论该如何提高，我知道，上濒帮她打开了一扇门。

而上濒人也成了我的另一双眼睛，从这里我看到了平时看不到的女儿的另一面。和 E. S. 沟通时，我了解到的不再仅仅是女儿纪律如何，成绩多少，而包括了情绪、心理、学习方式、小组活动所表现的状态，甚至连女儿在给 C. D. 贺卡时表现的细节都观察到，并提醒我这细节背后意味着什么。

我深切感到兰海和上濒人没有简单地把孩子当成教育流水线上的产品，而是把每一个孩子都当成一个真正的"人"去平等对待，给予他们尊重，给予他们理解。

希望和女儿一起与上濒共同成长！

——佳茗妈妈

兰海又要出书了！我兴奋地向孩子宣布了这个消息，并问了孩子两个问题：第一，你觉得在上濒印象最深刻的是什么？孩子想了想说："每次上课形式都特别活泼，特别好玩。得了第一我会特别开心，没有拿到第一会感到沮丧。可是无论开心还是沮丧，这些体会都让我印象深刻。"第二，你觉得在上濒有收获吗？如果有，最大的收获是什么？孩子毫不犹豫地回答："有收获。我觉得在上濒让我更加开放了，原来在学校感觉很拘束，有很多"不敢"。而在上濒，我可以很放松。"

很庆幸在几年前走进了上濒，走近了兰海。在这里，家长与孩子能够获得共同进步、共同成长。兰海的每一次父母课堂讲座，对我而言都是一种愉悦的精神指导。"成长规划系列"帮助我进一步理清了思路，坚定了给孩子规划的成长道路；"行为动机系列"帮助我更好地理解了孩子行为表象背后隐藏的真实含义，学会了如何去对孩子的种种行为做出恰当的反应。而当面对孩子的时候，兰海仿佛能够融入其中，分享孩子们的喜怒哀乐，孩子们在她面前也纷纷放下了一切伪装，敞开了胸怀。随着孩子的渐渐长大，上濒和兰海的陪伴终将成为她们生命的过去时，但留下来的精神财富却会伴随她们一生。

——沐阳妈妈

是我孩子的运气，在他二年级时碰上兰海，遇到上濒。他在上濒已有四年的学习经历了，而我们全家都迷上了上濒，精心安排的课程、匠心独具的国内国外的营地活动，还有为我孩子成长提供专业意见和帮助所有老师。

兰海是个不简单的人物，睿智、活泼、充满活力，很有趣、很好玩的人！别看此人年轻但我认为她是真正的学者专家，有理论并且身体力行付诸实践，她懂孩子，有颗真正爱孩子的心。兰海的丰富学识使得上濒每个阶段的课程都能针对孩子的特点去设计，从不同角度去激发孩子的思考，以心理学、社会学、教育学等理论为背景，去分析和解决孩子成长中的问题，在与孩子轻松愉快的交流中把看似严重的问题化解得无影无踪，孩子在毫无抵抗中欣然接受良好的建议，这实在难能可贵！

——晨栋爸爸

在养育孩子的路上，我一直觉得很幸运。幸运来自于兰海、来自于上濒，很庆幸在孩子成长的路上有兰海和上濒成长教育机构陪伴。在俙然心中，兰海是他最好的朋友、最信任的人，心里的任何秘密都可以诉说。每周去上濒成长教育机构的时间也成了孩子最为盼望的事情，俙然对兰海和机构里老师的信任和亲密关系让我这个做妈妈的有时候都会嫉妒，但是更多的是欣慰。感谢兰海和上濒为孩子构筑的爱心天堂，这个地方是俙然释放情绪、分享快乐、认识自我、挑战自我、展示自我的舞台。

在俙然成为上濒的孩子之后，我就多了很多亲人。在遇到棘手的问题时，总是第一个想要求助兰海，甚至放下电话才意识到已经是接近午夜时间；俙然的学习方法需要改进，在兰海和机构老师量身定做学习计划中迎刃而解；在沙龙中从胆怯到大胆，面对全体师生进行假期分享，

附录：家长和孩子的心里话

翛然自信大方；每次假期参加的营地活动，翛然的改变都让我欣慰。每一次的鼓励，每一次针对孩子做出的跟踪成长计划，每一次活动中得到的认可，使翛然越来越自信。

得知《让我们一起读懂孩子》再版，我们全家都为之高兴，希望有更多的父母和孩子认识兰海、认识上濒成长教育机构，这是中国教育的亮点和希望，是中国孩子的幸福添加剂！

——翛然妈妈

兰海，见识广，点子多。总能把游戏玩得花样百出，让我们不知不觉中得到很多东西；总能开阔我们的眼界，让我们更好地了解自己，了解世界；总能在我们忽视的地方发现关键问题，帮助我们突破、成长。

上濒，就是有很多"兰海"的地方。每个"兰海"又都不同，我们都有自己的"兰海"。在这里，我们是真实的，无论缺点优点，我们就是我们自己。在这里，我们有成长交流的平台，也有展示自己的舞台。在这里，有理解，有等待，我们从容不迫。

大女儿在上濒已经三年，勇敢了，有条理了，会思考了。周末的上濒和假期营地，总是乐不思蜀。小女儿今年上了小学，兴奋极了："我终于可以上上濒了！"陪读的家长也不寂寞，兰海们的讲座、上濒小学员的讲座、翅膀俱乐部，都给我们丰富的营养。

——甜甜妈妈，吴夏

不论在网络还是在现实生活，我觉得自己都是一艘超级潜水艇，不到紧要关头不会浮出水面。儿子在上濒的这三年，我居然都没有和大名鼎鼎的兰海谈过话！无数次的擦身而过，这个有着一张娃娃脸、胖胖的、爱跟孩子开玩笑的年轻姑娘，怎么也不能让我在拜读过她的书以后，和书里那个有着心理学、教育学、社会学三个硕士头衔，对付孩子很有手腕的兰海联系在一起！来到上濒，是一个偶然，一个朋友把一份课后孩子的成长报告呈现在我的眼前，让我深深地动了心，以至于连体验课都没上，儿子就被我推进了上濒这个大家庭！在课堂上老师给他们独立思考的机会，在课下引导他们学会如何处理人际关系，在营地中像朋友一样和他们谈心，引领他们正确认识自我，以至于孩子们被惯得无法无天，开夜谈会的时候居然讲起了老师们的八卦。今年暑假儿子参加兰海带领的上濒德奥营，回来以后营地顾问反馈回来的成长报告中，那个任务投入、工作上心、团队中公认配合意识最好的孩子——我都不相信是我的儿子，一向腼腆的他能够站出来和德国人说英语，能够跟团队一起完成艰巨的任务，担任"时间管理员"和"财务主管"的角色，这都是上濒赋予他的力量！这出门在外的20天，朋友们都问我"不担心吗"，我心里偷笑，哈哈，把儿子交给上濒，孩子开心，父母省心呀。我希望孩子跟着上濒，有多远走多远！我家还有个老二呢，在这里说一声，兰海，也跟定你了哈！

——京哲妈妈

因好朋友推荐，我结识了上濒、结识了兰海。这里似乎有一种魔力强烈地吸引着我和孩子，从天津到北京，每个周末风雨无阻！

初来上濒，我内心很焦虑，我想让孩子自由、快乐的成长却掌握不好这个尺度，弄得孩子不开心，我也很烦躁。来到上濒，兰海的父母课堂让我深深地反思自己的教育方式，她让我明白，在帮助孩子获得自由的路上，我们需要规矩，需要赏识，需要磨练，需要痛苦，需要难过，需要刺激，需要失败，需要胜利！我一边学习，一边践行，思路渐渐清晰，心态越来越平和了！孩子来上濒上课，因路远要乘地铁再坐京津城际再倒地铁，所以要早起。但无论下多大雨，刮多大的风，他都没说过不去！因为孩子在这里得到了鼓励、认可和老师们无形的帮助，他增强了自信、自知，学会与人沟通合作，变得越来越宽容了！今年十二岁的他和上濒的另一个小伙伴不用父母陪护，两个孩子一起从天津到北京上课，那份独立、自信、自知都来源于上濒的教育理念。

看到孩子通过世界通识、活书阅读、营地拓展，不断地了解世界、挑战自我、充满创造欲，我心中无限地感恩，感恩兰海、雨鸿创建了独特的上濒，感恩立威、婷婷、小鹿以及上濒教育团队的所有成员。

——榕浩妈妈

在对儿子厌学束手无策的时候，在面对老师的唯一正确答案连我自己都不知如何答题的时候，机缘巧合让我读了兰海的《让我们一起读懂孩子》。我眼前一亮，顺理成章地找到上濒，参与其中。兰海是一个有着神奇魔力的人，她会让每一个上濒娃觉得和她都是哥们儿，她会不露痕迹地引导孩子，她会在我焦虑的时候几个字就让我冷静下来。在上濒，我一次次地被老师感动，无论是课程的精心设计、课后的反馈还是营地活动的良苦用心，他们一方面关注孩子，一方面兼顾提升家长，他们是一群真正爱孩子、懂孩子、在乎孩子感受的老师。在上濒，我一次次被自己的孩子感动，曾经妈妈羽翼下的娃娃穿行于陌生城市的地铁中，感受世界的历史和文化，在大雨中帮助同伴扛着背包努力奔跑，这些行动让我这个妈妈刮目相看。因为上濒，我成了开始设身处地为孩子着想的妈妈，成了在怒气冲冲时尝试静下来的妈妈，成了可以试着接受别人包括孩子建议的妈妈，成了可以等待孩子自己笨拙完成任务的妈妈，成了坚信自己的孩子有他独特人生的妈妈。

——睿哲妈妈

知道兰海，是因为读了她写的那本《让我们一起读懂孩子》，而真正认识兰海，是按图索骥找到上濒以后。

两年多转眼过去。扑通已经参加了4期营地、即将进入第5期营地，扑通还上了"世界通识"和"活书阅读"两门课程。每到周末去上濒上课，或者参加上濒营地时，扑通都欢欣雀跃、满脸发光，孩子太喜欢上濒，每次来上濒，都如同回家般，找到归属。

认识兰海也有两年多了，越认识久越觉得她如同醇酒般值得一再回味。这是个眼神如同孩子般纯净的家伙，好多时候行为方式也像孩子一样，充满power！可能只有这样，才更容易贴近孩子的内心吧？

但同时让我肃然起敬的，是兰海极高的专业素养，她一直保持每个月阅读8本书的习惯；每次进行教育咨询前，都要针对孩子和家长的情况做大量的分析准备工作，她对扑通的几次心理介入，分析都精准到位让人叹服。有时候注视她工作时那种神采飞扬的状态，不由得在心里赞叹：这个家伙，真是上天赐给孩子们的一个大礼物——她真正关心理解孩子，真正能走到孩子们的心底深处去。

——扑通妈

热烈祝贺兰海的《让我们一起读懂孩子》再版！从微博开始知道

兰海；从本书开始了解兰海的教育理念；从把孩子送到上濒开始，体验兰海的教育实践。

上濒的通识课程、活书阅读课程，以及一年两次的上濒营地活动，除了让孩子能够汲取到更广泛的知识以外，更重要的是让孩子懂得建立规则意识，学会团队合作，也让父母在上濒老师的指导下学会理解孩子，学会处理一些孩子的问题。

书中不同孩子所遇到的不同事情，总是让我们看到了自己孩子的影子。兰海在书里对孩子行为表现进行分析，提出解决办法，并对为什么这样解决进行了详细的注解。有点象文字版的《超级育儿师》，我想这也只有专业的心理学家才能做到！

兰海说："想要看到感受到孩子的世界，我们就必须忘掉自己是谁，而用孩子的思想去体会孩子在想什么。"在我们让孩子要懂得换位思考时，也应该学会站在孩子立场上考虑问题。说起来容易做起来难，对父母来说，教育是一辈子的课程，让我们和孩子一起不断学习和进步。

喜欢兰海，喜欢上濒，喜欢上濒团队。

——阿德妈妈

加入上濒是抱着让孩子在这个与众不同的课堂更爱学习的目的，两年下来，我发现自己是和孩子一起在学习。上濒不仅帮助孩子成长，同时也付出了很大的努力，帮助家长成长。每次从父母课堂出来，父母们都感慨由兰海亲自负责的父母课堂含金量太高了，每一次的讲座对于我们来说都是一次心灵的震撼，是观念的转变和发自内心的忏悔。兰海的这本书能够再版，对于没机会加入上濒，聆听父母课堂的家长们来说，真是个好消息。

女儿第一次来上濒上试听课是小学一年级，当听到老师说每个孩子都要上台念广告词时，性格内向、识字不多的她急得在课堂上直抹眼泪。上濒课堂给了她更多的挑战，最终也让她更加自信。现在女儿三年级，已经通过自己的努力从公立学校考入了国际学校，每天都积极快乐地面对困难。而我也从一个随波逐流的妈妈，成长为一个积极聆听、积极思考，主动学习的家长。感谢上濒，感谢兰海！

——张忻恂妈妈

附录：家长和孩子的心里话

　　认识兰海改变了我们全家人对教育的理解，为我们家族创造了一个神奇！我和我老公两家往上数五代都是生活在农村，我们俩有幸来到了北京，但在孩子上学的时候，我们几乎绝望了，歧视加上孩子的淘气，我经常被老师"请"去学校谈话，那时候我们绝对不敢想象我们孩子的未来。兰海让我明白，孩子没有绝对的优点或缺点，有的只是他们自己的特点，兰海和上濒所有的老师都是不停去发现孩子的特点、天赋，挖掘孩子的潜能。她们真正是用心爱孩子、感受孩子、走进孩子内心世界的人类灵魂的工程师！上濒每次活动后的反馈和每个月的成长报告都让我对自己的孩子有新的认识，她们引导的不仅是孩子的成长，更是引导了当父母的人。在一次讲座中兰海说："教育有一个本质，那就是有精神。"从此我们真正明白如何做一根火柴，去点燃孩子内心的激情，让他拥有一个伟大的理想。现在我儿子虽然才十四岁，但他已经有了自己的人生目标，并且他懂得为了实现自己的目标而努力。

——潘芃宇妈妈

　　还记得两年多前在书店浩瀚的育儿书中发现这本书时的情景，匆匆翻阅后的激动和喜悦，让我带着孩子走近这本书的作者兰海，走进她的上濒，一直想对她说："嘿，兰海，谢谢你！"

　　两年里经常还会去翻这本书，从中吸取养分，里面的案例现在也或多或少发生在自己身上，经常会想，上濒对于孩子意味着什么？两年时光小豆包长成小少年，在看不见尽头的路上，上濒给了他更宽阔的视野，为他打开了看世界的大门。

——黄果果妈妈

　　认识兰海时子涵马上要上三年级，现在子涵五年级了，短短的两年三个月的时间里，兰海的上濒让我们家的亲子关系整个变了样。我们每一个人都很享受和上濒的每一次接触，因为每一次接触都会有欣喜的变化。祝福兰海！祝福上濒能在儿童成长教育这条路上越走越远！

——子涵爸爸妈妈

上濒娃：

张震：很感激11年来一直有上濒的陪伴，兰海真的是一个很出色的人，是一个值得去学习、去当一个榜样的人。这里的老师会和你一起经历一些事情，你会知道每个人都有自己不能说的秘密，知道做事的时候要专注，知道全面发展的重要性。总之，上濒给我带来的太多太多，如果当时我没有参加夏令营，我可能还会继续自以为是，耍着我自己的小聪明。

所以我想说，在现在浮夸的社会里，在所有的孩子都在越来越不懂事、越来越丧失原来那些长幼尊卑的时候，上濒就好像是一股新风的注入，让人感觉到这世界还是能充满爱的。我相信但凡从上濒走出来的孩子都不会错，他们能明辨是非，这种能力是极其重要的。上濒，一个给你无限可能的地方，一个让你无限向上的地方，一个助你圆梦的地方，一个让你认清自己的地方。

朱丹彤：小的时候，关于上濒的营地活动，我就像是被施了魔法一样，连续五六年每个假期只要有活动我一定要去参加。当时的我只是觉得相比较上学和和家里人在一起，和上濒出去玩儿实在太不一样了。上濒是最能让我无所顾及疯玩儿的地方。上濒能够设计出让我和我的队友们胜利之后感觉高兴得要飞上天的任务。不管赢了还是输了，每次在老师做总结的时候，他们总是能够让我看到自己从来没有想过的问题，殊不知当我每次意识到一个以前没有想过的问题的时候，我已经悄悄地在成长了（"成长"是兰海最喜欢说的词）。

我一直很喜欢上濒带给我的"和外面的世界不一样"的感觉。小时候，我觉得看到了这些不一样的世界是一件特别骄傲的事情，而越长大我越发现其实上濒带给我的是一个独一无二的自己。虽然不参加上濒的活动已经很多年了，但是我还是始终相信自己和别人是不一样的，相信每个人都有自己的价值。其实这个"不一样"的概念是在雨鸿叫我为兰海的书再版写点儿东西之后，我想了想才想到的。我觉得这应该是上濒给我的最大的影响。我想我始终是个比较自信的人，也许都和我小时候在上濒的经历有关系。

附录：家长和孩子的心里话

小时候就很喜欢和兰海聊天，因为每次和她说话我都能知道一些新鲜的东西，想到一些没有想过的问题。而最近两年和兰海聊天更像是和好朋友聊天。我们每天的生活环境太不一样了，以前总是听她跟我说我不知道的事情，现在我也会和她说起我的周围发生的故事和我的一些想法。每次和她谈话都是高质量的谈话，这让我很开心！对我来说，兰海到现在也是我很特别的一个朋友，一般人好像都没有这样的朋友！

认识上濒已经整整十年了，我很感激它带我认识到的世界（"世界"可能是兰海第二喜欢说的词）、一些与众不同的想法、还有很多有趣的朋友。

孟开：兰海，我们欣赏她具有世界文化的背景，她是我的导师和朋友。当她是导师的时候，她教给我知识和方法；当她是朋友的时候，她是愉快的、放松的、可以说心里话的兰海。更重要的，她是一个值得我尊重的朋友。

上濒是一个让我身心愉快、学会释放自己的地方。上濒提供一个平台，让我学会怎样展现自己的知识，表达自己的想法。学会对自己的事负责，学会团队合作，学会处理问题的方法，希望上濒多宣传自己，让更多的孩子认识上濒。

杨宁：兰海肚子里的"主意"多，真让我吃惊，她是我最好的朋友之一。在她的身上，我知道了什么是亲和力，学会了与人相处的方式。

上濒很有意思，有很多稀奇古怪的主题。第一次来上濒，是晕乎乎地来又晕乎乎地走的，连开心都是晕的。从此以后，每个礼拜不来，心里就觉得"空荡荡"的，生活似乎缺点儿什么似的。

在上濒学到了好多以前不知道的知识，好多其他朋友不知道的知识。上濒不同的老师带给我不同的新知识，新感受。

张晨光：兰海是我的好朋友，一个能说会道，"上知天文、下知地理"的好朋友。她是导师，不是老师（老师只会严肃死板地灌输），她是引导，让我们自己去学，充满了童趣。她还会形象生动地给我们讲述什么是"感情"。上她的课,我知道,人只有通过交流才能知道彼此的感情。

上濒是让我知道"朋友、集体、团结"的地方。希望上濒更大更宽敞,更多人,更大声,更多话!希望更多人认识上濒!

汪可人:兰海是我的朋友,分享秘密的朋友。她总能从朋友的角度来和我聊天,给我建议,告诉我做人的道理,让我学会用正确的方法去关心别人,体谅别人。我在兰海面前是真实的,不怕让她看到我的弱点,我可以自由地表达自己,因为我知道,她能理解,但她也绝对不会姑息我们的错误。说一个秘密,每次她总问我们:"你们说,我是不是很厉害呢?"其实,她一点儿都不厉害,每次她生气的时候,我们都在下面偷偷地笑。现在我长大了,很多时候还故意逗她生气,因为她那个样子实在好玩儿。

上濒是一个充满梦想的地方,她的魔力吸引着我和我的爸爸妈妈,在这里我能吸取力量、照亮梦想,在这里我能自由地表达自己。

牛健功:在上濒学到了 N 多做人做事的道理,让我自信,学会团结,待人和蔼,尊敬别人,宽容别人。每一次活动,每一个游戏,不同的思考方法和角度,都会带来不同的东西。兰海总能看到我们忽视的但很关键的东西,她时刻关心我们的发展但又不让我们知道。她从小故事里带给我们大智慧。

上濒,我希望你能更好地发展,有更多的父母、孩子发现你,希望你以后能帮助更多的孩子。

明冉:我是兰海最早的朋友了。兰海是一个愿意牺牲自己的人,为我们投入了大量的精力,她能真正融入我们的世界,同我们说到一块儿,想到一块儿。兰海知识丰富,她给我们讲道理,让我们明白了责任的重要性,知道人生的意义,懂得了什么是真正的"学习"。

上濒就像一片海洋,我们是小鱼,自由自在地畅游,没有危险,也没有渔夫。我希望上濒在今后的十年、百年、千年的时候,都能够开展丰富多彩的活动,让孩子们大开眼界。

附录：家长和孩子的心里话

刘浩伦：兰海是一个特别逗的人，同时也很BT，总是在各种场合让我们产生各种心情。在安静的时候她会带着我们大吼大叫，在热闹的环境中她会要求我们安静。她会和我们玩很多超级幼稚的游戏，也会让我们体会到很多深奥的道理。

我小时候认为她很好玩儿，现在的感受是她总是能"好玩儿"的地让我们成长。与兰海在一起最大的收获就是能够打开我的眼界，让我更了解自己并且能更加了解这个世界。我小时候是一个不爱说话的人，结果到了上濒成了一个不折不扣的话痨。在上濒的课程和各种活动中，我最大的收获就是体验多了，自己也变得宽容了，懂得如何与各种人相处，就是成人们说的"人际交往能力得到提升"。

郑思扬：几年前，我偶然结识了上濒，还有兰海、常松、叶幻等"各路好友"。当初的我是没有自信的郑思扬，在家里我还算是能蹦能跳的孩子，可在外面哪怕让我请同学跳个舞我都不好意思……上濒冬令营里的交流、任务、生活让我感觉到自己潜在的弱点。几年后，斗转星移，从原来举手发言都要下半天决心的胖胖孩到谈吐举止大方的班长，从原来什么也不会的"傻根儿"到篮球和击剑内行。那些让我增长了自信、磨炼了意志的机缘，都是妈妈根据我几次在上濒活动里的表现安排的。我们往往看不出自己的弱点，家长也不全是万事通，正是上濒给了我一个展示我天生性格走向的平台。上濒手拉手领着我迈向一条适合我、属于我的大道。在路上，失败、成功、新奇、欣喜都是我成长的礼物。

尹天宇：我在上濒将近五年的时间里，真的学到的太多，认识到的太多，明白到的太多。虽然每次活动只有短短的一周，但是在这一周，可以算是那一段生活中最充实、饱满的日子。每一次集合、点名、比赛、吃饭都是那么的快乐。我们都是独生子女，除了在学校有同学，放学回到家便没有同龄人陪伴。更何况我们又处在青春期，叛逆的心理在家长的唠叨下日益加强，经常与长辈们发生冲突。我们真的需要很多的时间和朋友相处，度过这未成年前最无聊的几年。上濒提供了这方面很好的条件，似乎就是为我创造出了一个只有朋友的环境。在这个空间里，我们不用像在家中那样虚伪，乖乖的。我们可以打打闹闹，可以晚上玩到很晚，可以不必担心什么时候还会和家长发生冲突。在这里，只要不过分，一切都是自由的、开放的、没有拘束的。从活动刚开始时彼此的陌生，到活动中的默契，到离别时恋恋不舍。在上濒感觉真好。

张安：我在成长的道路上出现过心理危机，爸爸妈妈清楚自己能力有限，就找到了兰海。她先是我的顾问，后来我们成了朋友。兰海除了一般心理专家所具有的素质和能力外，她对人还有一种特别的吸引力，我想这就是她所说的一个人要对别人有的价值吧。

兰海最能获得别人的信任和喜欢，因为她可以接受你的所有想法，再荒谬、再幼稚、再不可思议，她也会先肯定你，认为你的想法是可以理解的，她甚至可以和你一起疯狂同时自己保持头脑的清醒然后慢慢把你引入正轨，让你心服口服地去正确认识自己，改变自己。她能在你心里种下希望，她不会直接把美好给你，她会告诉你如何看到美好，创造美好，并给别人带来美好。她教会我欣赏生命中的美、疼痛的美、泪水的美、失败的美、平凡的美、遗憾的美。跟着她我会不自觉地感到幸福。

认识她是我的幸运，现在知道她也是你的幸运！

图书在版编目（CIP）数据

让我们一起读懂孩子 / 兰海著 .—北京：中央编译出版社，2014.2（2019.1 重印）
ISBN 978-7-5117-2005-4

I.①让… II.①兰… III.①家庭教育 IV.①G78

中国版本图书馆 CIP 数据核字（2013）第 311937 号

让我们一起读懂孩子

出 版 人：	刘明清
出版统筹：	薛晓源
责任编辑：	廖晓莹
出　　版：	中央编译出版社
地　　址：	北京西城区车公庄大街乙5号鸿儒大厦B座（100044）
电　　话：	（010）52612345（总编室）（010）52612313（编辑室）
	（010）52612316（发行部）（010）52612346（馆配部）
传　　真：	（010）66515838
经　　销：	全国新华书店
印　　刷：	河北鹏润印刷有限公司
开　　本：	787×1092mm　1/16
字　　数：	230千字
印　　张：	19
版　　次：	2014年2月第1版
印　　次：	2019年1月第5次印刷
定　　价：	35.00元

网　　址：	www.cctphome.com　　邮　箱：cctp@cctphome.com
新浪微博：	@中央编译出版社　　微　信：中央编译出版社（ID:cctphome）
淘宝店铺：	中央编译出版社直销店（http://shop108367160.taobao.com）（010）55626985

本社常年法律顾问：北京嘉润律师事务所律师　闫军　梁勤
凡有印装质量问题，本社负责调换。电话：（010）55626985